Nobres traficantes

Bruno Abbud

Nobres traficantes

Histórias da elite no crime

ZAHAR

Grafia atualizada segundo o Acordo Ortográfico da Língua Portuguesa de 1990, que entrou em vigor no Brasil em 2009.

Capa
Celso Longo + Daniel Trench

Imagem de capa
Adobe Stock

Preparação
Angela Ramalho Vianna

Checagem
Érico Melo

Revisão
Bonie Santos
Ana Alvares

Dados Internacionais de Catalogação na Publicação (CIP)
(Câmara Brasileira do Livro, SP, Brasil)

Abbud, Bruno
Nobres traficantes : Histórias da elite no crime / Bruno Abbud. — 1ª ed. — Rio de Janeiro : Zahar, 2025.

ISBN 978-65-5979-230-6

1. Crime organizado – Brasil 2. Livro-reportagem 3. Repórteres e reportagens 4. Reportagens investigativas – Brasil 5. Tráfico de drogas – Brasil I. Título.

25-278784 CDD-070.44936345

Índice para catálogo sistemático:
1. Tráfico de drogas : Livro-reportagem : Jornalismo 070.44936345

Cibele Maria Dias — Bibliotecária — CRB-8/9427

EDITORA SCHWARCZ S.A.
Praça Floriano, 19, sala 3001 — Cinelândia
20031-050 — Rio de Janeiro — RJ
Telefone: (21) 3993-7510
www.companhiadasletras.com.br
www.blogdacompanhia.com.br
facebook.com/editorazahar
instagram.com/editorazahar
x.com/editorazahar

Sumário

Quatro notas do autor

I

Entre novembro de 2010 e janeiro de 2011, pesquisadores do Núcleo de Estudos da Violência da Universidade de São Paulo (NEV-USP) analisaram 667 autos de prisão em flagrante por tráfico de drogas lavrados na cidade de São Paulo. No meio da papelada, dois casos foram destacados pelos estudiosos. O primeiro narrava a prisão de um morador de rua de trinta anos, pilhado em flagrante com 8,5 gramas de maconha separados em oito trouxinhas de plástico. Desempregado, só com o primeiro grau completo e sem dinheiro para o advogado, declarou-se usuário. Aguardou preso o julgamento, que ocorreu seis meses depois. Foi condenado a cinco anos e dez meses de reclusão e 583 dias-multa, sem poder recorrer em liberdade. O segundo caso referia-se à apreensão de 501 gramas — 59 vezes mais — de maconha e uma balança de precisão com dois rapazes de dezenove e 25 anos, moradores de Perdizes e Lapa, respectivamente, bairros nobres da capital. Um cursava a faculdade. O outro era graduado. Na ocasião, o advogado alegou que a droga era para consumo pessoal. Um dia depois, o juiz concedeu aos acusados liberdade provisória.

2

Para defender sua tese de doutorado na USP, o sociólogo Marcelo Campos, professor da Universidade Federal da Grande Dourados, em Mato Grosso do Sul, examinou 1256 boletins de ocorrência relacionados a drogas e registrados em duas delegacias: na de Itaquera, bairro pobre da zona leste paulistana, e na de Santa Cecília, bairro de classe média localizado no centro da cidade. Segundo a Secretaria de Segurança Pública, que forneceu os documentos, 1256 foi a soma de todos os casos que envolveram drogas documentados nesses departamentos policiais entre 2004 e 2009. Em suas descobertas, Campos constatou que na delegacia de Itaquera havia mais casos de tráfico do que de uso ou porte de substâncias ilícitas. Na delegacia de Santa Cecília, a maior parte das ocorrências fazia referência ao uso de entorpecentes. As quantidades apreendidas em ambos os bairros, contudo, eram semelhantes. Ao avaliar os dados de cada caso, o professor comprovou que os cidadãos de menor escolaridade tendem a ser incriminados por tráfico, enquanto os de maior escolaridade são classificados pela polícia como usuários.[1] "São baixíssimas as quantidades de drogas dos incriminados por tráfico no estudo", disse o professor. "Enquanto a maioria dos casos de tráfico em classes mais altas sequer chega à Justiça."

3

Em maio de 2014, o Ministério Público do Estado de São Paulo dispunha de 124 promotores que cuidavam de 372 processos relacionados a tráfico de drogas por semana — 1488 por mês, em média. Segundo o promotor Alfonso Presti, que se baseou em dados da Central de Inquéritos Policiais e Processos, 10% incluíam réus de classes abastadas. Cerca de 150 traficantes desse nível social eram processados judicialmente todo mês na capital. Muitos permanecem à margem da Justiça.

4

Este livro é fruto de pesquisas, apurações jornalísticas e trabalhos de campo realizados por oito anos, entre 2014 e 2022. Entrevistas presenciais e por telefone, observações in loco, processos judiciais, relatórios policiais, teses acadêmicas e artigos publicados por jornais, sites e revistas foram usados para compô-lo. A pedido de algumas fontes, seus nomes e sobrenomes foram trocados por nomes fictícios; esses casos são indicados por asteriscos. Embora apresente certo aspecto de denúncia, este trabalho não pretende denunciar autores de crimes. A intenção é narrar histórias genuínas.

1. O filho

O AR AO REDOR DA PIA enfumaçava-se cada vez mais. Àquela altura da tarde, quando se aproximava o fim do expediente na costa dourada, o lugar ficava denso e grudento perto do forno onde se assavam as pizzas do Mama Roma. Começava mais uma noite de sexta-feira, o auge do verão de 2013. O cheiro de sal emanava do vapor da pia, a água quente esguichava sobre a louça suja por uma torneira sinuosa como uma minhoca cromada que Daniel*, um paulista então com 25 anos, manipulava dez horas por dia. Fazia isso em troca de oitocentos dólares australianos por semana — à época equivalente a cerca de 6,5 mil reais por mês. O vapor enchia a cozinha. Havia certo frenesi entre os cozinheiros. Todo o mundo se mexia ao redor de Daniel, que permanecia estático, as palmas das mãos apoiadas na pia, os ombros arqueados. Seu rosto despontava da fumaça branca. Parecia incomodado. Da testa, brotavam gotículas. Não se tratava apenas do clima de sauna, as mãos agarravam o alumínio. Parecia tremer, talvez suasse frio, com uma queda na pressão, descreveria muitos anos depois. Naquela manhã, estivera o tempo todo calado, e quem passou por ele notou a melancolia inabitual.

Daniel tinha se mudado para a Austrália pela segunda vez havia três meses. Escolhera o mesmo lugar em que morara antes, a cidade de Gold Coast, um pequeno paraíso bem-

-estruturado de 500-510 mil habitantes em Queensland, no Nordeste do país. Queria estudar inglês, mas pretendia, sobretudo, distanciar-se de uma relação amorosa que não dera certo. A desilusão ainda era a tônica de seus pensamentos. Tivera mesmo essa ideia. Afastar-se de todas as coisas que lembravam ela — o que literalmente significou gastar dinheiro com passagem e hospedagem num país distante. Nas vezes em que vivera fora do Brasil, estava acostumado a receber uma mesada que bancava toda a sua vida. Seu pai era um comerciante de imóveis e automóveis bem-sucedido. Agora, contudo, para pagar a estadia no exterior, era preciso distrair-se com o emprego em Broadbeach. Não porque cessara a mesada, mas porque queria tratar ele mesmo das próprias contas. Era um adulto de quase trinta anos, seu pai diria, e como tal deveria seguir a velha lição, martelada desde a infância, segundo a qual o trabalho dignifica o homem.

Daniel é um sujeito bem aprumado de 1,73 metro, 91 quilos e que gosta de usar uma corrente de prata pesada no pescoço, um relógio robusto no pulso esquerdo e as mangas da camiseta coladas aos bíceps. A calça jeans lhe esmaga os joelhos e as coxas. O desenho do figurino é sofisticado. Os tênis, novos. Os cabelos castanho-claros, raspados dos lados, curtíssimos no topo, contornam o crânio largo que se estreita num nariz fino sobre um rosto quadrado. Tem as costas delineadas, a pele branca bronzeada, os ombros musculosos e olhos franzidos, além de um porte atarracado, como de quem costuma gastar várias manhãs por semana na academia. A testa é riscada pelo desprezo ao filtro solar. Com sua voz mansa e o sotaque sutilmente interiorano — embora seja natural de Osasco, bem próximo à capital paulista —, frequentemente parece estar muito calmo. Demonstra um jeito ingênuo, ora com o olhar matreiro, ora apenas gentil e bonachão. Algo que transparece em episódios banais, como na maneira simplória com que conta ter se inspirado em um blockbuster para elaborar uma de suas tatuagens.

O longa-metragem *Na natureza selvagem*, que virou hino de certa juventude desapontada com a vida capitalista moderna, conta a história do norte-americano Christopher McCandless, que aos 24 anos decide abandonar a civilização para embarcar numa aventura solo rumo ao Alasca, um estado inóspito e longínquo dominado pela vida selvagem. Ele despreza o dinheiro. Busca viver do que a natureza lhe oferece, mas é encontrado morto em agosto de 1992, com sintomas de envenenamento e desnutrição. Depois de ver o filme, Daniel decidiu que passaria as férias no Alasca. Mais tarde, tatuou no braço a frase mais célebre de McCandless: "*Happiness is only real when shared*", a felicidade só é real quando compartilhada. A sentença não teria qualquer significado peculiar para ele. Quando a tatuou, pensou mais na beleza poética com que soava do que em qualquer outra coisa. Não imaginava que serviria perfeitamente para descrever o futuro de solidão e violência que teria pela frente.

O TRABALHO NO MAMA ROMA era braçal. Consistia basicamente em lavar as louças maculadas pelos últimos clientes. Quatro caixas de pratos sujos por dia — em tardes enfadonhas. Quando *busy*, nas palavras de quem ali trabalhava, eram catorze caixas de pratos sujos por dia, 452 copos e xicrinhas, quase mil talheres e sete ou oito tonéis emporcalhados de farinha; só não lavava o chão e os intermináveis contêineres de plástico, as coifas e as paredes.

O Mama Roma era um restaurante-pizzaria movimentado às margens do Pacífico, até uma batida da vigilância sanitária constatar, em novembro de 2015, que era precária a higiene com que os funcionários costumavam tratar os alimentos por ali. Os inspetores da prefeitura de Gold Coast encontraram baratas e fezes de rato na cozinha. Richard Ji, o antigo dono, um chinês grisalho com olhos de boi, foi multado em 38 mil dólares australianos e proibido de trabalhar no ramo. Mas Daniel não sabia de nada disso quando voltava à cozinha, quase sempre pela manhã, e passava o dia lavando pratos e panelas, fatiando legumes, higienizando as folhas, abrindo as massas. Depois passou a chef na área fria, onde geralmente eram feitas as saladas e sobremesas, uma seção que exige menos cuidado que a zona quente, onde se lidava com óleo, carnes e queimaduras. Também se aventurou no forno a lenha.

Entre as tarefas rotineiras, a que mais detestava era raspar o grude carbonizado e irremovível no fundo da panela de molho, uma enorme vasilha de metal. Várias sessões na máquina lava-louças não davam conta de soltá-lo dali. Depois da espátula vinha o aço da esponja, o jato quente da torneira e a máquina, que lavava em séries de noventa segundos, mais de seiscentas vezes por dia, toda a louça do restaurante. Ao custo de 35 mil dólares, a máquina representava um investimento fundamental em uma cozinha profissional, mas naquele dia Daniel parecia tratá-la como objeto barato. Quando se afastou da pia e decidiu retomar o trabalho, parecia menos melancólico, porém mais enfurecido. Ao fechar o quadrado de ferro sobre a bandeja de pratos, pôs no movimento uma força desproporcional. Ninguém percebeu o estrondo em meio ao caos sonoro que era a cozinha, uma mistura que incluía a música, invariavelmente alta, e os gritos do chef anunciando as últimas escolhas dos clientes com voz de barítono.

Naquela manhã, os fundos das panelas tinham aparecido queimados. Ele passara a recomendar enfaticamente aos cozinheiros que fossem aprender a cozinhar. Era cotidiano lidar com a má vontade alheia. Os pratos chegavam à pia com guardanapos grudados em gosmas orgânicas. Garçons preguiçosos descumpriam o básico dever do ofício, o de enviar à cozinha somente os pratos semilimpos, cujo grosso já fora para a lata do lixo. Cozinheiros mais ousados, num tiro à distância, lançavam talheres diretamente para o vão da pia. Quase acertavam Daniel. Uma louça suja era largada com violência sobre a bancada de metal por um chef apressado. O barulho gerava susto.

Era verão na Austrália, os bares e restaurantes se enchiam de gente bronzeada falando o inglês enrolado do local, o que significava também uma pia com louça suja até o teto. Aquela cozinha hostil. A rotina de pequenas agressões. Gestos. Olhares. Só o faziam lembrar algo terrível que há poucos dias havia imaginado. Acontecera na cozinha, enquanto mergulhava em pensamentos depressivos perigosos. Ao mesmo tempo que palmilhava as têmporas inchadas, com as narinas bem abertas, algo que dava a elas um aspecto de funil, ocorreu-lhe que não valia mais a pena viver. Se fosse o caso de tentar o suicídio, pensou, saltaria da ponte Sundale, sobre o rio Nerang, na zona portuária da cidade.

Daniel foi uma criança cercada de brinquedos caros, alguns dos quais costumava usar no enorme quintal da casa em que morava com a mãe, o pai e a irmã, um lugar que, no seu imaginário de criança, representava uma imensa floresta. Por toda a vida, seu pai foi — e ainda é — proprietário de uma revendedora de carros em Carapicuíba, na Grande São Paulo, que decidiu fundar no dia em que o filho nasceu. Igualmente lucrativo, outro negócio que abastecia a família era a compra de terrenos nos quais se construíam imóveis para vender. O dinheiro das transações imobiliárias e automobilísticas sustentava a vida em um condomínio de luxo em Alphaville, uma área nobre perto de São Paulo. Todo ano, ainda adolescente, Daniel viajava com o pai e um tio para pescar no Pantanal sul-mato-grossense, nas águas de Aquidauana. A mãe, enfermeira de formação, ficava em casa. Hoje empresária do ramo da cromação de peças, tinha pouco contato com o filho, que já adolescente detestava nela o humor bipolar. Viveu com os pais até os oito anos de idade, quando ambos se divorciaram. Mais ligado à família paterna — um dos tios era seu padrinho —, mal conheceu os parentes da mãe.

Mesmo que tentasse pintá-la como uma mulher bonita e bondosa, vez por outra a mãe era agressiva. E ainda que tivesse tatuado um coração em cujo interior se lia a palavra "mãe", a relação entre ambos era sempre problemática. Ela se casou e construiu outra família. O pai fez o mesmo. Tiveram outros filhos. As irmãs se engajaram na busca de um casamento que as tirasse logo de casa, e, com o tempo, Daniel se viu só. A casa enorme, com seis quartos e uma área externa que lhe servira para tantas aventuras, deixou de alegrá-lo.

Angustiado com a separação dos pais, parou de apreciar as comemorações em família nas datas festivas, como o dia do seu aniversário. A ansiedade gostosa que costumava sentir nos momentos que precediam a noite de Natal, para a criança que era, também desaparecera.

De Alphaville, aos nove anos, Daniel se mudara com a mãe e uma irmã para um prédio em Osasco onde fez amizades que perduram até hoje. Aos catorze, depois de ter com a mãe repetidas desavenças, muitas das quais culminaram com uma surra, decidiu fugir de casa. Foi morar com o pai e a madrasta, com quem também costumava se desentender, até ir se abrigar num quartinho que havia na sede da empresa da família. Lá se sentia confortável. Era um lugar que, muitos anos mais tarde, lhe despertaria a sensação de nostalgia. Um lugar que também era seu. Daniel era o filho homem de um comerciante bem-sucedido, esperava-se dele que seguisse o negócio da família. Que aprendesse como recepcionar clientes, rascunhar financiamentos, imprimir faturas, e que aceitasse ter três carros em seu nome, além de duas motos e um imóvel.

E embora a esperança na sua capacidade de gerir vigorasse com intensidade entre os familiares, antes de ir trabalhar com o pai Daniel decidiu que se tornaria jogador profissional de video game. Não que fosse um adolescente sedentário, mas uma torção no joelho o obrigara a abandonar os treinos semanais de futebol, e acabou fisgado pelos tiros e bombas nos cenários de guerra de Counter-Strike. Aquilo deveria ser um passatempo, uma distração temporária enquanto duravam a recuperação e a fisioterapia. Mas o vício no jogo foi tanto que, por três anos, Daniel não sentiu vontade de voltar aos gramados do São Paulo Futebol Clube, onde treinava, no Morumbi. Preferia passar horas no computador.

Os fones de ouvido lhe cobrindo as orelhas, os olhos grudados na tela, dedilhando o teclado enquanto pronunciava no microfone acoplado à cabeça códigos ininteligíveis aos parceiros de time integrados pela internet. No jogo, Daniel tinha até mesmo uma identidade paralela, um pseudônimo. Era Kurt, nome que escolheu inspirado em Kurt Cobain, o vocalista norte-americano que liderou a banda Nirvana. Daniel era incansável. Aos dezesseis, sua dedicação ao jogo era tanta que o desempenho na escola acabou caindo, e ele quase teve de repetir um ano letivo. Por outro lado, foi vice-campeão brasileiro do mata-mata digital. O título veio depois de uma disputa entre o G3X, seu time, e o Mibr, do adversário. Quem ganhasse iria disputar o mundial em Dallas, nos Estados Unidos. Daniel perdeu a final, porém seria mais tarde eleito o melhor sniper do Brasil, o que significava que, com um rifle virtual, Kurt assassinava mais inimigos à distância do que qualquer outro jogador brasileiro.

Essa era uma posição que exigia boa visão e ótimos reflexos. Na ocasião, ele venceu o jogador que posteriormente foi eleito o melhor sniper do mundo — o que, na cabeça de Daniel, transformava a si próprio no melhor do mundo. Também começou a treinar em São Paulo sob o patrocínio da Intel Corporation e de uma lan house chamada Cyber Oscar Freire, numa das ruas mais luxuosas da cidade. Com o tempo, Daniel se tornou famoso na rede, mas ainda assim os pais quiseram que cursasse uma faculdade. Ele acabou ingressando no curso de direito em uma universidade particular. Largou seis meses depois para ir jogar futebol na Finlândia. Mudou-

-se para Helsinki. Correu atrás da bola também na Estônia, na Suécia e na Rússia, mas o joelho voltou a doer, e teve de voltar ao Brasil.

A vida continuaria repleta de viagens. Viveu em Nova York por quase um ano — onde flanou por ruas movimentadas, comeu hambúrgueres, fez compras e engordou. Abandonou mais três faculdades: a exemplo do direito, desistiu depois de um semestre de engenharia aeronáutica, outro de engenharia civil e um terceiro de comércio exterior. Em 2009, aos 21 anos, decidiu que faria um intercâmbio na Austrália. A viagem seria o ápice da sua curta e confortável existência. Desde criança, nada de terrível lhe acontecera. Às vésperas da partida, no entanto, houve seu primeiro trauma memorável, algo que, segundo pessoas próximas, ajudou a moldar sua personalidade de tal maneira que, futuramente, por vezes, exibiria uma frieza para lidar com as adversidades da vida.

A FESTA DE DESPEDIDA que organizara antes de ir para a Austrália tinha começado às dezoito horas de um sábado, em um sítio perto de Sorocaba, no interior de São Paulo. O lugar estava ficando cheio. Havia sete carros na garagem e cerca de 25 pessoas bêbadas no gramado perto da piscina e na cozinha. Alguns haviam começado a festejar às dez da manhã. Os convidados não paravam de chegar. A ideia era pernoitarem ali e continuarem a festa no dia seguinte. No início da noite, Daniel constatou que os quartos não dispunham de camas suficientes e foi tirar do carro, um Fiat Marea verde-musgo, as oito barracas que havia levado para armar no jardim. Já estava escuro, um lusco-fusco calorento dominava o ar.

Agachado, Daniel martelava um dos pinos para fixar as estacas de uma tenda no chão quando alguém se aproximou e lhe chutou a perna. "Peraí!", disse rindo, com o martelo na mão. Pensou que fosse um amigo. O segundo chute veio mais forte. "Caralho, mano, para. Vai se foder!", retrucou Daniel. "Não está vendo que estou arrumando as barracas?", e continuou a trabalhar. O terceiro golpe, violento. Daniel se virou e viu um homem encapuzado. Achou que era um amigo mascarado fazendo algum tipo de brincadeira. Xingou-o novamente e voltou a martelar. Com um solavanco, foi puxado pela camiseta e caiu de costas no chão. Quando ajustou o olhar, viu o cano de um revólver.

Ao seu redor, todos os convidados eram rendidos. Cinco assaltantes os conduziram até o salão de jogos. Nesse trajeto, Daniel aproveitou um momento de distração do bandido para tirar do bolso a chave do carro e arremessá-la na escuridão do gramado. Quase trinta pessoas sentavam-se no chão do cômodo. Os assaltantes exigiram que todos os homens tirassem a roupa e ficassem só de cueca. Daniel, depois de um dia de piscina, estava sem a roupa de baixo e teve de ficar nu.

Em seguida, os ladrões passaram a recolher as chaves dos carros estacionados na garagem. Quiseram saber onde estava a que faltava. Um burburinho se espalhou pelo salão até que Daniel encheu o peito de ar e assumiu que era o dono do veículo, mas informou que havia perdido a chave. Os homens então decidiram se concentrar na tarefa de lotar os outros automóveis com tudo o que pudessem encontrar de valor, da televisão aos anéis nos dedos das moças. Mais gente que chegava naquele momento era rendida. Os assaltantes tinham ordenado que todos sentassem no chão, com a cabeça encolhida entre os joelhos, e assim permaneceram por quase três horas. Quatro homens afanaram toda a casa, enquanto um vigiava as pessoas.

Daniel tentou espiar por entre os cotovelos. No mar de cabeças abaixadas, havia um só rapaz, bastante embriagado, que esticava o pescoço para extrair mais um gole da lata de cerveja, e depois encolhia-se novamente. Fez isso repetidas vezes, até que foi flagrado pelo bandido. Teve seu braço quebrado por um golpe de taco de sinuca. Minutos mais tarde, o dono do sítio, Tio Brito, passou a discutir com um dos assaltantes. As cabeças todas inclinadas para o chão, olhares fixados no solo. Mas Daniel espiava, sentado atrás de um amigo. Escondendo-se por trás dos ombros dele, viu quando Tio Brito estava prestes a ser alvo de uma coronhada. Com o golpe veio também um disparo acidental. Um barulho ensurdecedor ecoou pelo salão. Nesse instante, Daniel quis apoiar um dos braços para relaxar as costas, há horas encurvadas. Quando se inclinou, sua mão mergulhou numa poça de sangue. Ele olhou para a própria perna, viu uma ferida, mas não era o que molhava o piso. Percebeu que o amigo à frente tinha sido atingido, a bala havia entrado na cintura e saído pelas costas. A três centímetros da coluna, saberia mais tarde. E dali passara de raspão na sua canela, produzindo um corte pouco profundo.

Houve um silêncio de espanto, e em seguida os ladrões resolveram prender dezenas de pessoas dentro do banheiro, incluindo os feridos. Uma lufada de ar fresco só era possível com o rosto inclinado para cima, virado na direção do teto, tamanho era o aperto e a afobação. Mais gente chegava para a festa e ia sendo metida no cômodo apertado. Daniel e seus amigos mal podiam se mover. As toalhas estavam ensopadas de sangue, o rapaz ferido colocara uma em cada furo de bala. Daniel pressionava as cavidades para tentar estancar o sangramento. Em seguida, com outros amigos, passou a implorar aos assaltantes a libertação do ferido. Os bandidos transferiram todos do banheiro para um quarto. Lá ficaram por mais longos minutos, até que tudo ficou quieto. O assalto já durava cinco horas, mas parecia ter chegado ao fim.

Quando foram checar a garagem, só viram um carro, o Marea verde-musgo. Voltaram para libertar os reféns. Uma choradeira estridente e uns grunhidos de suposta valentia rechearam o ambiente. Apenas um telefone celular havia sobrado. Chamaram a polícia. Em seguida, voltaram ao gramado para buscar a chave. Um vizinho que conhecia o caminho até o hospital mais próximo foi convocado e, com a ajuda dele, Daniel levou os amigos feridos — um com o braço fraturado, o outro baleado — por uma esburacada estrada de terra até o hospital. Os carros roubados foram recuperados horas depois. O dinheiro e os pertences mais valiosos, que estavam dentro dos veículos, nunca foram encontrados. Entre os itens resgatados pela Polícia Militar, porém, havia carne e cerveja. O sítio se enchera de policiais, amigos e parentes. Muitos tinham ido embora, outros haviam chegado. Daniel decidiu retomar o churrasco, que se estendeu até a madrugada. Cinco dias depois, embarcou para a Austrália pela primeira vez.

Daniel levou pouco mais de um ano aperfeiçoando o conhecimento de inglês e voltou ao Brasil. Tentou mais uma faculdade, desistiu novamente. Decidiu ser piloto comercial de avião. Ao vasculhar a internet atrás de dicas para passar na prova teórica da Anac, a Agência Nacional de Aviação Civil, desviou-se na busca e acabou clicando na aba do Facebook. Entre uma fuçada e outra, deparou com os olhos azuis de Bruna Munhoz.

Bruna era uma mulher de dezenove anos e cabelos escuros como carvão. Filha de um policial militar aposentado, vivia em Barueri, perto de onde Daniel morava na época. Ele a havia flagrado numa foto de perfil. Clicara e decidira adicioná-la à sua lista de amigos. Talvez tivessem se conhecido antes, em algum lugar, teclou. Talvez, ela respondeu. E as conversas não pararam até que desejaram se conhecer pessoalmente, em um feriado de outubro de 2011. Marcaram o encontro em um bar com uma pista de dança nos fundos. Dançaram e cantaram ao som de Mamonas Assassinas. Até que se beijaram, e a partir de então não pararam mais de se ver. Os programas variavam entre idas ao cinema, ao apartamento da família de Bruna na praia, às festas na casa onde Daniel vivia sozinho.

No terceiro mês do relacionamento, propôs namorar sério, com aliança e compromisso de monogamia. Ansiava por conhecer os pais dela e chamá-la de "namorada", mas Bruna disse que preferia não criar rótulos. Intimamente, contudo, conforme admitiu, ela considerava que a "dificuldade de Daniel para arrumar trabalho" afastava a ideia de apresentá-lo formalmente aos pais. A família era conservadora demais para aceitar um sujeito que desistira de quatro faculdades. Romperam. Aos 24 anos, Daniel enfrentou sua primeira grande decepção na vida. Chorou a dor amorosa mais pungente e decretou que suportar a ausência da garota por quem ficara profundamente apaixonado seria muito mais fácil longe do Brasil.

Em junho de 2012, quatro meses depois da separação, quatro meses sem ver nem falar com Bruna, Daniel comprou uma passagem para Gold Coast. Conservava os contatos do Mama Roma, onde trabalhara em sua primeira viagem para a Austrália, e esperava voltar ao antigo emprego. Reservou o voo para o dia 12 de outubro — data em que, um ano antes, conhecera a moça dos olhos azuis. Mais tarde, enquanto malhava, Daniel decidiu enviar a Bruna um e-mail. Comunicou que deixaria o país e, no fim do texto, rogou por um último abraço. No mesmo dia, Bruna o visitou no apartamento. Ao rememorar a ocasião sete anos depois, ela contou ter se assustado com o péssimo aspecto do ambiente, a louça apodrecendo na pia, as roupas espalhadas pelo chão, e Daniel na cama, tão abandonado quanto os quatro cômodos.

Bruna o tirou da fossa ao anunciar que concordava em retomar o relacionamento, e ambos se beijaram e se arvoraram em fazer uma faxina no lugar. Havia um problema, contudo, disse Daniel. Ele havia comprado uma passagem para a Austrália. Estava de mudança. À época agraciada com uma bolsa de estudos no Brasil, Bruna não pensava em se mudar. No fim, combinaram que Daniel voltaria ao Brasil em poucos meses, depois de juntar algum dinheiro.

Daniel estava feliz. O reatamento afastara a tristeza dos últimos meses. Mesmo longe, mostrava-se sempre com a presteza dos apaixonados; e não se importava em abandonar a cozinha do Mama Roma no meio do expediente só para atender a namorada. Num dos diálogos, Bruna contou que vinha passando mal do estômago e que não menstruava havia tempo suficiente para suspeitar de que carregava um filho na barriga. Combinaram que ela iria à farmácia comprar um teste de gravidez. Deu positivo. Daniel vibrou de felicidade com a notícia. Comemorou com êxtase, contou aos familiares e amigos em tempo recorde e se apressou em pagar um convênio médico para a mãe e o bebê — enquanto Bruna, aos dezenove anos, sozinha e com medo, estava mesmo preocupada com a possibilidade de ter que largar o segundo ano da faculdade de Biomedicina e o projeto científico na USP para cuidar da criança. Não espalhou a novidade nem previu jeito de narrar aquilo aos pais. O pai de Daniel adorou a novidade. A mãe, no entanto, fez deboche, como lhe era peculiar. Daniel prometeu regressar até o fim do verão, Bruna seguiu com a rotina e o segredo. Ao sair da primeira consulta médica, enviou por WhatsApp um áudio com os batimentos cardíacos do bebê em formação.

Duas semanas depois, Daniel lavava a louça do Mama Roma quando o telefone tocou. Era Bruna relatando que vinha sofrendo com dores abdominais e que sangrara no banheiro. Pretendia ir ao médico à tarde. Coincidentemente, Daniel sentiu dores lancinantes minutos depois do telefonema. Naquela noite, estava na ala da pizza quando as pontadas surgiram. De tanta dor, pediu a Richard Ji que o liberasse. Enquanto descansava em casa, um amigo aventou a hipótese da apendicite e sugeriu que ele corresse para o hospital. Daniel rejeitou a ideia. Por volta das quatro horas da madrugada foi acordado pela dor. Chamou um táxi, que seguiu para o hospital. Uma enfermeira lhe injetou uma seringa na fossa cubital, mas, ao descobrir que a consulta custaria quinhentos dólares australianos, Daniel decidiu deixar o lugar. A agulha foi retirada.

Os ônibus eram escassos na região, e o tempo à procura de transporte o empurrou por catorze quilômetros a pé até Broadbeach. Estava de volta à sua casa lá pelas nove da manhã, o braço contra a barriga, a passos lentos, arruinado pela cólica. Dormiu e só foi acordar no meio da tarde, tremendo de febre e suando. Um amigo o levou de novo ao hospital. Daniel foi logo colocado sobre a maca, um médico disparou dezenas de perguntas enquanto lhe apalpava a barriga. A dor quatro dedos acima da virilha caracterizou uma provável inflamação no apêndice, não havia dúvida: era caso de cirurgia.

Daniel então pegou o telefone do bolso com alguma dificuldade, porque o peso das pernas despencando da maca fazia a calça esmagar o aparelho contra as coxas. Ligou para seu pai e pediu que comprasse uma passagem aérea. A urgência médica o obrigava a partir de supetão, explicou. O médico entendeu a conversa, mesmo que em um idioma diferente do seu. Calmo, informou a Daniel que, caso entrasse no avião, morreria durante o voo. E afirmou que só sairia daquele hospital depois de operado. Em menos de três horas, ele estava sobre a mesa de cirurgia. A anestesia o pôs em doze horas de sono profundo. Ao acordar, a primeira coisa que fez foi pegar o telefone novamente. Dessa vez para falar com Bruna.

Outro sangramento acontecera pela manhã, e ela estava a caminho do obstetra. Ainda grogue pelos sedativos, Daniel prolongou a conversa até que chegasse a vez de Bruna entrar no consultório. Foi possível perceber, com algum chiado, o momento em que uma assistente a chamou, e tiveram de se despedir. Mais tarde, ao deixar o estacionamento da clínica, dentro do carro, Bruna chorava tanto que mal podia falar. Daniel sugou um tanto de ar e fez uma pausa. Lá estava a voz trêmula de Bruna, sua namorada, com quem acabava de encarar a perda de um filho. Bruna informou que tivera um aborto espontâneo, provavelmente enquanto ele sofria com a apendicite. Daniel chorou. E dormiu. Depois, caiu num silêncio profundo que perdurou por semanas. O casal jamais conversou pessoalmente sobre o filho que nunca pôde ter.

Daniel rastejava para o trabalho. Rejeitava lazer ou turismo, não queria saber de sair com amigos nem de botar o pé para fora do quarto nos momentos de folga. Passou a beber com frequência diária e acabou se entregando ao ciúme. À distância, levantou suspeitas sobre conversas que Bruna manteve publicamente com um suposto ex-amante numa rede social. Ela detestou a desconfiança. Com o namoro em declínio e a perda do filho, que com dez semanas de gestação já esboçava aparência de feto, Daniel tampouco desejou regressar ao Brasil. A lonjura, os planos desencontrados, a ausência da criança que haviam imaginado em conjunto, tudo contribuiu para que o relacionamento começasse a esmorecer. Daniel passou a notar fotos de cenários noturnos nas redes sociais de Bruna. Ela estava saindo mais à noite, e ele desconfiou que estivesse se relacionando com outra pessoa. Ela, por outro lado, não gostava dos brasileiros festeiros que dividiam a casa com Daniel em Surfers Paradise. Tampouco das convidadas. Vez por outra as conversas com Daniel por Skype, que chegavam a durar horas, aconteciam sob o alto volume das celebrações frequentes. No dia 31 de dezembro, véspera do ano-novo, Bruna decidiu terminar o namoro.

Na semana seguinte ao réveillon, Daniel faltou ao trabalho. Ficou no quarto elaborando teorias malucas sobre o trauma que vivia. Não conhecia os pais dela, havia falado com a sogra uma só vez — por telefone. Inventou que talvez a tivessem incitado a fazer um aborto. Atormentava-o, sobretudo, a garota que com ele não quis rótulos tê-lo largado para ficar com um cara de Brasília — de quem em três meses seria noiva, com aliança e intenção de casamento em breve. Apesar do sofrimento, Daniel cumpria os turnos no Mama Roma.

As festas de fim de ano haviam acabado, ele passara o pior — ou um dos piores — réveillon de sua vida, porque se sentia pai, estava ainda mergulhado na expectativa de construir uma família. A morte prematura do primeiro filho e, mais além, a perda da mulher que amava o fizeram cair numa depressão ainda mais profunda, porém não quis procurar ajuda médica. Sofreu em silêncio enquanto se postava diante da pia superlotada, a fumaça do vapor envolvendo-lhe metade do tronco na cozinha prateada do Mama Roma. Considerou a ponte Sundale. Por volta das nove da noite, com todas as mesas do restaurante ocupadas, o fluxo de louças ininterrupto na cozinha e um vaivém frenético de gente apressada, Daniel largou os pratos e a mangueira da pia. Em seguida andou na direção da porta, despindo o avental pelo caminho, sem dizer uma só palavra. Richard Ji estranhou. "*Where are you going?*", perguntou o chef chinês. "*Where are you going?*"

2. A origem

A COCAÍNA NASCE NAS PLANÍCIES que precedem os rios Apurimaque, Ene e Mantaro, no Peru — cujas águas surgem da cordilheira dos Andes, a 5597 metros do nível do mar, e correm por paragens diversas, ora diáfanas, ora cor de terra, até desembocarem no rio Amazonas. A cocaína nasce em Chapare, província no departamento de Cochabamba, uma região montanhosa na Bolívia por onde se espalham centenas de lotes rurais tomados pelas árvores baixas e folhosas, cuidadas pelos *collas*, como são chamados os camponeses que trabalham para "os donos de duas ou três fazendas que dominam a produção de coca na Bolívia", segundo um agente federal. A cocaína nasce na região de Rionegro, município colombiano de 150 mil habitantes a sudeste de Medellín, onde veio à luz um bebê chamado Pablo Emilio Escobar Gaviria.

A cocaína nasce em clareiras pulverizadas entre as selvas colombiana, peruana e boliviana e o rio Amazonas, em Santa Cruz de la Sierra ou às margens do rio Yavarí, que no lado brasileiro se torna Javari. O tributário surge na imensa Reserva Nacional Matsés, no Peru, e contorna a Cabeça do Cachorro com águas turvas e avermelhadas, cercadas por espessas paredes de floresta amazônica, até desaguar perto de Tabatinga, onde o verde selvagem dá lugar a descampados esparsos, barracas de zinco e um trânsito frenético de canoas motorizadas.

Elas saem de Isla Santa Rosa, no Peru; de Letícia, a cidade colombiana que completa a tríplice fronteira; ou de uma sequência de vilarejos ribeirinhos peruanos. Seguem na direção do porto da Feira, é para lá que quase sempre vão pela manhã, carregando todos os tipos de produto — de galinhas a pasta-base —, vendidos sem qualquer controle policial ou alfandegário. As mesmas águas que descem dos Andes, que escorrem do lago Chinchaycocha e da montanha de Mismi, que nutrem nos vales as plantações de *Erythroxylum coca*, atravessam também a fronteira e o Norte do Brasil até a foz do Amazonas, no oceano Atlântico, ajudando a carregar parte das exportações do país em navios que mais parecem prédios e que, não raro, transportam também o pó que abastece o mundo.

A cocaína nasce, enfim, a partir de uma receita que pode ser obtida em vídeo no YouTube. Depois da colheita, as folhas são picadas por uma lâmina motorizada própria para aparar jardins. Em seguida, pisoteadas e misturadas com cimento e gasolina. Adiciona-se soda cáustica, hidróxido de amônio e mais gasolina. A mistura é despejada em barris. Mexe-se tudo por alguns minutos. Com a ajuda de uma mangueira, o líquido é extraído. Esse líquido está repleto de cocaína. Adiciona-se mais amônia, soda cáustica e trinta centímetros cúbicos de ácido sulfúrico diluídos em três litros de água. Uma mistura leitosa. Filtrada com a ajuda de um pano colocado sobre a boca larga de um barril, a mistura descansa. Condensada no fundo, a massa que sobra depois da drenagem do barril, livre do peso dos líquidos, resseca; assim surge a pasta-base de cocaína. Pedras que se esfarelam. Refinadas com ácido clorídrico, transformam-se em cloridrato de cocaína, o famigerado pó branco.

Por volta das nove horas da noite, pelas ruas de Tabatinga, é possível ouvir a respiração estrondosa e a apneia de quem descansa em redes penduradas nas varandas rudimentares. Uma legião de moradores empurrada para o relento pelo calor e pela umidade dos ambientes internos, como lagartas em casulos de pano. São silhuetas inamovíveis sob as vigas de madeira. Um táxi avança pela rua, uma mistura de terra vermelha, cascalho e o que restou do asfalto, tão escura quanto a noite na floresta. As casas vão passando e ficam para trás. Com 67 mil habitantes, Tabatinga — que, em tupi, significa "barro branco", termo que os indígenas usavam para descrever certa argila — é uma cidade que dorme cedo. Vez por outra, o sossego de quem repousa é interrompido pelos estampidos dos tiros que matam dezenas por ano no município. Mais uma vítima do narcotráfico, anunciou o noticiário policial pela manhã. Em 2020, até novembro, 51 pessoas foram assassinadas em Tabatinga — segundo a Polícia Civil amazonense —, a maior parte em crimes com características de execução, sistematicamente perpetrados por gente envolvida com o narcotráfico.

Era uma noite de 2011, e àquela época o maior mandante de todos os assassinatos era um peruano chamado Jair Ardela Michue, o Javier, barão da cocaína que governava a *finca* de Tabatinga. Fora o mentor dos assassinatos dos agentes federais Mauro Lobo e Leonardo Yamaguti em 2010, metralhados sobre as águas do Solimões. Preso naquele ano, Javier foi encontrado morto na cela em novembro de 2015, enforcado com uma toalha na Penitenciária Federal de Campo Grande, no Mato Grosso do Sul. E então veio seu irmão Jesús Marcos, o Chibolo. A Família do Norte (FDN). O Primeiro Comando da Capital (PCC). O Comando Vermelho. A Alcateia colombiana. El Tren de Aragua. Os Crias. Certa manhã em Tabatinga, ainda durante a era Javier, mais um corpo era velado perto do porto da Feira. Um homem que levara cinco tiros. Três no rosto. O local estava apinhado quando perguntei a um familiar o que tinha acontecido. "Tráfico", ele respondeu, monossilábico. A pele inchada empurrava a pequena janela de vidro do caixão.

A POUCOS QUILÔMETROS DO VELÓRIO, o sol fustigava o pátio da delegacia da Polícia Federal em Tabatinga, uma construção térrea de alvenaria que fica numa avenida larga do centro empoeirado. Na sala principal, as paredes expunham mapas de papel e cartilhas informativas em molduras envidraçadas onde se lia uma série de equações matemáticas de conversão, como a que transforma 240 quilos de folhas de coca em oitocentos gramas de cocaína pura refinada. Os camponeses da Bolívia, do Peru e da Colômbia, juntos, colheram 4500 quilos de folhas de coca por hectare nos últimos anos, em média, informavam os quadros. Transformada em pasta-base e refinada, a quantidade rende quinze quilos de cocaína com índice de pureza acima de 90%. Se diluída, até 45 quilos. Um grande saco de pó por hectare.

Em 31 de dezembro de 2018, a espécie botânica preenchia 244 200 hectares nos três países produtores, de acordo com o World Drug Report 2020, relatório anual elaborado pelo Escritório das Nações Unidas sobre Drogas e Crime (UNODC). Naquele ano, portanto, de acordo com a aritmética exposta nas paredes da delegacia, os camponeses bolivianos, peruanos e colombianos, juntos, haviam plantado o suficiente para colher 1 098 900 toneladas de folhas, que rendem 3663 toneladas de cocaína pura. Como nem sempre há pureza, o número pode chegar a 11 mil toneladas. Onze milhões de quilos — 11 bilhões de porções individuais de cocaína. É quase o dobro do tamanho da humanidade.

Na delegacia da PF em Tabatinga, os policiais olhavam para um telão que exibia imagens de satélite. Eram os pontos exatos, capturados do espaço, em que estavam as mais proeminentes plantações de coca daquela região. Eles tentavam descobrir os destinos dessa droga em território nacional, a partir do momento em que atravessavam a fronteira. Sabiam que o transporte era controlado por poucas pessoas e tentavam identificar todos os transportadores, alguns dos quais conhecidos de longa data — porque eram reincidentes. Numa parte da sala, as mesas só tinham lugar para computadores. O chão era de borracha. O café, morno, servido numa garrafa bege. Havia móveis de ferro, um sofá de couro falso e toda a indiferença dos ambientes estatais.

O delegado era Mauro Spósito — o mesmo que foi acusado pelo ambientalista Chico Mendes, assassinado em 1988, de apoiar os fazendeiros que depois tramaram a morte do seringueiro —, com sua voz vigorosa e um bigode espesso cobrindo-lhe os lábios, amarelado pelo cigarro; e, mesmo no calor amazônico, vestindo uma calça jeans e um par de coturnos de couro preto que lhe subiam até a metade das canelas; um homem que dedicou vários anos da sua longa carreira ao policiamento de fronteira e que agora bebericava num copinho de plástico como que do alto da própria jornada; mesmo ele sabia que a média de apreensões de cocaína pela

PF não chegava a 10% do total da droga que circulava pelos sete continentes. "Dez por cento." Era uma cifra que alguns policiais, degustando o café ao redor da mesa, gostavam de repetir. Nem todos.

"Não chega a 0,001%", disse um deles. Spósito então enveredou por outro assunto ao apresentar um vaso de plantas que tinha sobre uma escrivaninha. Um espécime de *Erythroxylum coca*. Gostava de ter a muda por perto para se lembrar do alvo a ser combatido, disse, a pouco menos de um mês de se aposentar. Naquela tarde, contudo, ainda examinava o mapa projetado no telão. Procurava as localidades onde integrantes de uma seita religiosa que se vestiam como personagens bíblicos instalaram suas plantações de coca, do outro lado do rio Javari, provavelmente também em Islandia, dizia, uma área ribeirinha na província peruana de Mariscal Ramón Castilla. Eram homens de túnica e mulheres de véu preto que costumavam sacrificar animais nos templos em que oravam. Formavam a Associação Evangélica da Missão Israelita do Novo Pacto Universal, um grupo de religiosos com relações na política local e chamados de "israelitas".

"Do lado de lá do rio tem pelo menos mil famílias que plantam coca", disse Spósito, antes de acender mais um cigarro. Essas famílias forneciam matéria-prima para o narcotráfico. Com suas colheitas, contribuíam para inflar as estatísticas. Em 2013, segundo a ONU, as plantações de coca somavam 120 800 hectares — menos da metade do auferido cinco anos depois, em 2018. Tantas plantações vizinhas fizeram do Brasil o maior distribuidor de cocaína do mundo, de acordo com a ONU, e Spósito estava cansado de saber disso. Enquanto ele e seus colegas bebiam café na delegacia, a faixa de fronteira terrestre que se estende por quase 17 mil quilômetros, por terra ou rio, permanecia deserta de autoridades. Nos 2995 quilômetros que marcam a divisa entre Brasil e Peru, por onde passa boa parte da cocaína distribuída ao mundo, havia três postos da PF, cada um com dois agentes. Quase quinhentos quilômetros por agente. De todos os 31 869 quilos de cocaína apreendidos pela PF em 2014, em todo o território nacional, 11 403 — 36% — foram encontrados em Mato Grosso, Mato Grosso do Sul e Amazonas. A cocaína atravessa a fronteira por cidades como Tabatinga, Ponta Porã, Foz do Iguaçu, Corumbá, Guaíra — polos conhecidos do narcotráfico. Rotas menos manjadas, contudo, aparecem pouco. Tal qual Benjamin Constant. Escondido. Brasileia. Oriente. Santa Rosa do Purus. São Paulo de Olivença. Epitaciolândia. Assis Brasil. Marechal Thaumaturgo.

DO OUTRO LADO do vale do Javari, às margens do rio Amônia, que atravessa a fronteira do Peru do município de Marechal Thaumaturgo, no Acre, um homem descarregava de um barco a perna traseira de um boi, que apoiava sobre seu dorso nu, ainda molhada de sangue, com couro, pelos e casco. "Ontem morreu um soldado do Exército aí no rio", ele disse, mirando as águas, as mesmas águas por onde naquele momento transitavam, em lanchas motorizadas, os militares do 61º Batalhão de Infantaria de Selva do Exército Brasileiro. "Afogado", continuou o homem. "Diz que bebeu e se afogou."

O rio banha Marechal Thaumaturgo, construída sobre um morro. Durante o dia, uma ou outra embarcação passava por ali. À noite e durante a madrugada, uma sinfonia de motores invadia a superfície do Amônia. Buscavam e levavam pasta-base de cocaína até o sol raiar, contou o agente Alysson, responsável pelo posto da PF no município. Ele e outro agente eram os únicos policiais federais da cidade. As lanchas deslizavam em alta velocidade, mas a dupla de federais às margens do rio de nada serviam, porque "a cidade inteira sobrevive do pó"; eles não pretendiam provocar inimigos, não viam a hora de cumprir os dois meses de missão obrigatória e nem sequer tinham lanternas. "Aqui é mais registro de arma de fogo mesmo que a gente faz", observou o agente. As paredes de madeira não paravam de ranger. Alysson pediu à corporação um farolete, mas não lhe deram nem um. Ele e seu parceiro não andavam por Marechal Thaumaturgo sem a pistola na cintura. O agente caminhava por uma ladeira íngreme. "Melhor vocês irem embora", disse para mim. "A cidade não gostou de vocês aqui." Por aquelas terras, ele contou, andavam também os guerrilheiros maoístas do Sendero Luminoso, o partido político peruano que acabou enveredando pelo ramo do narcotráfico e cujos integrantes "estão cortando cabeças assim como os Zetas fazem no México".

Era o verão de 2011, uma época em que colecionar corações humanos dentro de baldes ainda não fazia parte do repertório de mortes cruéis praticadas por criminosos no Brasil. A única base-anzol — um posto policial flutuante — da PF na região enferrujava sobre o rio, abandonada. A única lancha nunca vira uma operação. Os agentes comentavam que a verdadeira ofensiva da PF se dava nos bastidores, pelas mãos da Inteligência. Pela Delegacia de Repressão a Entorpecentes (DRE), pela influência das agências de segurança internacionais, pela pressão dos gringos, "só assim"; e não por aqueles meros agentes na beira do rio. À época, diziam, a PF empreendia esforços não só para controlar o fluxo de cocaína, mas também o vaivém dos produtos químicos necessários para a fabricação da droga.

No fim dos anos 1990, tanto os guerrilheiros sanguinários como os integrantes da seita peruana; tanto os *collas* bolivianos como os cocaleiros colombianos; tanto os aventureiros quanto os camponeses na Amazônia, todos eles tiveram de reinventar o jeito de fabricar o pó. Para refinar a cocaína, estavam acostumados a utilizar permanganato de potássio, um líquido de cor lilás cintilante. Era a receita mais famosa, a mais comum. Em 1999, no entanto, o departamento antidrogas norte-americano, a Drug Enforcement Administration (DEA), lançou uma operação que apreendeu 7 mil toneladas de permanganato de potássio no mundo — o que fez a substância desaparecer do mercado e, por consequência, deixou os traficantes sem meios para refinar cocaína. Não demorou, contudo, para que inventassem novas alternativas.

A cocaína nunca parou de navegar o rio Amônia, mas agora os policiais da Inteligência tinham de ficar atentos a um leque maior de produtos químicos. Em muitos casos, porém, com a escassez de permanganato de potássio, a perda de qualidade foi inevitável. Os traficantes que conseguiram manter um padrão de pureza passaram a estampar logotipos adesivados nos tijolos de pó, na tentativa de criar sua marca. Agora é mais comum flagrar em apreensões corriqueiras as etiquetas que mostram uma maçã da Apple, um homem sobre um cavalo, o símbolo da Toyota, um peixe, o Pica-Pau. Com o tempo, os logotipos que haviam conquistado certa aura de qualidade passaram a ser falsificados por traficantes interessados em surfar na fama alheia, de maneira que foram se criando cada vez mais logomarcas. E o policial Luiz Manoel Druziani, um agente federal aposentado, foi o único da corporação a montar uma coleção que, em vez de figurinhas, reúne selos de tijolos de cocaína apreendidos.

Por trás daqueles tijolos estão rostos de gente trivial. Empresários de aparência insuspeita, gordos, pálidos, grisalhos, enrugados, com olheiras. Os homens — o ramo é dominado majoritariamente por eles — que coordenam o comércio de cocaína adquirem toneladas do pó e da pasta-base com agricultores nas fazendas. Gerenciam o armazenamento e a distribuição. Do lado de lá da fronteira para o lado de cá da fronteira. Usualmente, do Peru e da Bolívia para o Paraguai. Uma perna. Do Paraguai para o interior do Brasil. Outra perna.

Há milhões de caminhos, que se alteram como veias d'água, buscando contornar obstáculos. Por terra, água e ar. São administradores competentes e bons conhecedores de logística. Mapeiam fornecedores, alugam aeronaves — quando não as compram — e encontram as pistas de pouso para o desembarque clandestino. Contratam os pilotos, gerem suas agendas e as vagas nos quartos de hotel onde aguardam o próximo voo. Sabem que, carregado com quatrocentos quilos de cocaína, além da tripulação — duas pessoas, no máximo —, um avião Cessna ou Piper Seneca consegue operar o trecho de ida e volta entre o Paraguai e o Sudeste brasileiro com um só tanque de combustível. Ganham tanto no frete quanto no preço da mercadoria. Cobram 250 mil dólares pelo transporte aéreo de quatrocentos quilos de cocaína do Paraguai até o interior de São Paulo, Minas Gerais ou Goiás, por exemplo.

Pagam 1700 dólares por um quilo de cocaína na Bolívia, ou 2300 dólares na fronteira, e revendem cada quilo por 6 mil dólares nesses estados brasileiros. Na Europa, o mesmo quilo não sai por menos de 30 mil dólares — um aumento de 1664%. Na África do Sul, 43 mil dólares. No Líbano, 80 mil euros. No Japão, na Indonésia ou no Irã, 100 mil dólares. Na Austrália, 154 mil dólares.

Eles são atacadistas ocultos, como Luís Carlos da Rocha, o Cabeça Branca, que em 2016, segundo um policial que ouviu grampos de sua quadrilha, dispunha de vinte clientes que compravam, cada um, quatrocentos quilos de cocaína todo mês. Jarvis Chimenez Pavão, que de sua cela em Tacumbú coordena uma frota particular de aviões carregados de pó. Lourival Máximo da Fonseca, o Tião, um mineiro de Cristália que cresceu no mundo do crime operando a ponte aérea entre a Bolívia e o Centro-Oeste brasileiro. José Paulo Vieira de Melo, ou Paulo Seco, o comandante de Capitán Bado que servia a Fernandinho Beira-Mar e ao Comando Vermelho. Carlos Antonio Caballero, o Capilo, um dos principais fornecedores do PCC no Paraguai, que importava cocaína da Colômbia e da Bolívia para a região de Pedro Juan Caballero, e de lá para as pistas de pouso clandestinas nos canaviais do interior paulista. Leonardo Dias Mendonça, o ex-garimpeiro que fundou em Goiás uma distribuidora internacional de cocaína que chegou a movimentar duas toneladas por mês. Gilberto Aparecido dos Santos, o Fuminho, operador de Marcola na fronteira e no exterior. José Severino da Silva, o Cabecinha, um dos mentores que em agosto de 2005 ajudaram a roubar 165 milhões de reais do Banco Central de Fortaleza e que se refugiou às custas do PCC na Bolívia. Carlos Arias Cabral, o Líder Cabral, sucessor da família Morel no Paraguai. Douglas Kennedy Lisboa Jorge, "um fantasma". Huber Velardi Rivero, ex-prefeito de San Matías, na Bolívia, que coordena um negócio extremamente lucrativo de troca de cocaína por carros roubados. Victor Quispe-Palomino, o peruano que lidera metade do Sendero Luminoso, por quem o governo dos Estados Unidos oferece uma recompensa de 5 milhões de dólares. Rolin Gonzalo Parada Gutierrez, o Federi. Londoño. Marchezan. Zé Machado. Major Carvalho. Rafaat. Jaber. Quebrado. Hicham Mohamad Safie. Nunes. Ferreira.

Muitos outros — uma multidão de traficantes que nunca foi alcançada pela malha da Justiça — operam neste instante. Periodicamente, estão pensando em como transportar a droga. A cocaína já apareceu armazenada em potes de geleia "da vovó" — conforme dizia a embalagem do produto, óleo de girassol, bucho de boi, café, estômagos humanos, submarinos, ursos de pelúcia, cargas de feijão, peixe congelado, porcelanato, milho, mármore, contêineres, transatlânticos turísticos, malas de viagem, fraldas descartáveis, veleiros, roupas, pneus, carvão, eletrodomésticos, avião presidencial. Para cada item, um profissional especializado.

As cargas escorrem pelas rodovias em trechos nacionais; seguem no convés dos navios de contêineres que partem diariamente dos portos espalhados pelos 7491 quilômetros da larga barra brasileira, atravessando oceanos. "O segredo para estancar a sangria da cocaína", diz Samuel*, que há mais de duas décadas trabalha como agente da PF, a maior parte na repressão a entorpecentes, "é fechar a torneira na origem." Para tanto, ele me disse, durante uma conversa que tivemos em 2015: "A ordem dentro do departamento é focar as investigações nos transportadores, um dos cargos mais requisitados na rota atacadista da cocaína. São como uma espécie de gerente". Um gerente de pilotos. "De toda a cocaína que chega a São Paulo e ao Rio de Janeiro, 70% deixa a fronteira dentro de um avião", afirma Samuel. Segundo ele, poucos criminosos controlam o fluxo aéreo de pó para o Brasil. "Os transportadores aéreos são no máximo dez. Importante mesmo, só dez." São o elo entre os produtores nas fazendas e os clientes no Brasil, entre os quais figuram intermediários que abastecem a máfia sérvia, o PCC, os calabreses da 'Ndrangheta, o Comando Vermelho, a máfia turca, os armênios, os nigerianos. "O mundo inteiro", diz o agente. Em novembro de 2000, o relatório final da CPI do Narcotráfico descreveu assim a figura do transportador:

> Aquele que faz o transporte é o que mais emprega e o que mais ganha. Geralmente, são pessoas com alto poder aquisitivo, proprietários de aeronaves ou até empresas de transportes rodoviários que têm relacionamento com o produtor da droga e o distribuidor final [...] esse tipo de tráfico é feito por pessoas que geralmente não têm perfil violento, com bom nível cultural e [que] se escondem atrás de fachadas de empresas dos mais variados ramos de atividade. [...] À medida que esse tipo de tráfico vai crescendo, o traficante passa a investir em agências de automóveis, empreendimentos imobiliários, empresas de sorteios e até em prestações de serviços.[2]

3. Do chão ao céu

Era preciso estancar aquela dor. O álcool das cervejas e tequilas já não servia para tanto. Numa das mesmas festas em que entornava litros de vários teores, na tentativa vã de tornar-se mais feliz, mirou por vezes, com olhos de curiosidade, um grupo de seis ou sete brasileiros que há muito viviam na Austrália. Surfavam as ondas tubulares de Kirra durante o dia e exibiam os rostos bronzeados aos goles de muitos drinques para as garotas do mundo inteiro durante a noite. Eram traficantes de cocaína, Daniel soube por amigos em comum. Aquilo lhe despertara certa excitação — a pressão nas veias subia, o batimento cardíaco se acelerava e os hormônios das glândulas suprarrenais tomavam as artérias. A adrenalina, mais que o álcool, parecia levá-lo para longe da depressão. Sentiu que não tinha mais o que perder. Decidiu se aproximar.

Como todos no grupo, o líder também tinha menos de trinta. Chamava-se Ramón — vulgo Grandão, porque media mais de 1,85 metro e também era gigante nos negócios. Tinha um dos braços totalmente preenchido por tatuagens. Uma carpa japonesa lhe percorria do cotovelo ao punho, onde brotara um pequeno cisto, algo como uma volumosa verruga feita de osso. Era pacato, difícil de ser visto. Estava na Austrália havia pelo menos cinco anos. Casara-se com uma australiana com quem tivera duas filhas. Durante esse período, levava por vezes cocaína de São Paulo a Gold Coast em malas de viagem, por meio de uma rede de transportadores — os chamados "mulas" — que geria com discrição. Eram recrutados entre estudantes brasileiros que viviam em Gold Coast, como Daniel. Ramón pagava o frete e dava destino ao conteúdo da entrega. Entre seus clientes estavam vários intermediários independentes e todos os clubes de motoqueiros da costa leste, os mais diligentes comerciantes do pó na Oceania.

A cocaína trazida por Ramón e seus comparsas da América do Sul abastecia metade do território australiano. Queensland, Victoria e New South Wales, três dos estados mais populosos, recebiam o produto que a gangue fornecia no atacado e, às vezes, também no varejo. Gostavam do risco, dos ganhos que vinham junto. Ramón era o líder, responsável pelos pagamentos. Contratava um especialista terceirizado que confeccionava as malas recheadas de cocaína num incógnito apartamento em Florianópolis. Na Austrália, dois de seus melhores amigos, com quem costumava surfar todas as manhãs, ficavam encarregados de buscar as bagagens e os mulas no aeroporto. Um terceiro ajudava a vender as encomendas.

Ramón havia chegado ao país como estudante de inglês. Depois de alguns anos, construíra uma fortuna que Daniel estimou em 15 milhões de dólares australianos, cerca de 35 milhões de reais à época. O lucro que vinha do pó, com exceção do que era gasto nas festas que adorava promover, Ramón enviava, de pouco em pouco, à Tailândia. Adquirira imóveis e estabelecimentos comerciais que usava para lavar dinheiro no país do Sudeste Asiático. Se um restaurante recebesse dez clientes num mês, ele declarava que havia recebido cerca de 160. Fantasmas que pagavam. E assim o dinheiro era lavado. Planejava se mudar para a Tailândia, mas enquanto o plano não se concretizava levava uma vida de comercial de TV ao lado da mulher e das filhas na Austrália. Cuidava da imagem de pai de família dirigindo um carro amplo cheio de brinquedos espalhados pelos bancos e no porta-malas. Mantinha-se afastado das redes sociais e costumava aparecer fisicamente só em ocasiões privadas, sempre na companhia de amigos. Em cinco anos, nunca fora pego pela polícia. Vivia, contudo, com medo da lei. Protegia-se com um duro controle sobre a própria agenda: se concluía um bom negócio, ficava sem traficar por três, seis meses, até encontrar o próximo mula.

Daniel foi a uma festa numa casa alugada por Ramón. Foi na semana em que teve a crise de depressão que o fez abandonar o emprego no Mama Roma. Era costume de Ramón alugar mansões para reunir, com música alta e litros de vodca, a diáspora brasileira em Gold Coast. Naquele dia também repetiu o hábito de convidar prostitutas — que, no fim da noite, acabava contratando. Daniel apanhou um copo e cumprimentou um amigo, Magrinho, um dos surfistas que orbitava a trupe de traficantes. O rapaz lhe confidenciou um segredo. Naquela semana, iria ao Brasil a serviço de Ramón. Buscaria duas malas. A passagem havia sido paga pelo Grandão. Tudo o que deveria fazer era esperar alguns dias em São Paulo até embarcar rumo a Gold Coast com as malas recheadas de pó. Pela missão, receberia 50 mil dólares australianos. Tratava-se de um esquema aparentemente simples.

Ramón conhecia a receita, até então muito respeitada no mundo do crime, para esconder cocaína em malas de viagem, de modo que a droga passasse despercebida pelas máquinas de raios X dos aeroportos. Um de seus homens era especialista na "arte" da mala. Recebia a cocaína que chegava de São Paulo e manipulava perto do mar catarinense. Em cada uma, ele colocava 1,3 quilo do pó. Duas malas, 2,6 quilos. No Brasil, essa quantidade custava a Ramón entre 25 e 30 mil reais, em valores de 2022. Na Austrália, podia significar até 700 mil reais — um lucro de 2233%.

Daniel ouviu Magrinho com atenção. E então mirou Ramón do outro lado do quintal. De súbito, caminhou até o líder e disse que também gostaria de buscar aquelas malas no Brasil. "Quero fazer igual a ele", afirmou, em referência ao amigo instalado a poucos metros, na penumbra da noite calorenta. Certo silêncio dominou o ar. "Cê tem certeza?", retrucou Ramón. Daniel assentiu em silêncio. "Demorou."

A RESSACA PARECIA LEVE quando se levantou da cama em Broadbeach, um dia depois, e seguiu de táxi para o aeroporto. Com o dinheiro que Ramón lhe havia dado, comprara uma passagem de ida para Florianópolis, com escala em São Paulo, outra partindo da capital paulista de volta a Sydney, a 83 quilômetros de Gold Coast. Aterrissar na volta em outro estado australiano constava da lista de precauções imaginadas por Daniel. Também se preocupou com o período que passaria no Brasil. Deveria ser extenso o suficiente para ser confundido com umas férias em família. Havia o intervalo de um mês entre os voos, e embora o tempo fosse longo e propício para aproveitar as pessoas no Brasil, Daniel nem sequer avisou qualquer amigo ou familiar que estava a caminho. Gostava de fazer daquilo uma incursão secreta e apreciou sozinho a sensação boa da adrenalina, sem deixar de pensar nos 50 mil dólares australianos que seriam pagos pela missão — quinze meses de trabalho no Mama Roma.

O céu de Florianópolis estava denso e cinzento enquanto Daniel sobrevoava as nuvens, sentado na poltrona do avião. Poucas horas antes desembarcara em São Paulo após cruzar o Pacífico por mais de vinte horas, da Austrália ao Chile, e dali para o Brasil. Faltava pouco. Era a última perna da jornada, cerca de uma hora e quinze minutos nas alturas. Para além da pouca bagagem, trazia um maço de dinheiro vivo no bolso — cerca de quinhentos dólares que Ramón lhe havia adiantado — e um meio-sorriso no rosto. O olhar blasé que aparece nas fotografias daquela época apenas traduzia a coragem dos inconsequentes.

Depois que o avião aterrissou, ele ignorou as esteiras e mirou o primeiro taxista que o encarou. Lançou a mochila no banco traseiro e se acomodou em seguida, na companhia de Magrinho. Quinze minutos até o endereço onde deveriam estar, o hostel Tucano House, tudo devidamente pago e reservado. Alguém logo entraria em contato, soube dias antes. Dois dias depois, apareceu Ramón, de carro, e deu uma carona à dupla de mulas até uma montanha isolada. Ninguém sabia até então que o Grandão também havia chegado da Oceania. Viajara em segredo. Estacionaram e, sob a orientação de Ramón, deixaram os celulares no carro. Acenderam um baseado. Mirando a Mata Atlântica, decidiram como se daria o transporte dos 5,2 quilos de cocaína, divididos em quatro malas que Daniel e Magrinho carregariam para a Austrália. O processo de confecção das malas levaria uma semana.

Magrinho passou manhãs e tardes dentro do mar, surfando. Daniel, que não sabia surfar, usou o tempo livre para passear pela orla, andar descalço na areia, fumar maconha e flanar pelos arredores. Certo dia, no entanto, foi surpreendido por uma proposta do rapaz que lidava com as malas, um sujeito magro, branco e loiro, jovem como ele, que tinha os cabelos longos e o peculiar jeito de quem também surfava. Ele queria ajuda para esconder a cocaína nos compartimentos secretos. Não foi assim de imediato. Primeiro foi o aperto de mão, depois vieram os gestos. Os olhares. Conviviam no mesmo apartamento.

O homem levou alguns dias para fazer o convite. Sabia que Daniel era o *courier* que integrava o mesmo plano criminoso de ganhar dinheiro com o tráfico de cocaína, e de certa forma podia se sentir mais calmo com isso. Daniel prontificou-se. Ambos seguiram para um apartamento de classe média perto da lagoa da Conceição, área nobre da capital catarinense, que o rapaz alugava como oficina. Lá Daniel aprendeu que eram necessários dois cômodos para a confecção criminosa. Em um, ficava a cocaína. Em outro, as malas desmontadas — uma forma de evitar a contaminação pelo pó e, consequentemente, os focinhos de cachorros federais. O método era valioso. Até então, pouco conhecido. Tornava o crime imperceptível entre as 300 mil bagagens que transitam pelo aeroporto internacional de Guarulhos todos os dias. Os mulas que as carregavam não costumavam saber onde exatamente o pó estava escondido. Daniel soube.

A mala ideal tem cinquenta centímetros de largura, setenta de altura e trinta de profundidade. Não deve ser rígida como papelão nem mole como tecido, é um meio-termo. O que define o molejo da carcaça é um tipo específico de estrutura interna de borracha. Uma placa preta, achatada, que contorna todo o perímetro da mala, circundando-a por completo e formando suas paredes. O primeiro passo é desmontá-la em um quarto limpo. Os parafusos são espalhados pelo chão e organizados. Dentro da placa há pequenos furos transversais, que percorrem a estrutura de uma ponta à outra, como minúsculos túneis que correm por dentro das paredes da mala, das rodas à alça, da alça às rodas. Neles, a cocaína é escondida. Vez por outra esses espaços vinham preenchidos de fábrica, entupidos com plástico ou cola seca. Com a ajuda de uma chave de fenda fina, os obstáculos eram removidos. O objetivo era esvaziar os minitúneis para depois recheá-los de pó.

Os dois curvavam-se como artesãos. Levada ao quarto reservado à cocaína, geralmente um ou dois tijolos trazidos da Vila Mazzei, na zona norte de São Paulo, a peça de borracha foi recheada com minúcia. O homem usou uma folha de papel sulfite como funil para direcionar o pó para dentro dos buraquinhos. Dava nela pequenos petelecos, um exercício de habilidade e paciência. Em seguida, com um longo espeto de madeira, ia pilando a droga para que não restasse espaço vazio. Em intervalos intermitentes, batia a quina da placa no chão, gentilmente, seguidas vezes, para assentar o pó no interior. Depois voltava ao funil de papel e repetia o processo. Várias vezes.

O peso da placa, no fim, deveria estar bem distribuído. Os pequenos túneis ficavam todos preenchidos — à exceção dos trechos iniciais, enchidos novamente com cola quente. A placa então era retirada do quarto, lavada quatro vezes com sabão e óleo de cozinha, e pendurada para secar. Às vezes era balançada sob o vento quente de um secador de cabelos. O óleo servia para disfarçar o cheiro de couro novo e de solvente que emanava da cocaína. O odor da droga era forte e enjoativo, Daniel descobriu. Depois de seca, o homem então examinou a placa em busca de falhas na impermeabilidade. Em seguida, revestiu-a com uma camada adesiva de fibra de carbono — o mesmo plástico usado para envelopar as latarias dos clientes do pai de Daniel na revendedora de automóveis. Vagarosamente, ele grudou o adesivo com a ajuda de um cartão bancário, para evitar bolhas. Por fim, a mala foi montada novamente. Os parafusos, devolvidos aos mesmos lugares dos quais haviam sido retirados.

Tratava-se de uma tarefa árdua e demorada, cinco ou seis horas por mala, em média. Ao entrar no apartamento, Daniel recebeu os primeiros ensinamentos. Imaginou que seria incumbido de tarefas pequenas, mas acabou fazendo, passo a passo, uma mala inteira. Enquanto Magrinho surfava, ele descobria uma receita valiosa. As malas estavam prontas quando ele e o homem passaram a discutir quem seria o primeiro a viajar com a carga criminosa à Austrália. Daniel se ofereceu, porque imaginou que, caso Magrinho fosse primeiro e a polícia o pilhasse, sua missão se tornaria muito mais arriscada. Quis evitar um ambiente hipervigiado, com atenções redobradas. A mesma lógica servia para Magrinho, mas ele não se importou de ficar com o segundo voo, não se ateve ao raciocínio de Daniel e preferiu ir surfar.

Um dia antes da viagem, Daniel passou num hotel onde havia um quarto alugado só para armazenar as malas antes do voo. Ele as apanhou e as levou ao hostel no qual estava hospedado. Faltavam cinco minutos para o encerramento do embarque quando Magrinho e o rapaz das malas deixaram Daniel no aeroporto internacional Hercílio Luz, na costa oeste da ilha, e zarparam de carro sem abraços de despedida. Daniel perdeu o voo para São Paulo, de onde seguiria até Sydney, com escala em Dubai, nos Emirados Árabes Unidos — uma jornada de dois dias. Agora se via agarrado a duas malas enormes, 1,3 quilo de cocaína em cada, no saguão do aeroporto, sozinho, sem saber exatamente para onde ir. No guichê da companhia aérea, conseguiu uma poltrona vaga no último voo do dia. Aterrissou no aeroporto de Congonhas, em São Paulo, uma hora e meia antes de o outro avião partir de Guarulhos, a uma hora dali, rumo à Austrália. Subiu com as duas malas num ônibus e chegou a tempo de despachá-las.

Não estava nervoso nem tinha ansiedade, tampouco tremia ou suava. Mantinha uma expressão inerte. Considerava que o sucesso dependia do seu nível de apatia e indiferença, e ele estava bom nisso, porque a depressão lhe surrupiara a ternura. Esperou por doze horas em Dubai, onde, segundo lhe adiantara um amigo dias antes, o porte de dois gramas de cocaína era capaz de levar um sujeito à pena de morte. Às cinco horas da manhã, no horário australiano, contudo, aterrissou em Sydney sem percalços. Sentiu frio e sono ao passar pelos agentes de imigração. Apresentou a um deles o visto de estudante. Contou ter interrompido os estudos para passar um tempo com a família no Brasil. O guarda aquiesceu. As malas não demoraram para aparecer na esteira. Numa segunda fila, destinada à Alfândega, no entanto, outro agente mirou-o nos olhos e ergueu o braço na direção das máquinas de raios X. Daniel diz ter curtido a injeção de adrenalina que o gesto do guarda lhe aplicara. Na hora de colocar as malas sobre o tampo de madeira, no entanto, titubeou. Posicionou-as em pé, numa disposição pouco usual. Os guardas se entreolharam. Um deles corrigiu o erro, deitou as malas. Daniel pensou que fosse uma cilada, quando um terceiro agente de imigração lhe garantiu que tudo estava certo e deu-lhe as boas-vindas.

Saiu dali dentro de um táxi e seguiu para o ponto de encontro, em uma praia perto da cidade, onde dois comparsas de Ramón esperavam num carro. Era o início de fevereiro, o sol estava nascendo, um alaranjado brilhante dominou o horizonte. Daniel ajeitou a bagagem no porta-malas. O trio de brasileiros passou as doze horas seguintes na estrada, rumo a Gold Coast, ao norte. A cocaína havia percorrido com sucesso os quase 14 mil quilômetros que separam o Brasil da Austrália. Dentro do bagageiro do avião.

Daniel estava extasiado por ter cumprido a missão. Tinha combinado com Ramón que ficaria com as malas até receber o dinheiro. Os comparsas no carro, contudo, pressionaram para que as deixasse ali, no escurinho do porta-malas. Daniel acabou concordando, numa tentativa de ver-se logo livre do produto do crime. Ramón chegaria em três dias. Em três dias seria pago, ouviu. Quando o dia chegou, Ramón deu a Daniel 5 mil dólares australianos — dos 50 mil prometidos — e informou que o resto viria depois. O valor total nunca veio.

DANIEL DIVIDIA UM APARTAMENTO com três amigos em Surfers Paradise, mas diariamente seguia para o bairro de Burleigh Heads, onde Ramón e sua turma tinham um imóvel alugado. Era um apartamento com cozinha americana e varanda emendada na sala, um espaço de uso comum entre amigos, não só dos traficantes, mas também dos turistas e estudantes que orbitavam a gangue. Daniel passava o dia entre o sofá e a varanda, fumava maconha, vez por outra bebia, gastava tempo fazendo nada ou dialogando com quem vivia também ali e ali também parava para fumar. Era raro ver Ramón no lugar, embora ele fosse como um chefe para os locatários. Daniel aproveitava para cobrar seus subordinados. Os 5 mil que recebera haviam se transformado num par de tênis, um telefone celular e roupas. Ele queria o resto do dinheiro, mas a pressão funcionou só parcialmente. Certo dia, ao repetir com persistência que trato era trato, recebeu 2 mil dólares australianos. Depois, cerca de mil por semana. Pouco a pouco, após quase três meses, tinha recebido um total de 25 mil dólares australianos. Faltavam os outros 25 mil.

Aborrecia-o ainda mais o fato de que, em breve, teria de sair do país. O visto que conseguira na embaixada australiana no Brasil o obrigava a deixar a Austrália a cada três meses, de modo que, quando a ocasião chegava, dava um jeito de gastar pouco numa passagem para São Paulo, comprada com bastante antecedência e certo planejamento. Três dias antes de embarcar em um desses voos, ele se enfureceu e foi cobrar de Ramón pessoalmente. Chegou ao apartamento de Burleigh Heads, e lá estava o chefão, falando sobre ondas e pranchas. Conversaram a sós. "Não tenho dinheiro, mano", disse Ramón. "Como não tem, mano?", indagou Daniel. Passaram a discutir aos gritos, e embora Ramón parecesse agressivo, também sabia perfeitamente onde estava a razão, e acabou concordando em quitar a dívida com Daniel — mas com pó.

Deu a ele cinco onças de cocaína. Uma onça é igual a 28 gramas. Cinco onças, 140 gramas — o equivalente a 25 mil dólares australianos. A pureza variava entre 87% e 93%, disse o Grandão. Dava para sentir a verdade nos lábios que ficavam dormentes. Sabia-se que a pasta-base era produzida na Bolívia e refinada na Colômbia, de onde seguia para São Paulo e, após uma parada em Florianópolis, ia dali para Gold Coast. "Mano, sai da minha frente", disse Ramón, segurando as sacolinhas. Daniel as apanhou enquanto voavam pelo ar. Perto de embarcar para o Brasil, ainda no carro, ao deixar o apartamento em Burleigh Heads, pensou: obviamente não as levaria no avião. Também não tinha a menor intenção de cheirar o pó. Preferia os efeitos sedativos aos estimulantes. Rara era a noite em que não acendia a brasa do narguilé "temperado", nas palavras dele. O tempero era maconha. Como costumava fazer durante os percalços da vida, fumaria um pouco antes de raciocinar sobre o problema.

Era preciso se livrar das cinco onças em 72 horas. Ao matutar uma solução, uma memória lhe ocorreu. Lembrou-se de que um mês antes havia emprestado seu telefone celular a um dos comparsas de Ramón, Vinicius G., o homem que ajudava a lidar com os clientes. Parecia mais um garoto, não só pela baixa estatura, mas pelo rosto liso. Tinha os cabelos escuros e encaracolados, gostava de usar camisas polo, era quieto e, embora exibisse uma aparência de estudante, havia adquirido um lava-rápido em Gold Coast com dinheiro do tráfico. Mantinha também seus negócios particulares, chegava a vender um quilo de grama em grama, cada grama por quatrocentos dólares australianos, porque o lucro no varejo era duas vezes maior que no atacado. Em contrapartida, ficava mais exposto, o risco de ser preso aumentava. Vinicius não se importava em misturar a cocaína quase pura com bicarbonato de sódio para multiplicar os ganhos.

No dia em que pediu o telefone de Daniel emprestado, paranoico com rastreamentos imaginários sobre seu próprio aparelho, tinha no bolso um grama de cocaína que precisava levar a um comprador interessado em avaliar a qualidade da droga. Alguém que desejava uma prova antes de encomendá-la em quantidades maiores. Daniel sacou do bolso o aparelho e emprestou-o ao colega. Alguns jovens bebiam na sacada, entre a fumaça de cigarros de maconha, engolfados pelo vento quente do Pacífico. Finda a chamada, Vinicius devolveu o telefone. Daniel notou que o número para o qual ele ligara tinha ficado arquivado no registro de chamadas. Considerou aquele um contato importante na hierarquia da sua agenda telefônica, que incluía até então amigos de Osasco, a ex-namorada, os familiares mais próximos, o Tio Brito, não mais que interlocutores recentes e aqueles com quem costumava conversar no Brasil. Imaginou que o número discado por Vinicius, por qualquer motivo, pudesse ser útil no futuro. Não porque desejasse comercializar drogas, mas apenas por vislumbrar uma utilidade nebulosa num contato poderoso.

Depois de devolver o aparelho, Vinicius pediu a Daniel que levasse o grama de pó ao cliente. Às onze da manhã do dia seguinte, o homem esperava no shopping Pacific Fair, em Broadbeach. Daniel chegou na hora marcada. Parou por alguns segundos diante da construção, onde mães iam às compras, turistas passavam com sacolas. O telefone tocou. O cliente pediu a ele a gentileza de subir pelas escadas rolantes até o andar do estacionamento — e depois descer pelo mesmo caminho. Por cerca de vinte minutos, Daniel ouviu com atenção e aborrecimento as instruções para que virasse à direita, à esquerda, entrasse numa loja de roupas e caminhasse a esmo. Por fim, lhe foi pedido que subisse e descesse, mais uma vez, pela escada rolante.

Na descida, ao sair da escada, Daniel foi surpreendido por um sujeito musculoso com um tufo de cabelo brotando da nuca e o corpo coberto de tatuagens. Seguiu na sua companhia em silêncio, foram andando até um banheiro. "Sabe quem eu sou?", o homem perguntou a Daniel, na frente da pia. E mostrou uma tatuagem que tinha no braço, uma arma e uma rosa. Daniel se esforçou, mas não conseguiu identificar o desenho. O cara indagou então se Daniel sabia do que se tratava. "Não", ele respondeu. Houve uma pausa curta. "Bandidos", disse o sujeito, com sotaque australiano. Foi uma das raras palavras que Daniel pôde compreender. Também entendeu quando o cara avisou, de supetão: "Se fizer besteira, vamos te matar". Fizeram negócio numa cabine apertada, dialogando por cima de um vaso sanitário. Daniel entregou o grama de pó por 280 dólares australianos.

Agora, vários dias depois, a lembrança do brutamontes no banheiro parecia trazer a solução que buscava. As cinco onças repousavam no bolso da bermuda. Pegou o celular e fez uma busca. Localizou o número daquele cliente. Era noite. Daniel estava estacionado numa rua bucólica, no volante do carro que um amigo havia emprestado, e que ansiava por devolver logo. O vento quente da noite jogava folhas sobre o asfalto límpido da costa dourada, as sarjetas impecáveis de Queensland, aquelas calçadas desertas. Nenhum movimento na rua. Daniel telefonou. Do outro lado da linha, o homem atendeu com um *"Hello"*. Identificou-se como Joe Black, filiado aos Bandidos, um grupo de motoqueiros envolvido com o narcotráfico e outros crimes na costa leste. Daniel então passou a narrar a delicada situação na qual se encontrava. Informou que trabalhava com os mesmos brasileiros, Vinicius G. e Renato A., que Joe conhecera. Marcaram um encontro.

No dia combinado, Daniel deixou o apartamento que dividia com dois estudantes e saiu de bicicleta até uma ruela de Chevron Island, a dois quilômetros. Encostou a bicicleta na ciclovia. Minutos depois, uma caminhonete Jeep Cherokee prateada apareceu em marcha lenta. Dentro dela havia três homens. Daniel prendeu a bicicleta numa grade, abriu a porta traseira do carro e entrou.

Logo notou que os ocupantes tinham na cintura pistolas Glock — ele reconheceu o modelo da arma porque era a mesma que vira tantas vezes nos jogos de computador. Joe, no banco da frente, pediu ao brasileiro que repetisse tudo o que dissera por telefone. Havia o ronco constante de uma motocicleta ao fundo. Enquanto Daniel falava, parecia-lhe claro que Joe suspeitara de uma cilada, e por isso trouxera escolta para o encontro com o rapaz inofensivo de Alphaville. Os homens ficaram em silêncio, até que Joe fez sua proposta: 20 mil dólares australianos pelas sacolinhas. À época, 2013, o valor era equivalente a 40 mil reais. Daniel aceitou sem hesitar. Deram uma volta no quarteirão, não dava para ver os rostos sombreados pelos bonés, nem Daniel queria encará-los. Um deles contou o dinheiro e lhe entregou. Ele deixou as sacolinhas de pó. Depois, agradeceu. Destrancou o cadeado da bicicleta e seguiu pedalando até chegar em casa.

Ao embarcar para o Brasil, Daniel despachou parte das cédulas na mala, escondidas entre as meias, e outro tanto levou no bolso. Gastou parte da viagem de 27 horas pensando no que fazer com o dinheiro. Torrá-lo na vida noturna, conhecer o mundo, guardar para o futuro. Sentado no avião, na classe econômica, rememorou as areias de Florianópolis, como tinha aprendido a confeccionar as malas que escondem pó. Pensou tanto nisso que quando o avião pousou ele já sabia exatamente como proceder. Com o dinheiro que tinha nas mãos, mais os parcelamentos que havia recebido, decidiu que iria a um shopping de Osasco comprar duas malas — e daria um jeito de conseguir 2,6 quilos de cocaína.

O jeito consistia em mapear entre amigos alguém que pudesse fornecer ao menos uma dica de como conseguir a droga. No Brasil, a busca foi infrutífera. Ele então telefonou a um amigo na Austrália, colega de ofício, que lhe arranjou o telefone de um contato na zona norte de São Paulo. Tratava-se do chefe do tráfico na favela da Vila Mazzei, no Tucuruvi. Em troca da informação, o rapaz quis um punhado de cocaína. Daniel combinou de encontrar o traficante às 21 horas em um shopping da capital paulista. Lá chegou na companhia de dois amigos. Era um homem trivial. Daniel percebeu isso ao avistá-lo caminhando, de calça jeans e camiseta, como um trabalhador cansado. Aparecera sozinho: "Deixe seus amigos aí", disse. "Você vem comigo." Daniel lamentou mentalmente. "Porra, que merda...", pensou em silêncio, antes de obedecer.

Deixou com os amigos sua corrente de prata e o relógio, um par de joias que lhe acrescentavam quase um quilo ao corpo, mas o fez discretamente, pedindo "dois minutinhos", porque achou por um momento que estivesse na iminência de ser roubado. Seguiram em dupla, andando em quase sincronia, até o estacionamento do shopping. Daniel se acomodou no banco do passageiro. Tudo parecia calmo até o instante em que baixou a cancela que barrava a saída do estacionamento. A partir dali o dono do tráfico na Vila Mazzei saiu em arrancada, acelerando a 140 quilômetros por hora na marginal Tietê. Daniel logo quis saber por que tanta velocidade. O homem explicou que nunca sabia quando estava sendo seguido, nem por quem. Na dúvida, ele resumiu, era melhor "apressar as coisas".

Quando o carro entrou na favela, já estava em marcha lenta. Duas motos surgiram para escoltá-lo. Estacionou na frente de um conjunto de prédios arruinados, erguidos pela Companhia Metropolitana de Habitação, com a aparência de um grande quadrado de concreto circundado por jardins secos e tristes, atulhados de lixo. Dali seguiram a pé, em silêncio, até o último andar de um dos edifícios. O ambiente interno era esverdeado, com paredes sujas de terra e cimento. No caminho, outros homens, todos armados, exigiram que Daniel desligasse o celular. No apartamento, havia uma cozinha com um fogão decrépito, dois quartos, um dos quais cheio de metralhadoras, pistolas e granadas, e um armário marrom com a porta desabada que dominava toda uma parede.

Cercado por seguranças com fuzis atravessados no tronco, o homem quis ouvir de novo sobre o que havia sido adiantado por telefone, a mesma exigência feita por Joe Black na costa leste australiana. Seriam os bandidos todos iguais, tanto ali como lá, a muitas léguas? — devaneou Daniel por um instante, antes de declinar os nomes dos traficantes brasileiros na Austrália, uma turma que ambos conheciam. Mencionou o nome do amigo que o havia indicado para estar ali. Tentou minimizar mentalmente o risco de ser trapaceado. Tinha de acreditar que não seria alvo de artimanhas, que a droga seria mesmo pura como lhe haviam dito e confirmado. No crime — ouvira na praça da colina em Burleigh Heads certa vez —, a palavra deve ser respeitada. Não é uma orgia de falcatruas, armadilhas e malandragens como "pensam por aí", diria Daniel; se fosse, não haveria estabilidade nos negócios. Acreditava no amigo que lhe indicara o homem da Vila Mazzei. Pensou na convicção que tinha nele. Pensou no tanto de cocaína que lhe prometera em troca da indicação.

Parado, recostado numa cadeira de plástico, o homem disse que o contato que tinham em comum era de sua extrema confiança, e que portanto também podia considerar Daniel insuspeito. Perguntou de quantos gramas precisava. E assim que ouviu a resposta afastou a porta danificada do móvel atrás da cadeira. Lá dentro Daniel enxergou dezenas de tijolos de cocaína embrulhados em papel-alumínio e cerrados com fita adesiva marrom. Estavam empilhados como livros numa prateleira. Pureza de 82%, informou o homem, porque um dia antes tinha feito o teste com o papelzinho, que ficara azul, o mesmo reagente que os policiais de aeroporto passam sobre as roupas de quem lhes parece suspeito. Provavelmente, o homem havia fantasiado aquela porcentagem, um número qualquer que pudesse usar no diálogo plácido. Daniel assentiu com a cabeça. Os 2,6 quilos lhe custaram 20 mil reais. Batalhara um desconto ao insinuar que novos negócios viriam no futuro. No fim do encontro, o dono da favela chamou um taxista de sua confiança e pediu a ele que levasse embora o mula de Alphaville. Daniel saiu de lá olhando os soldados nos olhos e se despedindo com movimentos de cabeça. Levava o pó numa mochila.

4. Pistas

Em uma tarde de domingo, numa zona rural de Passos, em Minas Gerais, a passagem barulhenta de um monomotor modelo EMB-721 Sertanejo a uma altitude muito abaixo do usual fez um lavrador telefonar ao posto da Polícia Militar dizendo ter visto uma aeronave prestes a cair. Era julho de 2011. Minutos mais tarde, os próprios policiais puderam enxergar ao longe, num horizonte apinhado de canaviais, uma fumaça preta que cruzava o céu azul e límpido de inverno. No meio de uma das plantações, sobre uma pista de pouso aberta entre os talos de cana, normalmente utilizada por monomotores agrícolas, os bombeiros encontraram o avião em chamas. Conseguiram contê-las antes que alcançassem as asas. A cabine, contudo, acabou completamente carbonizada. Não havia ninguém ali, nenhum resto mortal foi encontrado nem nos bancos nem no assoalho destruído — mas uma testemunha vira nos arredores uma caminhonete escura que chegara em alta velocidade, apanhara os dois tripulantes e sumira na poeira da estrada.

Entre as cinzas, embaixo do banco reservado ao copiloto, os policiais militares encontraram uns óculos, dois telefones celulares e um embrulho esquisito feito com bexigas de borracha, como as que costumam decorar festas de aniversário. Por trás das camadas carcomidas pelo fogo, havia pasta-base de cocaína. O inspetor rodoviário federal Ricardo Schneider, que patrulha as estradas do Paraná, a vários quilômetros dali mas no meio da rota do narcotráfico que se origina no Paraguai, descrevera certa vez como traficantes besuntavam os pacotes de cocaína com graxa, óleo; depois os rolavam em café e os metiam dentro dos balões de borracha. A única intenção era evitar que o cheiro do produto químico fosse identificado pelo faro dos cães da Polícia Rodoviária Federal.

Em Passos, as circunstâncias indicaram que o modus operandi era parecido. Os policiais concluíram que o piloto errara na hora do pouso e acabara caindo no canavial, abrindo uma trilha na massa de caules verdes da plantação. O acidente havia danificado uma das asas, de modo que nova decolagem ficara inviável. A aterrissagem chacoalhara os óculos no rosto do piloto, por isso estavam caídos no assoalho do avião, disse um agente. E quase todas as coisas da cabine saíram do lugar, mas a bexiga repleta de cocaína pouco se moveu debaixo do assento. Ao matutar um jeito de evitar o flagrante, a dupla de tripulantes decidiu atear fogo ao avião antes de fugir. Mais tarde, o material apreendido na cabine foi encaminhado ao Instituto Nacional de Criminalística da Polícia Federal, em Brasília. Os peritos constataram que os dois aparelhos telefônicos pertenciam a dois paraguaios — e que, em ambas as agendas de contatos, apenas um número de telefone do Brasil figurava em comum. Pertencia a um empresário rico chamado Eduardo Luiz Cacharo.

CONHECIDO COMO DUDA, Cacharo era um homem corpulento, de 51 anos, que vivia em Cravinhos, município paulista de 33 mil habitantes, a 292 quilômetros da capital. Costumava passear pelas ruas da região a bordo de um SUV prata da Mercedes-Benz, além de guardar em um hangar dois aviões de pequeno porte e um helicóptero. Também mantinha na cidade uma loja de produtos contrabandeados de Pedro Juan Caballero, no Paraguai — o que lhe rendera o apelido de "Du Paraguai". Sua casa, de esquina, com apenas uma abertura na fachada — uma enorme fachada de madeira, e, no entanto, sem janelas —, repousava numa rua de asfalto livre de remendos, com um labrador branco à porta e quatro pés de lariços europeus cercando a entrada principal.

Em 2011, Cacharo, cidadão que vivia com a família num casarão bem conservado, surgiu no noticiário local na figura de gerente do narcotráfico. Segundo a polícia, ele contratava pilotos para efetuar o transporte de drogas e produtos piratas entre a fronteira paraguaia e o interior do Sudeste brasileiro, um ponto do mapa considerado crucial na logística de distribuição para capitais como São Paulo, Belo Horizonte, Brasília, Rio de Janeiro e Salvador. No fim dos anos 1960, o itinerário costumava ser explorado por contrabandistas de café. Em parte traficada para o Paraguai, a produção brasileira era, em seguida, importada de volta pelo Brasil, porque, assim, burlavam-se obrigações tributárias, e o produto ficava mais barato. As rotas aéreas permaneceram as mesmas. E eram elas próprias no dia em que o avião fez um pouso forçado e terminou incinerado sobre o canavial em Passos. Para investigar aquele caso, um inquérito foi aberto e o delegado federal responsável por conduzi-lo solicitou à Justiça Federal autorização para grampear os telefones de Cacharo.

Quatro meses depois da queda do aparelho, a investigação continuava, e do telefonema de um agricultor à PM evoluíra por um caminho técnico-burocrático até chegar aos cuidados do Grupo Especial de Investigações Sensíveis da Polícia Federal, o Gise — mais precisamente, a unidade de Ribeirão Preto. Às vésperas do Dia de Finados de 2011, uma interceptação telefônica revelara com pouquíssima antecedência as coordenadas de uma pista de pouso clandestina. As conversas fizeram parecer que uma aeronave seria descarregada no meio de um canavial no município de Pontal, a 351 quilômetros de São Paulo. Três agentes foram deslocados para fazer o reconhecimento do lugar. As informações preliminares disponibilizadas para o trio davam conta de que, naquela tarde, um avião de Cacharo aterrissaria com impressoras, câmeras e notebooks contrabandeados. Uma carga avaliada em 200 mil reais.

Minutos antes da aterrissagem, sob um céu azul emplumado de nuvens esparsas, uma viatura da PF à paisana estava parada no acostamento de uma estrada vicinal nos arredores da pista de pouso. A caminhonete branca de cabine dupla abrigava três agentes do Gise — um estava ao volante, usando chapéu de pescador, para disfarçar; o passageiro, que também portava uma espécie de sombreiro caipira feito de palha, segurava com discrição um fuzil HK 556 entre as pernas; e, no banco traseiro, com uma câmera na mão, o terceiro filmava tudo.

COM CINCO MINUTOS e dez segundos de duração, o vídeo foi publicado no YouTube por um delegado.[3] Aos 29 segundos, o motorista diz, em tom de aviso: "Ó o avião ali, ó. Ó o avião ali!", enquanto pisa no pedal para fazer o retorno na rodovia.

Ele gira a direção, o policial acomodado no banco do passageiro gruda a boca no rádio: "Vem sentido Pontal... é... sentido Sales de Oliveira", diz, a voz um tanto tensa, inclinando o pescoço para tentar enxergar o objeto no céu e segurando com a mão direita o rádio, de onde sai um ruído esganiçado, um alerta: "O avião entrou aí pelo seu lado esquerdo, viu, véio?". Silêncio. O agente então se volta para o motorista e diz: "Ligeiro que o avião tá descendo".

Durante um minuto e cinco segundos o motorista acelera, o vento ensurdecedor anulando o microfone da câmera, até que um vulto branco é captado pela lente no meio de um canavial. Uma mancha desfocada que cruza a tela da direita para a esquerda — o avião. O agente freia e roda o volante, uma larga derrapagem no meio da rodovia; a picape desliza num rumo perpendicular à estrada, os pneus uivam atritados contra o asfalto a 170 quilômetros por hora. Agora o policial que conduzia o carro da polícia avança no sentido inverso, sobre a pista paralela de terra vermelha, o olhar colado no avião. A poeira espessa se levanta, parece haver adiante algum carro que a faz esvoaçar. O agente dobra à direita, dez palmos de visão. Estão perto do alvo. "Vai que eu atiro", berra o policial no banco do carona, agarrado à janela do veículo. O motorista desvia de duas picapes que se posicionam estrategicamente na frente da viatura à paisana, atravancando o caminho. São os bandidos tentando garantir a fuga do piloto, que, ao fundo, acelera as hélices para decolar.

Nenhum tiro é disparado, mas o policial no banco do passageiro, um tanto ansioso, desconecta o cinto de segurança e abre a porta com o carro em movimento, lançando parte do tronco para o lado de fora. O sistema eletrônico de segurança do automóvel aciona um alerta em forma de apito incessante. O motorista pisa fundo em linha reta. A porta continua entreaberta. O apito é estridente. As picapes somem. À frente, o piloto do avião busca com toda a esperança do mundo levantar voo, mas o policial também acelera a caminhonete. Três agentes a muitos quilômetros por hora em direção ao avião — e em absoluto silêncio, um silêncio que dura onze segundos, até o motorista dizer: "Vou bater na asa, vou bater na asa, não atira não!". Um estrondo violento precede a chuva de vidro estilhaçado.

O agente com a câmera se vira para trás e focaliza o avião, que tomba para a direita e escorrega sobre a terra vermelha como um animal abatido. "Desce um aí que eu vou pegar os outros lá", ordena o motorista, antes de iniciar a perseguição aos fugitivos. O agente que está no banco do carona obedece, empunha o fuzil e, a passos largos, corre até o piloto suspeito, virado de lado na cabine tombada: "Sai fora! Sai fora! Polícia!". Renato Antonio de Biasi, 54 anos, ainda dentro da cabine, se rende de imediato.

Biasi foi preso, mas dias depois seu advogado impetrou um habeas corpus que garantiu sua liberdade — e ele voltou ao trabalho.

No domingo seguinte, as imagens foram parar no programa *Fantástico*, da TV Globo. "Esta imagem rodou o mundo", dizia o repórter Valmir Salaro no off que abria a reportagem. A tela mostrava os policiais no interior da caminhonete, perseguindo o avião. "Rússia. Estados Unidos. China", continuava Salaro, corte seco para capas de sites e jornais estrangeiros que veicularam o vídeo inacreditável; e então o jornalista passava a narrar as cenas: "A ação cinematográfica aconteceu terça-feira passada em Pontal, região de Ribeirão Preto, interior de São Paulo. O avião, carregado de contrabando, está pronto para fugir. No carro da Polícia Federal estão três agentes", dizia ele, com voz de locutor, acrescentando: "Este era quem dirigia o veículo". Ao mesmo tempo, surgia na tela a silhueta do policial motorista, um intrépido homenzarrão que, agora em pé num descampado, de boné e óculos escuros, a câmera contra a luz, passava a contar como se dera a ocorrência que o transformara em herói internacional. Seu rosto encoberto pela sombra foi exibido por poucos segundos. Foi a primeira vez que Erasmo* apareceu na televisão.

O VÍDEO NO YOUTUBE, mais longo que o veiculado pelo *Fantástico*, mostra em seus minutos finais Erasmo dirigindo, imerso na perseguição aos bandidos em fuga. O agente com a câmera continua no banco traseiro. O para-brisa parcialmente destruído pelo aço do avião, um buraco no vidro, o retrovisor caído sobre a porta, balançando contra o vento da estrada. Dentro do carro, ninguém diz uma só palavra. Depois de nocautear o avião, Erasmo e o agente-cinegrafista conseguiram interceptar a picape em fuga e prender seus três ocupantes. No ofício em que converte a prisão em flagrante dos acusados em prisão preventiva, assinado dois dias depois da abordagem espetacular, o juiz federal Venilto Paulo Nunes Júnior lembra uma cena do vídeo: "O condutor do veículo apreendido realizou manobras de alto risco, inclusive jogando o carro na trajetória da viatura que o perseguia".

O comportamento descrito pelo juiz pareceu destoar do fato de que, entre os fugitivos na caminhonete, sentado no banco do passageiro, estava um homem de setenta anos de idade. Orlando Eduardo Cacharo, pai de Eduardo Cacharo. Um bandido veterano. Ele estava em uma das duas picapes perseguidas pela PF. Cacharo filho, ao volante do veículo que escapara, conseguiu fugir. A caminhonete de Orlando foi interceptada. Depois de preso, o velho homem confessou ser dono da mercadoria apreendida. Na sua casa os policiais encontraram cosméticos, máquinas fotográficas e notebooks contrabandeados — além de uma pistola de numeração raspada. O trio teve a prisão preventiva decretada por contrabando e descaminho, uma prática que Orlando aprendera ao longo da carreira no crime.

Quarenta e tantos anos antes, em novembro de 1969, aos 28 anos, conforme consta no noticiário da época, Orlando sugeriu a três amigos que roubassem, num trabalho conjunto, o carro pagador do Banco Mercantil de Descontos. Naquele tempo, levava vida insuspeita na Vila Carrão, zona leste de São Paulo. Segundo a denúncia oferecida na época à Justiça Federal, Orlandinho, como era conhecido, era um ex-funcionário do banco que conhecia os hábitos dos homens que conduziam aquelas caixas de dinheiro dentro de peruas Kombi. Combinaram o assalto. Às 11 horas da manhã de 7 de novembro de 1969, uma sexta-feira, na Freguesia do Ó, perto de uma igreja, o carro dos bandidos freou bruscamente, fechando o caminho para a Kombi. Um deles rendeu o motorista; o outro tomou a direção; ambos fugiram.

Quase meio século depois, Cacharo, o filho, acusado de participar da ocorrência em Pontal — porque, segundo Erasmo, dirigia a caminhonete que escapara —, tentou proteger-se juridicamente depois do episódio. Seus advogados ajuizaram uma ação na Justiça Federal de Passos requerendo a anulação da apreensão da aeronave. O empresário alegou por meio de sua defesa que não tinha "qualquer responsabilidade" sobre as mercadorias apreendidas e que o avião estava arrendado para Renato Antonio de Biasi desde março de 2007. Não mostrou contrato, mas apresentou uma certidão expedida pelo Tabelião de Notas de Cravinhos, que mostrava que as assinaturas do acordo com o piloto haviam sido autenticadas naquele ano já distante.

Cacharo foi acusado de ter falsificado o documento, e o avião que transportava produtos contrabandeados, e às vezes cocaína, foi vendido em novembro de 2014, durante um leilão, para uma loja de motores e peças para aeronaves em Barretos, no interior de São Paulo. As alegações da defesa de Cacharo foram rejeitadas pela Justiça, principalmente com base no depoimento de Erasmo, que disse ter identificado o empresário na direção da Toyota SW4. Apesar das evidências, a PF só conseguiu prender o contrabandista em abril de 2015, três anos e cinco meses depois do episódio em que o avião foi derrubado, em Pontal. No momento da prisão, Erasmo apareceu à porta de Cacharo às seis da manhã. A cena foi exibida pela TV Globo. Ainda de cueca, Cacharo foi algemado ao portão de ferro. Vários policiais o circundavam. Foi a última vez que Erasmo apareceu na televisão.

NA FRENTE DE UM HOSPITAL, vizinho de uma loja de equipamentos fotográficos, numa movimentada rua de Higienópolis, na região central de São Paulo, há um prédio comum e quase imperceptível, como tantos outros do bairro e do próprio quarteirão, que não sustenta qualquer identificação na fachada — à exceção das marcas de poeira e poluição deixadas pelo antigo letreiro. Nelas, pode-se ler "Procuradoria Regional do Trabalho 2ª Região". Cravada na calçada em frente, uma placa com os dizeres "Área de segurança" estampados em letras maiúsculas sob o velho símbolo do "E" cruzado por um "x" — que proíbe até mesmo estacionar.

Desde 2012, o lugar abriga uma central secreta de interceptações telefônicas da Polícia Federal, o que significa que os onze andares estão ocupados por agentes que todas as manhãs se sentam diante de computadores equipados com o software Guardião — ou o Sombra, que tem mais recursos e é o mais apreciado — e passam a ouvir e transcrever conversas alheias, com autorização da Justiça. Também usam o Galileo, fabricado pelos italianos da Hacking Team, e o Pegasus, elaborado por militares israelenses, segundo Erasmo, e que pode invadir o telefone celular do alvo, acessar a câmera, o microfone, o histórico de localização e todo o conteúdo de aplicativos sem que ele perceba. Cedido pela Procuradoria do Trabalho à Polícia Federal, o prédio de Higienópolis foi reformado pela DEA para que a central de grampos posteriormente ali se instalasse. A reforma ocorreu por meio de um programa de parcerias chamado Sensitive Investigative Unit (SIU), fundado pela DEA em 1997, quando um escritório da agência norte-americana foi inaugurado em Bogotá, capital da Colômbia.

Para além das reformas estruturais, o programa SIU consiste em identificar e treinar policiais locais "de alto caráter moral e integridade", segundo a própria DEA. A intenção é encontrar os policiais mais honestos de cada país parceiro e, com eles, montar uma equipe de elite para combater o narcotráfico. Normalmente selecionados entre os quadros mais experientes das corporações, os policiais escolhidos pela DEA são obrigados a passar por um teste com polígrafo, o chamado detector de mentiras, têm seus antecedentes criminais e vidas pregressas checados na Justiça e na internet, e fazem exames periódicos para garantir que não usam drogas. Se aprovados, são enviados para passar pouco mais de um mês na academia de treinamento da DEA em Quantico, uma cidadezinha de quinhentos habitantes a sessenta quilômetros de Washington, a capital dos Estados Unidos. O lugar é cercado por edifícios estatais da área de segurança, como a academia do FBI, o Federal Bureau of Investigation, a corregedoria do Exército e uma base da Marinha norte-americana.

De lá, também em 1997, mais de uma década antes de reformar o prédio em Higienópolis, a DEA inaugurou sua primeira filial em São Paulo, cidade que é um dos maiores centros de negociação de cocaína do mundo. Os agentes ficaram sediados no consulado dos Estados Unidos, no bairro do Brooklin. Tinham crachás que os identificavam como assistentes administrativos, adidos jurídicos ou encarregados de almoxarifado, assim como seus colegas da CIA, a Central Intelligence Agency, e da NSA, National Security Agency, com quem costumavam almoçar. Desde então, em vinte anos de existência do programa, sucursais da DEA, sempre acompanhadas das respectivas equipes integradas por policiais locais, foram montadas ao menos em quinze países. "A maioria latino-americanos", escreveu o historiador Eduardo Lucas de

Vasconcelos Cruz, num artigo publicado em 2017 pela revista do Centro Universitário Lusíada, de Santos.[4] "Entre eles Colômbia (Unidad Especial de Investigación), Equador (Unidad de Investigaciones Antinarcóticos), Guatemala (Unidad de Investigaciones Sensitivas), Honduras (Unidad de Investigaciones Sensitivas), México (Unidad de Investigaciones Sensibles), Panamá (Unidad Especial de Investigaciones Sensitivas), Paraguai (Unidad de Investigaciones Sensibles), Peru (Grupo Especial SIU) e República Dominicana (División Táctica de Investigaciones Sensitivas)", elencou o pesquisador.

Outras equipes investigam a produção de ópio no Sudeste Asiático — e onde mais a DEA considerar as forças locais corruptas e coniventes com o narcotráfico. Quando Richard Nixon colocou a maior potência do mundo para liderar a guerra às drogas no Ocidente, no início dos anos 1970, os governos do Brasil e dos Estados Unidos passaram a assinar convênios e renovar acordos diplomáticos de curta duração para combater o narcotráfico. Anos depois, os agentes da DEA em São Paulo foram encarregados de rastrear os melhores policiais em atividade. Agendaram visitas à PF e também às polícias estaduais e seus grupos de elite, como as Rondas Ostensivas Tobias de Aguiar, a Rota; o Comando de Operações Táticas da PF, o COT; e os Batalhões de Operações Especiais, os Bopes, de diferentes estados. Levaram cinco anos para formar uma equipe com o suprassumo do que encontraram. Oficialmente, o Gise, como ficou conhecida a versão brasileira do programa SIU, foi criado pelo então diretor da PF, Agílio Monteiro Filho, por meio da Instrução Normativa nº 001 de 29 de janeiro de 2002, o primeiro mês do último ano de mandato do presidente Fernando Henrique Cardoso.

A primeira unidade do grupo foi instalada em Mato Grosso do Sul. Seu primeiro comandante foi o agente Luiz Antônio Pinelli, considerado uma lenda na corporação por, entre outras aventuras policiais, ter apreendido, sozinho, com a frágil ajuda de um revólver de cinco tiros, setecentos quilos de cocaína acondicionados num caminhão de inhame.

As investigações que Pinelli conduzia no Gise eram alimentadas também por informações enviadas pelos agentes da DEA baseados em São Paulo. Lá eles saltaram de oito para 29 num período de vinte anos — entre 1997 e 2017. Estavam subordinados aos diplomatas da Seção de Assuntos Narcóticos da embaixada, conhecida pela sigla NAS. Esse departamento abarcava também um grupo de análises táticas, o Tactical Analysis Team, ou TAT. Composto por dois militares norte-americanos e um agente da DEA, nas palavras de Vasconcelos Cruz, "é a mais discreta — e importante — das unidades" envolvidas com o tema do narcotráfico. O trio recebia em tempo real, via satélite, de uma base do Pentágono em Key West, na Flórida, dados e informações obtidos de agentes infiltrados, delatores, informantes, estações de radar, satélites, fichas de criminosos, relatórios de nações aliadas, extratos bancários, grampos telefônicos e o que mais as agências de inteligência e as Forças Armadas norte-americanas pudessem captar.

"Todo este acervo é usado para detectar padrões, mapear rotas e datas de embarque, radiografar organizações narcotraficantes, identificar seus integrantes e assinalar a localização das suas instalações", escreve Vasconcelos Cruz. Sediados nos países em que a cocaína é produzida e por onde é transportada, os grupos de análise tática somavam à remessa dos dados que recebiam da Flórida outras informações que coletavam localmente. Preenchiam lacunas, confirmavam e descartavam hipóteses. No fim, entregavam um relatório aos policiais selecionados do Gise. Com aparência de benevolente, a estratégia americana escondia intenções obscuras.

Na mesma pesquisa, Vasconcelos Cruz conta, a partir da análise de documentos, que a embaixada americana era responsável por transferir todo mês cerca de 3 milhões de dólares para uma conta bancária em nome do diretor da antiga Delegacia de Repressão a Entorpecentes da PF. Com a inauguração do escritório da DEA em São Paulo, os americanos começaram a transferir o dinheiro clandestinamente para a conta do chefe da DRE, de modo que vários policiais brasileiros recrutados pela agência norte-americana passaram a acumular com o salário um punhado de dólares repartidos. Formou-se um grupo paralelo dentro da Polícia Federal, e não demorou para surgirem críticas internas ao programa SIU.

Alguns agentes e delegados ficaram incomodados com a ameaça que a iniciativa representava para a soberania nacional, assim como o próprio governo de Luiz Inácio Lula da Silva, que em 2003 cortou o acesso aos recursos. A transferência milionária, mensal e desregulada dos dólares veio à tona quando Carlos Alberto Costa, ex-adido jurídico da embaixada norte-americana em Brasília e agente aposentado do FBI, depôs à Procuradoria da República no Distrito Federal, em março de 2004. Filho de portugueses nascido nos Estados Unidos, trabalhara no governo norte-americano por mais de vinte anos. Ao depor na Comissão Mista de Controle das Atividades de Inteligência do Congresso Nacional, ele contou aos parlamentares o que vivenciou nos ambientes diplomáticos no Brasil.

Em caráter reservado, a audiência não deixou registros de fácil acesso, mas um deslize do deputado federal Júlio César Gomes dos Santos, o Cabo Júlio, do PMDB de Minas Gerais, no Congresso, revelou um trecho do que dissera Costa na ocasião.

Durante um discurso na tribuna, o deputado afirmou que ouvira Costa dizer que, dos oitocentos funcionários da embaixada dos Estados Unidos em Brasília, quatrocentos eram espiões. Afirmou ainda que, dentro da embaixada, diplomatas do país telefonavam ao chefe da DRE e marcavam encontros. A delegacia era obrigada a prestar contas aos altos funcionários do governo norte-americano, conta Vasconcelos Cruz. A informação ganhou publicidade depois que um antigo diretor do departamento respondeu a questionamentos de procuradores sobre as relações da PF com a DEA, em 2003. Nesse mesmo ano, a Procuradoria-Geral da República concluiu que o dinheiro doado pelos estrangeiros não integrava o Orçamento Geral da União. Dessa forma, não era fiscalizado pelo Tribunal de Contas da União, o que tornava a benesse dos ianques um ato inconstitucional.

Para além da infração às regras técnicas e jurídicas, o patrocínio clandestino nos bastidores constituía uma maneira de os Estados Unidos exercerem poder sobre policiais brasileiros que escolhiam a dedo. "Como a DRE carecia de meios para cumprir sua missão, a Embaixada usava a verba extra como instrumento de pressão sobre delegados da unidade, exigindo que priorizassem o combate a quadrilhas que introduziam drogas nos Estados Unidos", escreve Vasconcelos Cruz sobre o Gise. Ele se baseou em um depoimento concedido em 2004 por Francisco Garisto, então presidente da Federação Nacional dos Policiais Federais, a Fenapef, segundo o qual era notório que agentes norte-americanos percorriam o país de norte a sul, de leste a oeste, livremente, atrás de informantes, tentando se infiltrar no submundo das quadrilhas do narcotráfico. Vez por outra, se valiam da proximidade com os agentes e delegados que seu país patrocinava para bisbilhotar bancos de dados sigilosos mantidos pelo governo brasileiro, entre eles o Sistema Brasileiro de Inteligência, o Sisbin, criado em 1999 — um balaio de documentos não só da PF, mas das Forças Armadas, da Agência Brasileira de Inteligência (Abin), da Polícia Rodoviária Federal, do Itamaraty e de outros 44 órgãos e departamentos.

Os agentes do Gise eram uma maioria de homens sisudos quando em público e quase o tempo todo quando sozinhos, mas risonhos entre amigos. Em 2022, estavam nos 27 estados da Federação. Em São Paulo, ainda hoje são uma dezena de agentes que bebem vinho às quintas-feiras em um bistrô nos Jardins. Eles são homens fortes de rostos comuns que passam a noite fumando charutos. Transitam em carros baratos e insuspeitos com caixas de munição no banco traseiro. Estão no Mato Grosso do Sul, em Campo Grande e na violenta Ponta Porã, onde se hospedam numa empresa agrícola de fachada, numa construtora de fachada, por trás de um logotipo de fachada. Um símbolo falso com dizeres falsos estampados no boné. Vestindo uniformes de mentira, chapéus inventados, uma rotina de fingimentos. Lutam para manter o disfarce em áreas de risco, quando estão perto dos alvos sobre os quais tudo têm que saber. Reportam suas queixas a quem estão subordinados, a Coordenadoria-Geral de Polícia de Repressão a Drogas da Polícia Federal, a CGPRE. Estão em Londrina, Curitiba, São José do Rio Preto. Batem ponto em Presidente Prudente — gastam o dia grampeando ondas eletromagnéticas que escapam pelos muros das penitenciárias no entorno desse município paulista. Frequentam as delegacias em Piracicaba e Araraquara, e quase sempre são vistos cruzando longas distâncias em alta velocidade, em caminhonetes à paisana, no meio da rota caipira da cocaína.

O primeiro Gise do interior paulista nasceu em Ribeirão Preto. Um sobrado alaranjado com janelas espelhadas e caminhonetes estacionadas diante da porta de vidro, sob a vigilância de câmeras de alta resolução controladas remotamente. Por dentro, corredores estreitos levam a salas cheias de papéis e policiais desarmados, cuidando da burocracia. Inaugurada em 2006, a unidade contava com seis agentes lotados, além de quatro reforços que eventualmente apareciam para ajudar. Tentavam inibir os pousos clandestinos de aviões a serviço de traficantes nos canaviais do interior.

Em 2006, o delegado federal Marcelo Vieira Godoy, que chefiava a Delegacia de Repressão a Entorpecentes da PF, a antiga DRE, definiu que o Gise seria responsável por organizar incursões durante os pousos clandestinos, muitos dos quais durante a noite e a madrugada. "Porque o Gise tem experiência", teria dito o delegado, ao justificar a escolha daqueles agentes quarentões. Um policial, no entanto, ouviu o buchicho: a decisão fora fruto de uma pressão diplomática feita por Inglaterra e Estados Unidos, países engajados na guerra às drogas.

Não à toa o agente Janones — ele só diz o nome de guerra — bebe uísque, gasta dinheiro e saliva em excesso ao contar as histórias de sua carreira policial. Ele segura um telefone de última geração, mostra uma foto de si mesmo. O agente aparece vestido de carteiro, o velho uniforme amarelo e azul, um disfarce que durante a rotina de trabalho lhe serve de álibi para confirmar endereços de investigados. Saber se o cara mora lá mesmo, como diz. Ele afirma ter conseguido a roupa oficial depois de requisitar formalmente ao órgão, e os Correios aquiesceram. Enviaram à PF um conjunto do uniforme inconfundível.

Janones foi carteiro, jardineiro e mendigo. Carregou carriolas para disfarçar. Vestiu um uniforme verde, dirigiu uma Kombi recheada de samambaias. Passou carvão no rosto e esgarçou os fios de um cobertor novo para cobrir-se como mendigo por uma semana inteira na mesma esquina, na frente da casa do alvo, encostado num muro, deitado sobre a calçada com um ponto eletrônico no ouvido. Agora, contudo, beberica empertigado. A espinha ereta de orgulho, um sentimento que parece brotar da constatação de que é dono de uma carreira brilhante e muito bem remunerada, com diárias justas e penduricalhos no salário — ou como jeito de ostentar a própria bravura. Parece palpável a densidade do orgulho que sente de si mesmo. O peito como o de um pombo, enquanto molha os lábios no uísque. "Black Label, dezoito anos", diz, sem que ninguém lhe pergunte qualquer coisa, encarando o copo e logo desviando o olhar para os corpos femininos ao fundo, trocando de assunto.

Janones é agente da Polícia Federal há mais de dez anos. Atuou ao lado de Erasmo em diversas operações. Hoje, contudo, Erasmo trabalha exclusivamente com casos de narcotráfico. Janones só investiga assaltantes de banco e transportadoras de valores. Vez por outra eles trocam tiros com bandidos durante o dia. Samuel, o terceiro veterano, também está no bar. Apoiado no balcão, ele conta como acertou de raspão a orelha de um bandido em fuga. Mirou na cabeça. A bala atravessou o encosto do banco do passageiro. Ele descreve a cena como se estivesse contando o que comeu no café da manhã. A surpresa do bandido foi captada durante um grampo telefônico. "Porra, o filho da puta quase me apaga", diz Samuel, imitando o traficante com voz de ator.

O episódio foi no início de 2014; os policiais pareciam se esforçar para curtir um momento de lazer, mas estavam carrancudos, mais frios que o normal. A frieza que os episódios de violência provocam. Um ano antes, o Brasil havia se consagrado como enorme entreposto no mercado global de cocaína, anunciara a ONU. Um ano antes, segundo a entidade, 30% de todo o pó apreendido no país teria como destino a África e a Europa. A África, um corredor para a Europa. O Brasil é o meio do caminho, e o crime não demorou a entender o papel do país como intermediário no comércio mundial da droga. Meses antes de curtirem a folga durante a noite paulistana, os agentes, que agora bebem entre sorrisos, trocavam tiros com bandidos armados com metralhadoras, fuzis, granadas, bazucas. Os agentes, eles nunca confessam se já mataram alguém.

EM JANEIRO DE 2013, o jovem André Luís Corrêa, de 26 anos, se aprontava para mais um dia de trabalho num canavial. Ele era integrante da escolta particular de Gilberto Aparecido dos Santos, o Fuminho, um quarentão pardo e magro, com os cabelos pretos e uma calvície que lhe dominava a testa. Tratado pela Polícia Federal como braço direito de Marcos Willians Herbas Camacho, o Marcola, chefão do PCC, nunca fora batizado na facção. Mas como administrador competente conquistara a confiança de Marcola.

Erasmo investigou Fuminho. E afirma que ele operava contas bancárias recheadas com 27 milhões de reais em 2013. Um ano e meio depois, após a pressão da polícia e várias apreensões, o montante encolhera para 8 milhões de reais. Preso em 2020 em Moçambique, na África, numa megaoperação internacional que envolveu o Departamento de Justiça norte-americano e o Itamaraty, Fuminho — ele também usava as identidades falsas de Luiz Gilberto Bertolino de Lima e Gilmário Dias de Souza, além de ser conhecido pelos apelidos de Fininho, FM e Fino — estava foragido desde 1999, quando escapou do presídio do Carandiru, palco do massacre promovido por policiais militares paulistas em 1992 que deixou 111 presos mortos. Desde então, viveu em liberdade, conduzindo nas sombras, com eficiência, as transações comerciais internacionais da facção, tanto para abastecer os criminosos com armas compradas na Bolívia como nas tratativas com as máfias estrangeiras sedentas pelo pó de qualidade.

Fuminho era chamado pelos policiais de "o operador de Marcola". Foi ele quem articulou o plano de resgate do chefe e de parte da cúpula da facção do presídio de segurança máxima de Presidente Venceslau, em 2014. A Sintonia Geral Final. O plano envolvia três aeronaves, o que por si só revelava o interesse do criminoso pelas máquinas que voam. Quatro anos mais tarde, a bordo de um helicóptero, os antigos líderes da facção, Gegê do Mangue, o GG, e Fabiano Paca, ou

Paka, foram levados para a morte na região de Aquiraz, no Ceará — mais um plano de Fuminho. Assim como ele, esses dois chefões do PCC assassinados em 2018 administravam os negócios do PCC no eixo Brasil-Bolívia-Paraguai, mas tinham se deslumbrado demais com o dinheiro, na opinião de Fuminho. Um bilhete encontrado na penitenciária P2 de Presidente Venceslau após o episódio revelou a pegada do operador de Marcola no caso e indicou que a dupla tinha sido morta porque estava roubando dinheiro da facção.

"Amigos aqui é o resumo do Pe quadrado [Penitenciária] e mais uns irmãos. Ontem foram chamados em umas ideias, aonde nosso ir [irmão] cabelo duro deixou nois ciente que o fuminho mandou matar os [...] o GG e o Paka. Inclusive o ir cabelo duro e mais alguns irs são prova que os irs [Gegê e Paca] estavam roubando", informava a mensagem, escrita a caneta azul num pedaço dobrado de papel. Wagner Ferreira da Silva, o Cabelo Duro, o homem que comandava o crime na Baixada Santista, era subordinado a Fuminho. Após os assassinatos de GG e Paka, foi perseguido no meio da rua, na frente de um hotel na zona leste de São Paulo. As câmeras pegaram o momento em que um tiro de fuzil lhe explodiu o crânio. As fotos foram espalhadas pelo WhatsApp.

O destino de Fuminho começara a mudar em 2012, quando o delegado federal Roberto Troncon Filho, então superintendente da PF em São Paulo, foi ao Canadá para negociar pessoalmente com a empresa Research In Motion (RIM), responsável pelo aplicativo BlackBerry Messenger, o BBM, uma forma de interceptar as mensagens de clientes da marca. Entre os bandidos, o aplicativo causara frisson. Ganhara a fama de ser à prova de grampos e agora era utilizado em larga escala dentro das quadrilhas, e até pelos engravatados envolvidos na Lava Jato. As conversas criminosas, contudo, eram trazidas à luz também por outros meios, como os grampos telefônicos tradicionais. Os passos de Fuminho eram conhecidos pelos agentes do Gise de Ribeirão Preto enquanto se posicionavam muito perto da pista de pouso no momento em que André Luís Corrêa apareceu para proteger a carga de 450 quilos de cocaína, prestes a chegar a bordo de um avião.

A DROGA TINHA SIDO ENVIADA do Paraguai por José Luis Bogado Quevedo, conhecido como Kurê, um especialista em voos noturnos que de vez em quando também trazia pó para a turma de Cacharo. Era 19 de janeiro de 2013, um sábado. A aterrissagem estava programada para acontecer entre os municípios de Gavião Peixoto, de 4702 habitantes, e Boa Esperança do Sul, de 12 978, ambos no interior de São Paulo. Quando o avião quase tocou a pista, no entanto, o piloto percebeu a presença dos policiais no canavial. Conseguiu arremeter. Um caça da Força Aérea Brasileira o perseguiu até a fronteira, silenciosamente, buscando identificar a rota, até que o fugitivo entrou no espaço aéreo paraguaio e sumiu. Contudo, André Luís Corrêa, em terra, não teve a mesma sorte. Morreu com um tiro na cabeça.

Em 2013, fazia pouco tempo que a PF perseguia o rastro das quadrilhas que enviavam cocaína do Brasil para a Europa, quase sempre em malas colocadas dentro de contêineres embarcados no Porto de Santos. Eram os dias que precederam as operações Oversea e Monte Pollino, da Polícia Federal, que evidenciaram a presença no Brasil da máfia calabresa

'Ndrangheta e expuseram o elo da corrupção investigada durante a Operação Lava Jato com o narcotráfico transnacional. Alberto Youssef, o mesmo doleiro que lavava o dinheiro do corrupto, lavava também o do traficante. Como relatou o delegado Márcio Anselmo, um dos coordenadores da Lava Jato, em ofício de 14 de janeiro de 2014 ao juiz Sergio Moro, ficava evidente, mais do que nunca, que para o doleiro pouco ou nada interessava a origem do dinheiro a ser movimentado: se oriundo de fraudes tributárias ou de tráfico de entorpecentes; para Youssef a frase *Pecunia non olet* era quase um mantra.

A cocaína que os policiais quiseram interceptar na fatídica tarde em que André Luís Corrêa foi morto era a mesma que costumava ser custeada com a ajuda de Youssef. A mesma que é cheirada nas ruas de Berlim e nas ilhas da Croácia, que percorre os mares pelas mãos de mafiosos sérvios, a mesma levada pelos russos e pelos albaneses, era também a mesma enviada pelo PCC. E isso era uma novidade.

Àquela época, os investigadores ainda farejavam a pegada da facção no comércio internacional de cocaína. A Sintonia do Tomate, grupo responsável pelo tráfico internacional dentro do PCC. Um de seus líderes, Fuminho, estava inconformado com a morte de André Luís Corrêa. O disparo partira de um agente federal. Cansado de perder dinheiro e comparsas por consequência das ofensivas empreendidas pelos federais, Fuminho tomou uma decisão que mudou o curso da guerra às drogas no interior do Brasil. Resolveu terceirizar para quadrilhas de Campinas especializadas em assaltos de cargas, empresas de transporte de valores, carros-fortes e caixas eletrônicos — que têm mais know-how com armamentos pesados e explosivos — o serviço de escolta da cocaína durante os pousos. Assim, alguns dos bandidos mais intrépidos e perigosos do estado passaram a ser responsáveis pela proteção das cargas de cocaína que aterrissavam nos canaviais de São Paulo, nos relevos de Minas Gerais, nos descampados de Goiás.

Houve uma escalada da violência. A manobra transformou os canaviais do Sudeste em um vasto campo de batalhas espetaculares — em que três pessoas morreram, uma aeronave explodiu, um corpo pegou fogo e duas caminhonetes se chocaram em colisão frontal. Nessa última ocorrência, Erasmo dirigia o carro. Em sete aterrissagens houve tiroteio. Balas traçantes, tungstênio, tiros de calibre .50, que derrubam até helicóptero. Os traficantes chegaram a usar equipamentos mais avançados que os da PF, como lança-granadas e óculos de visão noturna, porque a escuridão impera nas pistas de terra batida, escala obrigatória entre a produção da cocaína e as narinas do resto do planeta. Em 2013, a escolta entrou em ação. "Foi o ano da guerra", disse Erasmo, enquanto bebia seu uísque sem gelo, cercado de amigos policiais.

DEZ DIAS DEPOIS da morte de Corrêa, uma nova aterrissagem surgiu nas conversas de Fuminho no BBM. Aconteceria em Igaraçu do Tietê, uma cidade paulista de 23 mil habitantes. Camuflados no canavial, os agentes federais chegaram para aguardar o pouso do avião às quatro da madrugada. Às seis começou o tiroteio. Era a estreia da escolta terceirizada. Um dos integrantes do bando de Fuminho deitou-se no chão de terra e disparou seu AK-47 sem cessar. Mais tarde, encontrou-se a arma abandonada na plantação, com o cano de ferro "aberto como uma flor", lembra Samuel, colega de Erasmo há dezessete anos. Os disparos atingiram a caminhonete da PF onde estava o agente, armado só com uma pistola e na companhia de outros dois policiais. Um barulho ensurdecedor. Protegeram-se atrás das rodas.

Posteriormente, em grampos telefônicos, o atirador foi elogiado pelos comparsas por sua performance — e recebeu um convite de Fuminho para ir treinar o manuseio de lança-granadas no Paraguai. Samuel disparou sua Glock enquanto deu. Depois, notou que o "bombadinho do COT" — conforme o descreveu, em referência a um dos dois agentes do Comando de Operações Táticas da Polícia Federal, o COT, órgão de elite da corporação, que lhe acompanhavam na viatura — estava com o fuzil emperrado. Não pôde dar um tiro sequer, enquanto as balas do PCC comiam a lataria.

"Os bombadinhos do COT só atiram em papel", critica Samuel, enquanto janta em um bistrô no bairro de Cerqueira César, um dos mais requintados da capital paulista. É uma casa de vinhos, e ele bebe uma garrafa da região do Jura, na França, enquanto degusta um ravióli artesanal de abóbora com gorgonzola. Seu Gol preto está estacionado em frente ao estabelecimento, um carro popular quase invisível, com um fuzil 7.62 carregado no porta-malas. O ambiente é chique, decorado com itens de vários países. Samuel segura a taça com uma delicadeza que contrasta com os dedos que apertam o gatilho. É um agente experimentado. Houve época em que se infiltrou nas fazendas de vilões da fronteira, imerso num pântano malcheiroso até o pescoço, perto do terreno do alvo, segurando o fuzil sobre a cabeça por dois dias a fio. O gado ia farejar o corpo estranho na paisagem bucólica, os vira-latas também, e o corajoso agente buscava espantar os animais com urros de bicho.

Agora, anos depois, se prepara para assumir um cargo de adido da PF na Europa. É setembro de 2015, e Samuel está cansado de trocar tiros com bandidos. A barriga arredondada, o ar de magnata e talvez a maneira como deixa cair os óculos sobre o nariz escondem um homem violento, com arroubos de autoritarismo, como no momento em que diz a um interlocutor, com cara de calculista, por telefone: "Para mim, a partir de hoje você está do outro lado da trincheira". Os fuzis bons, ele conta, ficam em Brasília para os bombadinhos do COT atirarem em papel, repete. "Para aparecer na TV prendendo deputado, entendeu?" Ele faz uma pausa, mas logo segue: "Os caras linha de frente, como eu, que estão há vinte anos combatendo traficante, ficam sem armamento. Os fuzis novos, 762, os HK 556, ficam lá. Os bombadinhos do COT dando dois mil tiros por semana em folhas de papel, e a gente lá, na linha de frente, sem armamento. É um absurdo. É inadmissível".

Um chefe do COT costumava barrar o envio de equipamentos a outras unidades da corporação, diz Erasmo. Alegava que tudo tinha que ficar concentrado no COT. Que o COT tinha que ser acionado. O problema é que é preciso acionar o COT com três dias de antecedência. Nunca dava tempo. Fuzil com visão noturna, quatro viaturas blindadas, uma lancha que nunca viu a água. Itens que só os bombadinhos do COT usavam. Sempre em treinamentos, nunca em operações reais, diziam os agentes. Por isso, Samuel teve dificuldade para sair vivo de Igaraçu do Tietê. Naquele dia, a PF apreendeu o avião e 1,5 milhão de reais em notas de cem. Fuminho enviaria o dinheiro de volta ao Paraguai, para pagar Kurê e os fornecedores. Mas os traficantes conseguiram fugir com quase meia tonelada de cocaína. Valera a pena o investimento na segurança terceirizada. Ao fazer o pagamento aos integrantes da escolta, Fuminho oferecia vinte quilos de cocaína pura ou 120 mil dólares, conta Erasmo. Com base no episódio em Igaraçu do Tietê, ele e seus colegas disseram a si mesmos que recusariam outra operação como aquela caso os armamentos necessários para fazer frente à escolta do tráfico não fossem disponibilizados.

Quando as interceptações revelaram as coordenadas de um novo pouso, em Campo Florido, Minas Gerais, os agentes se embrenharam na mata em maior número. Com a ajuda de um sniper em um helicóptero. Um cenário um tanto espetaculoso para a cidade mineira de 8466 habitantes, onde as ocorrências policiais mais corriqueiras eram brigas entre vizinhos. Em 2013, no município, 2329 pessoas se mantinham empregadas formalmente, 46 se casaram e 53 morreram — sendo 37 em leitos de hospital. Até então, era inédito o fato de alguém ter sido incinerado ao saltar de um avião em chamas.

Janones acompanhava a operação policial à distância, da delegacia. Era 26 de fevereiro de 2013, uma terça-feira comum, quando ele telefonou ao posto local da Polícia Militar para pedir reforço. A policial que atendeu não acreditou no relato, pensou tratar-se de um trote. O tanto de cocaína que repousava na fuselagem, 447 quilos, valia 26 vezes o PIB de Campo Florido naquele ano, de 279 milhões de reais. Não só os federais estavam preparados. Fuminho comprara armamentos novos, submetralhadoras italianas, e distribuíra para sua equipe. Na hora do tiroteio, o avião explodiu graças a uma munição traçante que acertou o tanque de combustível, conta o agente depois. O atirador mirou a quinze centímetros da hélice, para "apagar o motor", conforme se aprende na academia de polícia — mas acabou errando. O bandido pegou fogo. Quatro ficaram feridos. Da quase meia tonelada de pó, sobraram 118 quilos. O resto se consumiu nas labaredas. Os federais também apreenderam uma caminhonete e dois fuzis, um deles com um lançador de granadas acoplado ao trilho e um selo das Forças Armadas Revolucionárias da Colômbia (FARC) grudado na coronha.

Era o começo do ano, três grandes tiroteios tinham acontecido antes do fim de fevereiro. Com a violência crescente, o clima na fronteira era de pessimismo. Receosos, os pilotos do tráfico passaram a recusar as viagens com destino ao Brasil. O medo os levou a priorizar os eixos entre Bolívia e Paraguai e entre Peru e Paraguai, considerados mais tranquilos. O transporte das drogas por terra tornou-se mais frequente. Instalou-se em Pedro Juan Caballero certa dificuldade para encontrar pilotos que topassem a arriscada jornada ao Brasil. Havia um, contudo, que costumava topar qualquer aventura.

Renato Antonio de Biasi, já aos 56 anos, aceitou levar meia tonelada de cocaína a pedido de Eduardo Cacharo ao interior de Minas Gerais. Biasi, o mesmo que tentara decolar em fuga em Pontal, impedido pelo choque da caminhonete de Erasmo contra uma das asas. O mesmo que costumava pilotar um monomotor de Cacharo, sobrevoando o céu emplumado de nuvens esparsas. Em março de 2013, menos de vinte dias depois da ocorrência em Campo Florido, o piloto aproveitou a tarde de um sábado para realizar o pouso clandestino, mais um em sua extensa carreira. Dois aviões vinham do Paraguai, carregados com 450 quilos de cocaína cada, e deveriam pousar em uma fazenda arrendada por uma usina de cana-de-açúcar em Indianópolis, município de 6163 mil habitantes a 523 quilômetros de Belo Horizonte. Biasi estava atrás do manche do segundo avião, que também havia sido fretado por Cacharo em conjunto com outros empresários do interior paulista.

A PF montou campana na propriedade rural. Tratava-se de quase uma tonelada de cocaína. O primeiro avião pousou, os homens se apressaram a descarregar os tijolos do pó sobre a caçamba de uma caminhonete. A aeronave taxiando na pista, o automóvel em movimento, a quarenta quilômetros por hora, um homem em pé sobre o automóvel, o motorista guiando em linha reta, paralelo ao avião — um procedimento que, segundo cálculos federais, leva cerca de seis minutos.

Os empresários que investiram naquele tráfico de cocaína costumavam se organizar em consórcios, a fim de dividir a carga e o preço do frete. Eram também responsáveis por encontrar o lugar adequado para a aterrissagem. Estavam sempre vasculhando terras alheias, enviando jagunços a fazendas de cana, milho e sorgo em busca de pistas de pouso à disposição. Naquela região, o uso de aeronaves agrícolas se tornou bastante comum, o que fez com que proliferassem as pistas nas fazendas. Os traficantes sabem, por exemplo, que na hora do pouso clandestino é melhor ter mais de uma pista à disposição, para casos de emergência — como nos instantes em que os funcionários da usina aparecem para trabalhar ou quando surge a polícia no radar, em forma de aviso por WhatsApp. "Noventa por cento dos fazendeiros, donos das pistas, nem sequer sabem que a cocaína pousa ali", disse Erasmo. As faixas de terra vermelha rasgam o extenso verde dos canaviais.

A visão de Renato Antonio de Biasi, os talos verdes da plantação, a terra batida e quente, qual teria sido a última coisa que mirou antes de morrer? O plano era o de sempre: pousar, descarregar a droga, vez por outra abastecer o avião rapidamente e logo decolar de volta ao Paraguai. Assim fizera o primeiro avião. Acoitados entre as canas, à espera da segunda aeronave, os agentes deixaram a primeira caminhonete carregada de cocaína partir. Não era incomum que os receptores da carga a escondessem no meio do canavial, voltando para buscá-la no dia seguinte. Os policiais acreditavam mesmo que poderiam encontrá-la posteriormente. Prendiam-se às informações reveladas pelas interceptações telefônicas, de que a segunda aeronave era a que importava, a que reunia provas contra o alvo, Cacharo. E esperaram em silêncio.

Ao pousar, Biasi nem sequer havia parado o avião totalmente antes que os policiais surgissem para abordá-lo. Como no passado, o piloto tentou decolar às pressas, mas dessa vez fez isso na direção dos agentes. Três disparos de fuzil calibre 556 foram ineficazes contra o motor do avião, que continuou a acelerar rumo à decolagem. Antes do quarto disparo, o agente mirou a cabine. Veio o tiro. O avião perdeu a direção. Biasi estava morto.

A PF apreendeu a meia tonelada de pasta-base que estava no avião e armas de procedência boliviana, além de algemar outras cinco pessoas. Os sites de notícias levaram às manchetes o valor nominal do entorpecente. Quatro milhões de reais. Contaram sobre o piloto ousado, que anos antes tentara uma fuga espetacular, porém acabara nocauteado. Falou-se genericamente sobre a rota da cocaína na América do Sul, mas pouco se soube a respeito das pessoas que haviam encomendado aquele pó.

Em setembro de 2013, quando a inteligência da PF identificou mais um pouso programado para a madrugada, dessa vez em Bocaina, a 292 quilômetros de São Paulo, Samuel usou o episódio em Igaraçu do Tietê a fim de justificar para seu chefe direto, o delegado Marcelo Godoy, que ele e seus colegas se recusavam a trabalhar naquele dia sem veículos blindados. Como os agentes do Gise de Ribeirão Preto rejeitaram a missão, o delegado requisitou reforço das delegacias de Araraquara e Bauru.

Na tarde que precedeu a aterrissagem, o agente Fábio Ricardo Paiva Luciano, de Bauru, vestido como civil, estacionou a caminhonete às margens da rodovia Comandante João Ribeiro de Barros, a SP-255, que liga Jaú a Araraquara. Desceu para averiguar o local, cujas coordenadas haviam sido reveladas horas antes, num diálogo interceptado. Era um canavial, como de costume. Na companhia de um colega, ele anotou as dimensões da pista e atentou para os pontos de entrada e saída. Levou as informações aos outros policiais que participariam da operação horas mais tarde. Aos 38 anos, Paiva, que gostava de ação, se juntou aos outros quinze colegas que fizeram a incursão por volta das oito da noite. Quando deu para ouvir o avião, os agentes desligaram seus telefones celulares para evitar o risco de serem identificados do céu, pela luz do visor. Esconderam-se na plantação. Dois carros da escolta cercaram a pista.

Numa picape ao lado do avião, os traficantes colocaram o fuzil de lado, pendurado ao ombro, e passaram a descarregar a aeronave, 450 quilos de cocaína. Foi o momento em que dois agentes acharam oportuno iniciar a abordagem. Na cabeceira da pista, um Volkswagen Jetta, motor 2.0, abrigava dois integrantes da escolta, armados com um rifle norte-americano calibre .50, automático, com luneta, carregador e 23 balas. A mesma arma havia sido usada duas semanas antes em um assalto a um carro-forte na rodovia Anhanguera. No carro, havia também duas pistolas Glock G27, calibre .40, fabricadas na Áustria; um binóculo para visão noturna; dois coletes balísticos; catorze carregadores de fuzil e mais de duzentas munições, além de onze aparelhos de telefone, "predominantemente da marca BlackBerry", nas palavras do Ministério Público Federal (MPF).

Quatro viaturas da PF invadiram a pista. Os traficantes reagiram. Sob fogo cruzado, conseguiram fugir com a cocaína. O Jetta foi abandonado. O avião tentou decolar, mas acabou caindo. Na hora da fuga, o agente Paiva cercava a pista. Veio um carro em sua direção, os acostamentos invisíveis no breu, os faróis altos. Erasmo conta o que lhe foi narrado, que Paiva e outro policial imaginaram que o veículo fosse da PF, com seus colegas a bordo — porque os bandidos costumam fugir no escuro. À contraluz, veio também o disparo. A escolta terceirizada matou o agente Paiva com um tiro de fuzil no peito.

Uma semana depois, um cortador de cana que saíra cedo para trabalhar naquele canavial encontrou um fuzil jogado sobre os talos. Era uma arma romena, "em perfeitas condições de uso e eficiência na produção de disparos, com 26 munições [...] fabricadas na República Popular da China", escreveram os procuradores. Enquanto isso, os colegas de Paiva ouviam grampos telefônicos. A morte do agente gerou uma operação policial batizada com seu nome, a Paiva Luz, com novos alvos e gosto de vingança. Em cerca de um ano, a investigação levou a um gigantesco esquema de exportação de cocaína patrocinado pelo PCC. Os policiais desvendaram o trajeto da droga, cada criminoso pelo caminho, desbaratando várias quadrilhas. O transportador, Kurê. O destino, o PCC. E então, a Europa.

A pressão da PF alterou as rotas aéreas do narcotráfico. Acuados, os transportadores migraram do Sudeste para a paisagem árida de municípios como Canindé e Pedra Branca, no Ceará, ou Assunção do Piauí. Para o norte de Goiás. E áreas de garimpo do Pará e seus múltiplos locais de aterrissagem. Ou as fazendas recém-adquiridas nos rincões, onde eles constroem as próprias pistas de pouso.

Os PILOTOS ESTAVAM HOSPEDADOS num prédio salmão com extensas varandas pintadas de branco, cinco andares e 36 janelinhas, aguardando em fila a próxima viagem. O Porã Palace Hotel era conhecido como o melhor lugar para se hospedar em Pedro Juan Caballero. Ficava na avenida que marca a divisa com Ponta Porã, no Mato Grosso do Sul, e servia de hospedagem e até moradia a pilotos, doleiros e traficantes. Erasmo sabia que era lá que os pilotos se encontravam porque ouviu todas as vezes em que os encontros foram marcados no Porã Palace Hotel — ou quase todas, durante certo período.

Pelas contas do agente, no início de 2015, existiam cerca de vinte pilotos prestando serviço aos transportadores atacadistas de pó. Por viagem ao Brasil, cada um recebia, em média, 200 mil reais. Um pouco menos quando o percurso se iniciava nas redondezas de Santa Cruz de la Sierra, na Bolívia — de onde saem com aviões carregados de pasta-base e às vezes cloridrato —, rumo ao Paraguai. Em Pedro Juan Caballero, abasteciam o tanque de combustível em pistas de pouso clandestinas, alugadas por 50 mil dólares, por ocasião. Depois, o interior brasileiro. Uma viagem de três ou quatro horas.

Dizia Erasmo que 99% da cocaína do PCC, que domina o comércio doméstico e as exportações, chega ao Brasil por meio de aviões de pequeno porte. Uma vez em solo brasileiro, a facção armazena a droga e a distribui em carros que chamam de "borracha", guiados por jovens motoristas a quem denominam "boys". São seres audaciosos. Certa ocasião, na escuridão da noite de Santa Bárbara d'Oeste, no interior paulista, um boy fugiu da polícia num Fiat Idea a duzentos quilômetros por hora na rodovia — com os faróis apagados.

Erasmo é um agente que, de tanto transcrever grampos, acabou desenvolvendo tendinite nas duas mãos. Há dezessete anos vigiando, ouvindo, perseguindo e combatendo traficantes — entre eles alguns dos maiores fornecedores de cocaína do mundo, como Luiz Carlos da Rocha, o Cabeça Branca, ainda solto entre 2014 e 2016. Ou Carlos Antonio Caballero, o Capilo. Erasmo coordenava um dos núcleos de operações — NO, na sigla — do Gise, onde desde 2013 investiga exclusivamente o transporte aéreo de grandes quantidades de cocaína. Isso não quer dizer que se dirija todos os dias a um local de trabalho específico. Ele persegue cargas de pó desde a produção até o destino final, ora cercando uma pista de pouso durante a madrugada, no interior de São Paulo, ora perseguindo um caminhão carregado de cocaína rumo ao porto de Santos, sempre à espera de um momento certo para a abordagem.

"Ele é bom de cabeça e bom de rua", falou certa vez um parceiro seu de trabalho, ao traçar uma distinção entre policiais inteligentes — habilidosos, por exemplo, na hora de decifrar, com base em grampos, a hierarquia intrincada de organizações criminosas — e policiais destemidos, que levavam mais jeito para apertar o gatilho (ou para derrubar aviões que taxiam na pista). "O Erasmo tem os dois", disse o colega. Na visão do próprio Erasmo, o trabalho de rua é fruto de muito treino e experiência. Mas passar o dia ouvindo grampos exige do agente dotes quase artísticos, segundo ele. "Temos que adivinhar o que acontece na mente de cada um. A equipe vive a vida dos caras."

Agora, contudo, Erasmo senta-se à minha frente no terraço de um restaurante em Ribeirão Preto. Ele come nachos mexicanos e iscas de frango frito enquanto explica como a operadora de telefonia desvia ligações do número de um investigado para um servidor; um envio de informações via Virtual Private Network (VPN). A lição complexa é interrompida por mensagens intermitentes no seu celular. No momento, seus subordinados estão à paisana em algum lugar da rodovia Oswaldo Cruz, que leva ao litoral norte de São Paulo, no encalço de um caminhão carregado de açúcar que esconde no forro da caçamba um compartimento secreto recheado de cocaína. Ao menos era essa a história que os grampos contavam até aquele instante. Ele coordena os agentes à distância, via WhatsApp e Telegram, enquanto mastiga.

A noite está estrelada e abafada, uma névoa quente domina o terraço do restaurante mexicano. Erasmo come enquanto olha para o telefone pousado sobre a mesa. "Tem que ensinar os caras", reclama, como que para si. "Eles querem dar o bote já, já querem prender o motorista. Não é assim. Tem que esperar, vou falar pra ele..." — e mira a tela luminosa do celular, as mensagens no grupo do Telegram apitam em sequência. "Va-mos pre-ser-var a ga-li-nha dos o-vos de ou-ro e va-mos co-lher os o-vos, dei-xa o trans-por-ta-dor fa-zer o trans-por-te e va-mos pren-der quem re-ce-be", diz ele, sílaba por sílaba, em voz alta, digitando simultaneamente, como um professor que ensina aos alunos.

Erasmo está cansado. Ele devora o seu jantar de trabalhador, o último passo antes do sono. Como sempre fazem os agentes antinarcóticos da Federal, passou o dia dirigindo de lá para cá, de cá para lá, perseguindo cargas e bandidos, quilômetros e quilômetros em busca de provas contundentes. Naquela sexta-feira, 6 de fevereiro de 2015, no caso em andamento, o crime de tráfico está quase comprovado; falta checar a carga. Pelos grampos, os agentes acompanham seu trajeto desde Santa Cruz de la Sierra, na Bolívia, passando por Pedro Juan Caballero, no Paraguai, Ponta Porã, no Mato Grosso do Sul, e chegando, de avião, a Araçatuba, cidade do interior de São Paulo — nesse ponto uma equipe da PF é deslocada por terra para perseguir o caminhão suspeito. "A gente sabe que a cocaína está no fundo falso atrás da caçamba por causa das escutas", diz o agente. "Há poucos minutos o patrão da Bolívia apareceu na escuta dando um aperto no motorista, pra ele levar logo para Santos."

Tudo parece bem encaminhado, e por isso Erasmo pode relaxar — embora tenha recusado o chope. Naquela noite, durante o jantar, ele discorre sobre a hierarquia do PCC. Sobre os líderes regionais da facção, tratados pelo termo "final". "Tem o 'final' do Paraguai, do Peru, da Colômbia e o 'final' da Bolívia, que também é o 'final' da América do Sul, um negão de nome bíblico", diz Erasmo, branco, sobre alguém cujo nome não recorda. Todos haviam caído na teia de grampos da PF. O policial fala sobre esses homens e também sobre outros personagens por trás da rota da droga — de tanto ouvi-los, Erasmo sente que os conhece bem.

Um deles, em específico, nada tinha a ver com a facção. Não era batizado nem crescera na quebrada, mas fornecia boa parte do pó adquirido pelos membros do "Comando", como o PCC é chamado entre os que o integram. "Foi descoberto porque ele era grande", observa o agente. Para chegar aos grandes traficantes, Erasmo ensina, é preciso centrar fiscalização nos transportadores. "Muitos compram, muitos fornecem, poucos transportam", afirma, com os dois cotovelos sobre a mesa de madeira, ainda no terraço do restaurante. "No transporte", continua, enquanto mastiga, "as histórias se cruzam." A última frase é uma referência explícita ao modelo de consórcio utilizado na hora de contratar um transportador. Por isso, segundo ele, os órgãos de inteligência internacionais concentram a vigilância nos transportadores.

Nos consórcios, traficantes de vários estados (quase sempre quadrilhas especializadas em tráfico internacional) se encontram. Nos consórcios, vários clientes usam um transportador em comum; um mesmo contato, um telefone para o qual todos ligam. Nos consórcios, os nomes se juntam. A

PF jamais alcança todos. Fuminho ficou famoso. Cacharo dominou o noticiário local. Mas na tarde silenciosa daquele domingo, após a notícia do avião incendiado em Passos, pouca gente notou que o frete havia sido dividido em consórcio. Como em várias outras operações contra os pousos clandestinos do narcotráfico, ninguém soube quem realmente estava ganhando dinheiro com a droga. A televisão veiculara alguns rostos, mas nenhum espectador tampouco ficou ciente de para quem seria entregue a pasta-base de cocaína que estava embaixo do banco do copiloto. É o sujeito sobre quem agora Erasmo fala.

A partir do telefone apreendido de Cacharo, o agente chegara ao contato de um homem de trinta e poucos anos que, vez por outra, utilizava os serviços de frete do empresário cravinhense. Era um playboy de Ribeirão Preto. Comprava cocaína diretamente de um contato na Bolívia e terceirizava o transporte para várias equipes. Uma delas, a de Cacharo. O sujeito foi apontado por Erasmo como um dos primeiros alvos da Operação Oversea, uma ação da PF que em março de 2014 rastreou, após um ano de investigações, o trajeto de grandes cargas de cocaína que saíam da Bolívia e do Peru, chegavam ao Paraguai e depois pousavam clandestinamente em pistas do interior de São Paulo. Dali seguiam por caminhão até serem escoadas no porto de Santos, por meio da equipe de piratas do PCC, as quadrilhas embarcadas, guiadas por André do Rap. Iam para América Central, África e Europa. No decorrer da operação, foram apreendidas 3,7 toneladas de cocaína, mais de sessenta pessoas foram presas, houve 130 números de telefone grampeados e 1,3 milhão de diálogos interceptados. A Oversea levou o título de maior operação da PF contra o narcotráfico naquele ano. Erasmo parece sentir orgulho de ter sido parte fundamental da operação. "Nós passamos os primeiros alvos da Oversea para o pessoal de Santos", diz o agente. O nome de Carlos Alberto Sgobbi estava entre eles.

5. *Half million, buddie*

A MOCHILA VIBRAVA sobre o tapete de borracha. O motor rugia sobre o asfalto. Daniel mirava a avenida por trás de lentes escuras. Sua mão torcia levemente o volante. Embora estivesse hospedado com a mãe e uma irmã em Barueri, preferiu telefonar a um amigo que morava sozinho e pedir a casa dele emprestada. Necessitava de mais um favor cujos detalhes contaria pessoalmente, avisou. Foi até lá, deixou as malas num quarto. Os 2,6 quilos, em outro. O método que havia aprendido em Florianópolis era lento demais. Ter de usar uma folha de sulfite como funil, encaixando a quina do papel em cada buraquinho da placa interna da mala, aborreceu Daniel, de modo que no lugar das folhas ele recorreu a um funil de plástico. Seguiu todos os outros passos que havia registrado na memória. Foram horas de dedicação.

Depois que as malas ficaram prontas, passou a procurar entre amigos e conhecidos alguém que, por 50 mil dólares australianos, topasse levá-las até a costa leste da Austrália, com passagens e estadia pagas. Era uma oportunidade única e surreal de receber um gordo cachê para tirar férias na Oceania. Ofereceu 5 mil reais a quem lhe arrumasse um voluntário — mas nem assim arranjou. Com a proximidade da viagem, ele próprio então decidiu fazer o papel de mula. Se passara incólume uma vez com o pó pelos aeroportos do trajeto, disse a si mesmo, talvez fosse razoável imaginar que repetiria o sucesso.

O voo de volta à Austrália, na classe econômica, dessa vez tinha como destino a cidade de Brisbane, a setenta quilômetros de Gold Coast. A escala, no entanto, era a mesma que a da outra vez: Dubai, onde nenhum fiscal quis averiguar sua bagagem nem qualquer percalço atrapalhou a conexão. Em Brisbane, Daniel não teve a mesma sorte. Um guarda lhe fitou os olhos e pediu para que seguisse até o setor de inspeção; o gesto curto no braço encolhido, dois dedos esticados apontando o caminho. Daniel fingiu que não entendia inglês e seguiu para a direção oposta, rumo à porta de saída, ignorando as instruções. Logo lhe corrigiram o percurso. Na direção sugerida havia outro policial, que segurava um cachorro na coleira. Era um beagle inglês, um dos faros mais apurados de toda a espécie canina, mas o rapaz confiou na eficiência com que lacrara os esconderijos e permitiu-se relaxar. De toda maneira, prevendo o encontro com cães farejadores, havia posicionado estrategicamente, por cima das roupas, um chocolate com a embalagem aberta.

Foi provavelmente por causa do chocolate que o beagle sentou ao lado da mala, indicando que havia algo de errado ali. Outra inspetora avisou que abriria uma das malas e, na companhia de um colega, disparou perguntas sobre o conteúdo da bagagem. Daniel tentou se mostrar solícito e educado, e sobretudo não pensar na droga, invisível, parado ali entre aquelas autoridades. Enquanto os fiscais procediam à averiguação, Daniel, encostado num balcão, mexia no celular, sem nenhum propósito, e tentava observar a cena de cabeça baixa, olhando por entre as sobrancelhas. Tratava-se só de um chocolate aberto. Foi liberado.

De táxi, seguiu até Gold Coast. As malas foram com ele. No caminho, percebeu que tinha de dar um telefonema. Quis falar com Natália, uma estudante brasileira que conhecera por meio de amigos em comum, os mesmos que dividiam com ela as manhãs de ensino na escola de inglês. Foram a festas, beberam muito. Passaram a se encontrar diariamente, ao mesmo tempo que Daniel galgava as primeiras experiências no narcotráfico. Ela o encarava como um namorado, embora ele rejeitasse o compromisso. Apesar do toque do telefone, uma música pop estridente, Natália ignorou as duas primeiras chamadas. Estava intimidada pelas palavras que haviam pipocado na tela: "Número privado", contou posteriormente. Assustou-se com a ideia de que pudesse ser a polícia. Daniel era franco com ela, contava-lhe quase todas as coisas secretas dos seus planos criminosos, e isso a deixava confusa e ansiosa.

Na terceira chamada, contudo, a moça atendeu. O contrato do apartamento em que Daniel morava antes de ir ao Brasil havia expirado e ele precisava de um lugar para dormir. A casa de Natália parecia ideal, concordaram. O táxi freou na frente do prédio em Surfers Paradise. Daniel esvaziou o porta-malas e subiu pelo elevador com as bagagens. Possuía 2,6 quilos de cocaína pura em território australiano e não tinha mais patrão. Horas depois, foi ao encontro de Joe Black, o motoqueiro careca do coletinho de couro, o mesmo sujeito parrudo que comprara as cinco onças arrancadas de Ramón como forma de pagamento.

JOE ESPERAVA NUM GALPÃO em Mermaid Beach, cujo pátio estava apinhado de motocicletas Harley-Davidson. Ali ficava a sede dos Bandidos. Dessa vez, Joe tinha companhia. Estava ao lado de Jacques Teamo. A cara tatuada de Jacques Teamo. Um dos membros mais poderosos da sucursal australiana do bando de motoqueiros do Texas.

Os Bandidos ingressaram na Oceania a partir de um violento tiroteio que, de tão emblemático, haveria de restringir a posse e o porte de armas de fogo na Austrália. Empenhadas no comércio de drogas e armas, as gangues de motoqueiros haviam surgido no país em 1968, com os Comancheros e, no ano seguinte, os Finks — embora só tenham sido notadas em 1984, dezesseis anos depois. Na ocasião, os Comancheros tinham ganhado tamanho e força, e, para além do crime organizado, também planejavam eventos beneficentes a fim de arrecadar dinheiro para crianças com câncer e veteranos de guerra, como vários outros clubes que viriam a manter atividades de fachada no país. Internamente, porém, havia uma desavença entre dois líderes.

O fundador William George Ross teria cortejado a esposa de Anthony Spencer, outro integrante do bando, o que feria frontalmente a regra número quatro do regimento interno dos Comancheros, segundo a qual coisas do tipo jamais poderiam acontecer, sob pena de expulsão — e o grupo rachou. Spencer, que durante uma viagem aos Estados Unidos conhecera os Bandidos, havia retornado à Austrália com uma ótima impressão da fraternidade que vigorava entre os membros do grupo naquele país longínquo. Quando rompeu com Ross e os Comancheros, telefonou a Ronnie Hodge, então presidente nacional dos Bandidos no Texas, e pediu autorização para criar uma sucursal do outro lado do mundo. O pedido foi concedido. A partir de então, a rivalidade entre Comancheros e Bandidos foi anunciada a todos os seus membros, centenas deles espalhados pela velha Sydney.

Assim, na manhã de 2 de setembro de 1984, um domingo, Dia dos Pais, quando um mercado de pulgas montado no estacionamento de um restaurante no número 189 da rua Beaconsfield, em Milperra, Sydney, começou a receber famílias, dezenove Comancheros estavam espalhados entre as barracas, discretos, à espera dos rivais do grupo dos Bandidos. Uma briga sem precedentes estava para começar. Frente a frente, os motoqueiros tentaram negociar um tratado para que as armas fossem baixadas dos dois lados: a luta seria corporal. "Como homens", bradaram. Mas de repente alguém disparou um tiro para o céu e o tiroteio começou. Deixou sete mortos — quatro Comancheros, dois Bandidos — e 28 feridos. A sétima morte, de uma garota de catorze anos, com um tiro de Magnum .357 na cabeça, transformou o chamado "Massacre de Milperra" em marco na história de violência entre gangues na Austrália — onde o noticiário policial costumava reportar casos de pneus que amanheciam murchos por obra de crianças inquietas.

As guerras entre bandos ganharam peso nos jornais. Mais tarde, se tornaram frequentes. Em março de 2006, no Royal Pines Resort, um clube de golfe em Gold Coast, membros dos Finks e dos Hells Angels — outra gangue norte-americana, a maior delas, que se instalou na Austrália — protagonizaram uma briga generalizada durante uma luta de kickboxing. As cadeiras da plateia pipocavam feito gravetos enquanto homens musculosos se esbofeteavam fora do ringue. As câmeras do lugar flagraram o pandemônio, sessenta torsos parrudos em colisão. Depois, em março de 2009, no aeroporto de Sydney, na frente de cinquenta pessoas, um dos Comancheros matou um Hells Angels com um suporte de metal que separava as filas do check-in. Por coincidência, haviam comprado passagem para o mesmo horário e se esbarrado no portão de embarque.

As imagens foram para a televisão, pressionando as autoridades a lançarem cada vez mais operações policiais para desarticular as quadrilhas de motoqueiros. A resposta estatal viria também por meio de pacotes de leis contra o crime organizado, entre elas a que aumenta a pena caso o condenado seja filiado a um grupo de motoqueiros fichados criminalmente. Mais tarde, o assassino do aeroporto foi morto com vários tiros. Apesar do esforço legislativo, a violência não estancou. Os bandos cresceram. As mortes nunca param quando há vingança. Em 2013, muitos integrantes dos Finks também decidiram migrar para um grupo norte-americano. Uniram-se aos californianos Mongols. De modo que o mesmo membro dos Mongols que, em 2012, atirou contra Jacques Teamo dentro de um shopping, acertando-o mais de uma vez, fora antes um Finks. Jacques Teamo deu entrada no hospital com um buraco no peito.

Jacques Teamo também riu dentro do carro enquanto Daniel nem sequer imaginava que ele tinha estilhaços de bala pelo corpo. Em 2018, cinco anos depois que Daniel o conheceu, Teamo teve a cabeça esmagada por um rival, que se muniu de um selim de bicicleta, no presídio Arthur Gorrie, na periferia de Brisbane. Sobreviveu. Os Bandidos eram mais numerosos que os inimigos, os Mongols, em Gold Coast. A base do grupo ficava em Broadbeach, o mesmo bairro onde Daniel vivia e trabalhava, quando ainda trabalhava.

Não à toa, em meados de 2013, o brasileiro bebia com amigos quando Teamo iniciou uma pancadaria na frente do bar.

Foi um acontecimento na cidade. O tom de voz da transeunte que reportou a balbúrdia à polícia, veiculado pela televisão, denunciava o desespero produzido pela pancadaria. "Convoquem todas as equipes!", disse ela. Àquela época havia cerca de trezentos integrantes dos Bandidos no país, mais ou menos o mesmo tanto de membros dos Hells Angels, ambos muito menores que os 2500 motoqueiros dos Rebels, a maior gangue da Austrália. Mas as imagens foram suficientes para dar fama mais uma vez a Jacques Teamo. A periculosidade latente das gangues de motoqueiros.

Os chefes dos Bandidos não gostaram de ganhar atenção da imprensa e sobretudo do governo de Queensland, e logo trataram de expulsar Teamo do grupo. Naquela noite, contudo, ele ainda era um dos Bandidos. Tudo o que Daniel sabia sobre ele era o que havia visto na estrada. Primeiro, o zunido. Acelerado, grave, longo. Em seguida, o borrão veloz de oitenta motocicletas a 180 quilômetros por hora. O som entrecortado. A ultrapassagem de todas elas durava minutos. Do volante, por trás do para-brisa, Daniel havia mirado as costas de todos eles, os coletes que estampavam o logotipo da gangue desaparecendo na escuridão do asfalto.

No galpão, Daniel aparecera só com as roupas do corpo. Decidira deixar a cocaína no apartamento de Natália. Os motoqueiros o analisaram dos pés à cabeça. Embora não tivesse o pó consigo, explicou, dessa vez dispunha de 2,6 quilos guardados em casa, a poucos quilômetros dali — e toparia vendê-los por 600 mil dólares australianos. Houve sorrisos. Joe quis pagar 450 mil. No fim da negociação, a dupla de motoqueiros aprovou a cifra de 500 mil dólares australianos: "*Half million, buddie*", disse Teamo a Daniel. "*Half million.*"

6. A irmã

Erasmo está apoiado com um cotovelo sobre o marrom brilhante do balcão do Bomboa. O bar é cheio de espelhos e garrafas iluminadas por spots de luz amarela, cujas etiquetas coladas sobre os rótulos estampam os pseudônimos de seus donos, porque nenhum deles costuma expor a real identidade. O agente agarra um copo de uísque. A garrafa estava armazenada numa prateleira, reduzida à metade pelas visitas anteriores. Tem uma etiqueta com seu codinome: Afrânio. A outra mão mexe no celular. "Ele já tá vindo", comenta para o amigo ao lado, outro agente tarimbado. Dezenas de garotas transitam de um lado a outro, arrumadas e maquiadas como em qualquer outro bar daquele quarteirão, calçam escarpins, bebem pequenas garrafas de Smirnoff Ice e sorriem, como surpresas agradáveis para clientes que depois lhes pagam para tirar os sapatos no hotel vizinho.

Erasmo tem os olhos cansados. Ele veste uma camiseta branca e calça jeans. Apoia o peso do corpo em uma perna só, cruza o outro pé por cima. Até que uma mulher alta e forte, de cabelos pretos, curtos e lisos, o cumprimenta enfaticamente, envolvendo seu pescoço com um abraço pela metade. São velhos conhecidos. Os policiais comem temakis e bebem uísque. "Faz quinze anos que venho nesse puteiro", diz um deles. "Não tem aquele ditado que diz que todo tira tem que ter uma mulher na zona? Então", completa, repetindo o mantra que parece ter saído de Hollywood.

Naquela noite, o lugar fora escolhido para celebrar a despedida de um agente da DEA que, depois de uma temporada no Brasil, embarcaria de volta aos Estados Unidos. Mike Rosch topou marcar o evento num prostíbulo, com convidados que carregavam fuzis no porta-malas. Na hora agá, contudo, alegou um imprevisto; teve de voltar às pressas ao seu país, disse. E faltou ao evento dado em sua intenção. Mike Rosch ajudara a arrumar tradutores egípcios que desvendaram diálogos em árabe entre traficantes internacionais. Fizera o mesmo quando os criminosos eram nigerianos. Agora, contudo, de nada importa isso tudo, porque Mike Rosch não está ali. E também porque nem sequer há mais diálogos a serem traduzidos, não naquele momento. Porque os criminosos que sonhavam prender já não usam mais o BBM. Acuados pelas últimas operações nas pistas de pouso, se transformaram em fantasmas, como Carlos Alberto Sgobbi.

O ADVOGADO DE SGOBBI é um descendente de libaneses eloquente e cansado, de colarinho afrouxado, que fuma quarenta cigarros por dia, em média. Nos últimos quinze minutos, foram três. O cinzeiro é uma orgia de papel. Não fosse ele, dr. Davi Gebara Neto, um homem de família amoroso e correto, ou que ao menos assim emerge dos porta-retratos espalhados pelo escritório, não seria impossível confundi-lo com um amante da noite, boêmio contumaz, principalmente às sextas-feiras. Toda sexta, depois das três da tarde, é dia de uísque no escritório de Gebara. É o dia em que outros criminalistas se aglomeram no sofá de couro preto e passam a falar de casos do passado ou de qualquer outra história cavernosa dos ambientes policiais. É o dia em que ele fuma muitos Marlboros vermelhos, o dia em que sai para ir ao banheiro e volta de olhos arregalados, alguém que parece ter contraído recentemente um resfriado.

Naquela sexta-feira, 7 de novembro de 2014, no terceiro andar do número 352 da avenida Paulista, Gebara havia acabado de receber um repórter da *Folha de S.Paulo* que viera falar sobre as recentes decisões da Justiça sobre a morte do torcedor boliviano Kevin Douglas Beltrán Espada, de catorze anos, atingido por um rojão disparado por um integrante da Gaviões da Fiel durante um jogo em Oruro, na Bolívia, em fevereiro de 2013. A torcida organizada do Corinthians integra a cartela de clientes de Gebara — que defende também outros ilustres, como o grupo radical libanês Hezbollah. Às 16h37, um homem branco, com os braços rabiscados, tatuagens de linhas grossas, abre a porta do escritório para que eu entre. Na antessala, duas poltronas, as paredes brancas, o ambiente insípido dos prédios comerciais. O cheiro de café e ar-condicionado.

O homem usa camiseta em um ambiente de ternos, tem os cabelos um pouco encaracolados e grudados para trás com gel. Seu rosto é um mosaico desproporcional e assustador, num espanto potencializado por cicatrizes desconexas e olhos bem abertos que me encaram sem parar; seu aperto de mão foi firme o suficiente para ser estranho. Ele está sentado ao meu lado na sala de espera, e agora mira a parede, numa esquisita posição ereta demais. Passam-se minutos silenciosos, às vezes dá para ouvir os berros de Gebara com alguém ao telefone, do lado de lá da divisória. Até que o advogado aparece.

Sgobbi não vai falar em hipótese nenhuma, explica, encostado na poltrona, já dentro do escritório, com os cotovelos apoiados na mesa. E sobre a Oversea?, pergunto. "Não, não falo disso", diz. Há dois advogados sentados na mesma sala. Ambos bebem uísque enquanto um deles, Rogério Azevedo, que já defendeu nomes de peso no crime paulista, como Wanderson Nilton de Paula Lima, o Andinho, comenta: "... o Andinho mirava roubar sempre as casas de fiscais corruptos, que tinham bastante dinheiro vivo, lá em Campinas". "É, eles fazem isso", responde seu interlocutor, o advogado Antonio Carlos Mingrone, acomodado no sofá.

Um clima descontraído domina o ambiente. Em determinado momento, pergunto se conhecem casos de traficantes de classe alta. "Ah, tem o filho do deputado Jorge Tadeu, que foi preso com o carro carregado de ecstasy e lança-perfume", diz Mingrone. Azevedo e Gebara se entreolham, parecem incomodados com a embriaguez do colega, que bebia desde o almoço. Gebara comenta o caso de um químico. Mostra o inquérito de um playboy preso por vender ecstasy. "Mas os chefões", diz, "esses não te apresento." Pergunto como banqueiros, executivos e até mesmo criminalistas bem-sucedidos fazem para comprar cocaína. Mingrone responde: "Vou fazer uma analogia para você: é mais ou menos como faz uma criança para comprar vodca. Ela pede para o porteiro", diz. Nesse ponto, os advogados riem alto.

"Por que você acha que o Ronaldo rodou lá com os travestis?", diz Mingrone.

"Ah, que nada", rebate Gebara. "O Ronaldo liga para o assessor dele [se quiser comprar drogas]."

"Às quatro da manhã?", pergunta Azevedo.

"Sim, liga para o assessor e pede pó às quatro da manhã."

O ambiente está ficando animado. Aproveito para perguntar, pela segunda vez, sobre a Oversea. "Não vou falar de Oversea", diz Gebara, e desconversa, olhando para Azevedo, que agora comenta com Mingrone a famosa entrevista que o jornalista Roberto Cabrini, da TV Bandeirantes, fez em maio de 2006 com Marcos Willians Herbas Camacho, o Marcola. "O Cabrini não falou com o Marcola", diz Azevedo, olhando nos meus olhos. "Ele falou com o LH", completa, em referência a Luiz Henrique Fernandes, um dos homens que já integraram a cúpula da facção, o mesmo que deu o telefonema que cessou os ataques do PCC em maio de 2006, quando a cidade de São Paulo foi alvo de tiroteios simultâneos e incêndios em ônibus, o que obrigou o comércio a fechar as portas e os cidadãos a se trancarem dentro de casa. LH mencionou, em conversa interceptada, o plano para matar o então governador Geraldo Alckmin.

LH está morto. "Nunca ficou claro o motivo do assassinato dele, meio que parecia, nunca ficou claro para a gente, que ele era um cara um pouco mais culto do que os outros lá. Parece que ele tava meio que querendo sair fora também do... ele falou que não tava mais aguentando cadeia e que tava pensando em sair fora do tráfico. Ele tava meio que fazendo corpo mole para trabalhar pros caras, entendeu? Morreu por causa disso", me contou certa vez um policial que participou de investigações sobre o PCC. Na época, a entrevista de Cabrini gerou controvérsias, e o governo estadual acusou a emissora de veicular informações falsas. Pouco importava.

Os criminalistas conversam, desconversam. Azevedo aproveita para informar que Daniel Vinícius Canônico, o Cego, um dos integrantes da cúpula do PCC, preso em Presidente Bernardes, quer escrever um livro. Azevedo, que defende Canônico, diz que, entre outros assuntos, as páginas abordarão o roubo de 61 quilos de ouro de um avião da Vasp em julho de 2000, do qual Canônico, segundo Azevedo, tomou parte.

Toca o telefone de Gebara. Um cliente está em apuros na 90ª DP, no Parque Novo Mundo, zona norte da cidade. "É perto de casa, deixa que eu pego", afirma Azevedo, levantando-se para ir embora. Pelo acordo, fechado por Gebara ao telefone, a ida à delegacia custaria ao cliente 10 mil reais — 5 mil para Gebara, 5 mil para Azevedo. "Mas na Oversea…", insisto. "Não, não adianta, não vou falar de Oversea", decreta o advogado, sílaba por sílaba, logo após encerrar a ligação. Nesse instante, o homem dos braços tatuados passa a rondar a sala, para lá e para cá, o ar fica tenso. Ele chega bem perto, atrás da minha cadeira. O sujeito parece exercer o papel de braço direito de Gebara, um ajudante de ordens demandado várias vezes ao dia para as mais diversas funções, uma espécie de capanga de estimação; tem o olhar agressivo e um sorriso absolutamente maquiavélico; um monstro dócil e gentil que agora me aperta o braço e diz, com a mais suave das vozes: "Vai um cafezinho?".

Erasmo, cuja equipe tinha sido a primeira a identificar a presença de Sgobbi num esquema de tráfico de cocaína, havia contado o que achara de Gebara depois de ouvi-lo em interceptações telefônicas. Nos áudios captados pelo agente, o advogado parecia um sujeito que gostava de falar, principalmente a respeito dos próprios honorários. "Ele é o maior fanfarrão, mó gargantão", disse o agente. "Ficava lá vendendo o sonho, dizendo: 'Vai dar certo, mas pode dar um bode'. Ele ficava falando pro Sgobbi: 'Queima esse carro aí'." A ordem, segundo Erasmo, era uma tentativa de persuadir o cliente a vender o carro e quitar logo a dívida com o escritório. Não seria mau investimento.

Em 16 de dezembro de 2014, nove meses depois da deflagração da Oversea, a décima primeira turma do TRF-3, por unanimidade, votou a favor do habeas corpus que pedia a revogação da prisão preventiva de Sgobbi. O desembargador Nino Toldo, do seu gabinete na avenida Paulista, já havia deferido, em outubro daquele ano, uma liminar que garantira a liberdade do rapaz. O Ministério Público Federal pediu novos mandados de prisão por tráfico internacional, mas ele só foi preso em março de 2021, em Minas Gerais. O site G1 noticiou assim a sua prisão: "Integrante de facção criminosa ligado a cartel colombiano e máfias europeias é preso pela Polícia Civil em BH".[5]

Quando pergunto pela quarta vez sobre a Oversea, Gebara dá um forte tapa na mesa e se levanta. "Não me repete mais esse nome", diz ele. Não está nervoso. É mais um jeito brincalhão, porém fala sério. Ele então se senta novamente e, muito calmo, determina: "Não me pergunta mais isso, você não tem ideia de até onde isso chega". A voz mansa. "Você não sabe onde isso vai parar."

CARLOS ALBERTO SGOBBI ERA UM HOMEM jovem sem expressão que sempre gostou de adrenalina. Aos vinte e poucos anos, ainda na década de 1990, costumava inscrever-se anualmente no Campeonato Paulista de Jet Ski. Corria no limite, arriscando-se em mais de uma categoria, como Sport Limited, em que se mexe nos motores até que atinjam oitocentas cilindradas, e Slalom Blaster, na qual o piloto deve fazer curvas rápidas em busca do melhor tempo no cronômetro. Foi campeão ao menos uma vez, sempre patrocinado pela Presal Mecanização e Transportes, empresa de seu pai, José Carlos Sgobbi. No fim dos anos 1990, no entanto, a empresa quebrou, a família afundou em dívidas e Sgobbi acabou enveredando para o mundo do crime.

Jovem e rico, já havia descoberto o dom de vender ao negociar carros novos e usados. Tinha se enturmado com donos de concessionárias que lavavam dinheiro sujo e não demorou para descobrir a cocaína. Passou a vendê-la localmente, em Ribeirão Preto, evoluindo nas quantidades, fechando negócios de três, cinco quilos. Mais tarde, conheceu os pilotos de avião Marco Túlio Raguazzi Guimarães, vulgo Marcotúlio, e José Carlos Leonardo Camboias, vulgo Camboja, ou Cowboy, nomes que há tempos circulavam no mercado do narcotráfico e do contrabando. Foi apresentado a contrabandistas de Guaíra, município paranaense de 32 mil habitantes na divisa com o Paraguai, e depois conquistou contatos em Ponta Porã, no Mato Grosso do Sul. Fez amigos na fronteira. Alguns deles célebres, como Ezequiel de Souza Gómez, um dos narcotraficantes mais poderosos da história recente do Paraguai.

A certa altura, Sgobbi quis comprar um avião. Na segunda metade dos anos 2000, um amigo da família — dono de uma construtora cujo escritório hoje funciona no edifício Ribeirão Office Tower, numa das mais nobres regiões de Ribeirão Preto — concordou em financiar um monomotor para ele, contanto que pudesse obter em troca uma porcentagem do dinheiro do tráfico. Um investimento. Era um empresário que fizera fortuna investindo em cocaína, segundo a PF. Uma simples conferência no Google revela que seu nome aparece como sócio em mais de 130 empresas em estados como Sergipe, Paraná, Goiás, Santa Catarina, Mato Grosso e Rio de Janeiro que oferecem desde bufês para casamentos a serviços de lava-rápido, panificadora, comércio atacadista de gasolina e gestão de capitais, além de atuar no ramo da construção. Atualmente, não financia mais o narcotráfico.

"Agora só faz obra pública", conta Erasmo, dessa vez no bar de um hotel nos Jardins, em São Paulo, sentado numa cadeira estofada, despejando açúcar no café. Com o avião financiado, Sgobbi chegou às pistas controladas por Ezequiel no Paraguai. "Ele contratava o piloto e uma equipe para receber a droga lá e aqui." "Era um menino novo, inteligente pra burro. Sempre foi classe alta. O pai foi rico, mexia com mão de obra de usina", continua. "Tentaram matar ele em 1999." Não se sabe ao certo por qual motivo. Mas, oito anos depois, em junho de 2007, Sgobbi deixaria a condição de ameaçado para assumir uma posição de importância na rota atacadista da cocaína.

Naquele mês, o traficante Almir Rodrigues Ferreira, o Nenê do Simioni, um dos grandes ases do PCC, havia sido preso durante a Operação Argus, da Polícia Federal. Na época, a favela do Simioni, na zona norte de Ribeirão Preto, escondia vários bunkers recheados de armas e pasta-base de cocaína do PCC. Todos estavam sob o comando de Nenê do Simioni, que cuidava de receber, escoltar e dar abrigo a toneladas de pó que chegavam por meio de aeronaves enviadas por gente a serviço de Capilo. Ribeirão Preto era um ponto de parada perfeito. Estradas bem-feitas que levam à maior cidade da América Latina, a poucas horas do porto de Santos.

Nenê do Simioni era o maior transportador de Capilo, então principal fornecedor de pó da facção, que chegou a ser apelidado de "embaixador do PCC no Paraguai". Preso em 2009 pela Secretaría Nacional Antidrogas do Paraguai, a Senad, fora rendido enquanto dormia em um hotel no departamento de Concepción. Estava na companhia de Jarvis Chimenes Pavão, um dos maiores traficantes da América Latina. Da prisão, Capilo continuou a tocar seus negócios. Em 2015 mandou enviar a uma penitenciária de Presidente Venceslau, em São Paulo, onde Nenê do Simioni cumpria a pena de 59 anos de prisão, uma amostra do pó que comprara de dentro da cadeia. Viera de um produtor peruano. Tratava-se de uma versão muito pura. O caso só foi descoberto porque Nenê do Simioni teve uma overdose na cela.

Nenê havia se projetado dentro da facção depois dos ataques promovidos pelo PCC em 2006, dos quais participou. Ao prendê-lo, os policiais encontraram 421 quilos de cocaína, sete bananas de dinamite, onze granadas, duas pistolas Glock 9 milímetros, três fuzis 762, uma metralhadora, um lançador de granadas e um lançador de foguetes — com o qual, segundo as investigações, o criminoso planejava derrubar um helicóptero da PM que costumava sobrevoar a comunidade. Também confiscaram três carros, duas motos e algum dinheiro, parte dos 150 milhões de reais que a facção costumava faturar por ano, segundo o Ministério Público de São Paulo. Em 2024, o faturamento anual do PCC foi estimado em 6 bilhões de reais, fortuna que ajudou a construir. Depois de preso, Nenê do Simioni alçou voos mais altos dentro da cúpula. Localmente, entretanto, foi substituído. Sgobbi assumiu parte do transporte de Capilo e passou a entregar para o PCC.

Sgobbi lavava o dinheiro sujo numa construtora, diz Erasmo. Os agentes que costumavam ouvi-lo nos grampos o achavam esperto. Para diminuir os custos do frete, comprava cocaína em consórcio com os maiores traficantes do país — por exemplo, Ronald Roland e Manoel Meleiro, os homens por trás do famigerado caso do helicóptero do filho do ex-senador Zezé Perrella recheado de cocaína.[6] Sgobbi cuidava de receber as cargas da dupla nos canaviais e enviá-las a Campinas, base do grupo. O pó ia à Venezuela, depois a Honduras, e alimentava os mais temidos cartéis do México, como o sanguinário Los Zetas. Depois vieram outros parceiros de trabalho, membros de consórcios — nenhum deles maior que Luiz Carlos da Rocha, o Cabeça Branca. Quando Capilo foi preso, Cabeça Branca assumiu boa parte das encomendas do PCC. Comprava os carregamentos no Chapare boliviano e no vale dos rios Apurimaque, Ene e Mantaro, no Peru. Escoava por meio de vários transportadores, e Sgobbi era um dos principais. Os negócios foram dando certo até o Gise apertar o cerco sobre as aterrissagens clandestinas. Então Sgobbi começou a perder dinheiro.

Domingo, 1º de julho de 2012, zona rural de Prata, Minas Gerais. Um Cessna Centurion a serviço de Sgobbi fez um pouso forçado — dois tripulantes morreram, um deles esmagado por 250 quilos de pasta-base de cocaína. Sábado, 1º de dezembro de 2012, Uberaba, Minas Gerais. Um avião foi interceptado, cinco presos, 230 quilos de pasta-base apreendidos numa pista clandestina.

Quarta-feira, 6 de fevereiro de 2013, Porto Feliz, São Paulo. Quando dois corpos se chocam a 120 quilômetros por hora, segundo a ciência e as leis da física, pouca coisa sobra no final. Erasmo apertou o pedal indo em direção oposta à picape dos bandidos, a escolta de Sgobbi, que vinha no sentido contrário, a trezentos metros, acelerada, furiosa e inconsequente. A sirene tocou em vão. Das janelas do veículo, os ocupantes dispararam suas metralhadoras e pistolas automáticas.

Erasmo estava na direção mais de um ano depois de ter derrubado o avião que aparecera no *Fantástico*. De novo acompanhado por dois agentes. De novo o pé pisava fundo no acelerador. Ele girou o volante em movimentos intermitentes, um requebrado que fez a caminhonete ziguezaguear como um boxeador que se esquiva afobadamente. No meio policial, a manobra foi batizada de "cavalo doido". Os dois veículos, duas toneladas cada, corriam um contra o outro, como dois touros de ferro que se aproximavam cada vez mais para o embate final, deixando um rastro de lama para trás. Chovia forte. "Eu bati de quina para tentar parar eles, eu não ia arriscar a vida dos policiais que estavam comigo, né?", conta Erasmo depois. Incrivelmente, não houve feridos graves. Os policiais apreenderam mais quatrocentos quilos de cocaína de Sgobbi. Os pacotes estavam dentro do avião que fizera um pouso forçado, abrindo um rasgo de cinquenta metros na plantação de cana-de-açúcar.

Terça-feira, 9 de abril de 2013, Altinópolis, São Paulo. Um avião vindo do Paraguai foi interceptado ao tocar o solo brasileiro. Houve troca de tiros, dois tripulantes fugiram pelo canavial. A escolta, numa Saveiro, atirou contra a polícia com pistolas de calibre 9 milímetros fabricadas na Itália — de onde vinham os mafiosos acostumados a comprar a cocaína de Sgobbi.

Após grandes perdas quase consecutivas, o empresário decidiu operar em outro ramo do crime: o tráfico internacional. Em vez de cuidar só do transporte de grandes quantidades de pó, passou a priorizar as negociações com os europeus, a levar a droga em contêineres embarcados no porto de Santos. Foi pessoalmente a Rotterdam, na Holanda, para acompanhar a chegada de um carregamento. Lá, ele próprio abriu o contêiner. Nas águas da Antuérpia, na Bélgica, a cocaína enviada pelo playboy de Ribeirão Preto quase completou a viagem com sucesso em julho de 2013, mas acabou apreendida no estuário do rio Escalda, o Westerschelde, pela polícia holandesa. Um piloto da guarda-costeira percebeu quando as luzes acopladas a boias piscaram sobre a ondulação. Amarrada às esferas flutuantes, a cinco ou dez metros da superfície, no silêncio subaquático turvo, a cocaína balançava dentro de sacos plásticos e mochilas à prova d'água, à espera dos traficantes que viriam pescá-la com os ganchos de marujo. Era um método comumente usado pelos traficantes, informou um jornal belga. No total, dez mochilas e trezentos quilos de cocaína acabaram nas mãos da polícia.

Órgãos de segurança pública internacionais se empenharam então para rastrear o trajeto da droga. Fizeram contato com a polícia brasileira. Oito meses mais tarde, do outro lado do Atlântico, a Polícia Federal identificou em Mogi das Cruzes, São Paulo, um dos compradores de Sgobbi, Suaélio Martins Leda, um dos maiores traficantes do país, que ascendera no crime interligando fornecedores colombianos ao resto do mundo por meio do porto de Santos. No luxuoso sítio do traficante, os agentes encontraram um cofre. Dentro, papéis que tratavam da exportação de glicerina para a Bélgica. Os policiais sabiam que Sgobbi ajudava a trazer as cargas de cocaína que Suaélio enviava à Europa. Suspeitaram que a glicerina camuflasse quilos de pó.

Vez por outra, Sgobbi reunia-se com seu cliente no catamarã de setenta pés registrado em nome da Oklona Corporation S. A., empresa offshore que o advogado Carlos Bodra Karpavicius, outro integrante da quadrilha, representava no Brasil. Bebiam e conversavam, flutuando sobre as águas de Santos, Praia Grande ou Bertioga, no litoral paulista. Era lá que combinavam as negociações com a 'Ndrangheta, a temida máfia calabresa, cujos representantes frequentavam os convescotes na embarcação. Com sede no Uruguai, a Oklona Corporation também constava como proprietária do sítio de 20 milhões de reais de Suaélio em Mogi das Cruzes, onde o cofre foi encontrado. A caixa de metal estava dentro do quarto do megatraficante. Abrigava uma série de e-mails escritos em inglês, em cujo corpo liam-se os nomes de representantes dos laboratórios Labogen Química Fina e Piroquímica Comercial.

Segundo a papelada, Paul Weins, Marcela Almeida e Pedro Argese Júnior tratavam dos negócios com a glicerina. Ao mesmo tempo, Argese era investigado pela Lava Jato, considerado pelo Ministério Público Federal um laranja do doleiro Alberto Youssef. Ao lado dos irmãos Leandro e Leonardo Meirelles, e de Esdra Ferreira, que também foram presos, usou empresas de fachada — entre elas, os laboratórios — para enviar 112 milhões de dólares ao exterior, principalmente a Hong Kong. Dinheiro de propinas pagas por empreiteiras, como a Odebrecht, em troca de contratos com a Petrobras, além de outras verbas de fontes ocultas. Argese, Esdra e os irmãos Meirelles eram parte do esquema de lavagem de dinheiro que movimentara 10 bilhões de reais entre 2010 e 2014, e que colocara no centro de um dos maiores escândalos da República corruptos de empresas estatais, ministérios e partidos políticos. A Lava Jato ainda era só um procedimento corriqueiro, embora grandioso. A primeira fase da operação foi desencadeada por quatrocentos policiais em dezessete cidades de sete estados, onde cumpriram 81 mandados de busca e apreensão, 28 mandados de prisão e dezenove mandados de condução coercitiva. Alberto Youssef foi preso, mas pouco se notou que sua prisão teve origem na cocaína.

Às 7h42 de 17 de março de 2014, uma segunda-feira, dia da operação, um documento do Word de 130 kbytes pipocou na caixa de entrada dos principais veículos brasileiros de imprensa. Trazia anexo um texto que anunciava o número de mandados de prisão e de busca e apreensão expedidos pela Justiça Federal do Paraná, e um resumo da operação que fora deflagrada pela manhã. Mais tarde, na hora do almoço, uma nova mensagem trazia dez fotos anexadas, além de um vídeo. Numa das imagens, um revólver calibre .38, com cinco balas ao lado, que havia sido apreendido em Águas Claras, no Distrito Federal. Pertencia ao mineiro Rene Luiz Pereira e fora encontrado junto de um punhado de cocaína.

Como Sgobbi, Pereira trabalhava como intermediário entre fornecedores colombianos e bolivianos e a Europa. Como

Sgobbi, era um empresário rico. Vivia em Brasília lavando dinheiro do pó. A cocaína que enviava por meio do porto de Santos ao continente europeu era paga pelas máfias estrangeiras a uma senhora de cabelos escuros, quase sempre com um chapéu preto lhe escondendo os olhos. Maria de Fátima Stocker, a quem Pereira certa vez se referiu, numa escuta telefônica, como "a mulher fortíssima", era irmã de um vereador de Parobé, no Rio Grande do Sul, e acabou se transformando em doleira. Gaúcha, enriqueceu ao gerenciar as transações do narcotráfico internacional. Segundo os policiais que a investigaram, costumava transportar valores da Europa para a América do Sul a pedido do chefão da máfia calabresa, Pasquale Bifulco, e seu braço-direito, Vito Francesco Zighini, membros do clã Cua-Letto-Pipicella, da comuna de Careri, na Calábria. Mulas com malas recheadas de dinheiro enfileirados no aeroporto. Toda semana um deles chegava ao Brasil.

Os jornais suíços trataram Stocker como CFO, diretora financeira não só da 'Ndrangheta, mas dos vários criminosos europeus que desejavam comprar a cocaína enviada do Brasil. Casada com um especialista em tecnologia da informação de um grande banco suíço, ela fundou uma imobiliária sediada no requintado balneário de Marbella, no sul da Espanha, a Marbella Magna International. Também proprietária de uma empresa na idílica Bettenstrasse, 42, em Allschwil, na Suíça, uma casa amarela com telhado pontiagudo, Stocker recorria ao esquema dólar-cabo, o famigerado Hawala System, para enviar ao Brasil os pagamentos a fornecedores de cocaína do Peru e da Bolívia. Às vezes contava com o auxílio de Alberto Youssef. Pedia ao doleiro que quitasse dívidas enquanto o dinheiro não vinha, e não raro — conforme declarou Leonardo Meirelles, em depoimento à Justiça — o doleiro pagava os narcotraficantes com dinheiro pilhado da Petrobras.

Rene Luiz Pereira era o elo de Stocker com o Brasil. Em outubro de 2013, era o responsável por cuidar da transferência de centenas de milhares de dólares que garantiriam o pagamento da 'Ndrangheta aos produtores. Para tanto, buscou o doleiro Carlos Habib Chater, o dono do Posto da Torre, estabelecimento que marcou o início da Operação Lava Jato. Pereira foi flagrado em um grampo conversando com funcionários de Chater. O doleiro havia sido descoberto em julho de 2013 pela PF, oito meses antes da deflagração da Lava Jato, graças à proximidade com um ilustre investigado, o ex-deputado José Mohamed Janene, do PP do Paraná, também descendente de libaneses, morto em 2010 e lembrado como um dos pivôs do escândalo do Mensalão. O posto de Chater oferecia os serviços dos frentistas, de uma lavanderia, um restaurante árabe, uma casa de câmbio e um cibercafé — mas, como muito se acentuou, nenhum equipamento de lava-jato. Mesmo assim, o termo serviu para batizar a operação.

Situado a uma quadra da Esplanada dos Ministérios, o posto costumava funcionar como distribuidora de maletas de dinheiro sujo — ao menos até março de 2014, quando Chater foi preso. Entre seus clientes havia ex-parlamentares, assessores, políticos, diretores de estatais e narcotraficantes que atuavam como *brokers* profissionais, intermediando o comércio de cocaína entre fornecedores sul-americanos e compradores de todo o planeta. Era o que faziam Rene Luiz Pereira e Maria de Fátima Stocker. O mineiro Rene Luiz Pereira esperava que o pagamento feito pelos italianos na Europa fosse convertido em dinheiro em espécie no Brasil, em malas que pudesse levar à Bolívia. Para tanto, ficou acordado que Stocker mandaria um motoboy levar a grana ao escritório de Alberto Youssef em um prédio da rua Renato Paes de Barros, no Itaim Bibi, área nobre paulistana. Pereira, porém, estava sendo vigiado. Por meio dele, a Lava Jato alcançou Alberto Youssef. Mais tarde os investigadores descobriram que o experiente doleiro, além de prestar serviços a narcotraficantes, também trabalhava para os corruptos da Petrobras, e a um deles dera uma caminhonete Land Rover.

DOLEIROS FAZEM E RECEBEM pagamentos de várias formas. Dinheiro. Carros de luxo. Obras de arte. Pedras preciosas. Ouro. Joias. Cotas em imóveis ou empreendimentos, ou qualquer outro bem de interesse da pessoa com quem se negocia. Os policiais conheciam os métodos de lavagem de dinheiro da quadrilha. As importações e exportações fictícias, feitas por empresas de fachada que não tinham sede nem funcionários. Logo, conseguiram mapear a rede de empresas controlada por Youssef — os laboratórios Labogen e Piroquímica eram duas delas.

Na manhã de 31 de março de 2014, quando o cofre de Suaélio foi aberto pelos agentes durante a fase ostensiva da Oversea, não houve surpresa ao se depararem com os papéis sobre a venda de glicerina para a Bélgica. Tampouco se surpreenderam com o nome do testa de ferro de Youssef escrito no papel, porque os grampos já tinham revelado como os alvos transitavam no submundo. Os policiais entenderam que aquilo era uma maneira de receber legalmente o dinheiro dos europeus pela cocaína. Como diretor da Piroquímica Comercial, Pedro Argese Júnior já havia recorrido à importação de glicerina para justificar o envio de 2 milhões de reais à RFY Import & Export, empresa sediada em Hong Kong, cujo representante era Leonardo Meirelles. A transação foi descoberta porque Meirelles enviou o contrato ao banco Hang Seng por e-mail, e os investigadores tiveram acesso à mensagem.

A Labogen, contudo, não era só uma firma-fantasma usada para remeter dinheiro para fora do país. Alberto Youssef também tentou emplacar o laboratório em contratos com o Ministério da Saúde, à época em que o ministro era Alexandre Padilha, para a produção de medicamentos. Com a ajuda de um amigo e conterrâneo — o deputado paranaense André Vargas, então filiado ao PT —, Youssef conseguiu se aproximar do ministro. Mais tarde, uma auditoria feita a pedido do MPF concluiu que, graças ao lobby do parlamentar, o gabinete de Padilha marcara uma reunião técnica com representantes da Labogen, mas as negociações findaram quando o caso vazou para a imprensa.

OS PAPÉIS DA LABOGEN encontrados dentro do cofre estão sob segredo de justiça, diz o delegado federal Júlio Baida, um dos coordenadores da Operação Oversea. "Impossível acessá-los", prossegue. E então ele ajeita a postura, ainda sentado no sofá no amplo gabinete na delegacia da Polícia Federal em Santos. "Embora eu ache moralmente aceitável que se entreguem documentos desse tipo para jornalistas, isso não é aceito legalmente. Eu quero dormir tranquilo. Já não dá para dormir tranquilo com o peso dos crimes que passam por mim, mas quanto a isso não quero ter de me preocupar. Tenho duas bocas para criar, uma de nove e outra de onze anos. Não posso correr o risco de ser demitido."

Era janeiro de 2015, uma segunda-feira. Ele não quis dizer mais nada sobre a Oversea. A duas quadras dali, no centro da cidade litorânea, o edifício cinza-escuro da Justiça Federal abrigava o papelório de mais de duas mil páginas, divididas em treze volumes, que era o processo judicial originado pela operação. Roberto Lemos dos Santos Filho, o juiz titular do caso, estava de férias. O substituto estava lá, mas não quis liberar o acesso aos autos, alegando o mesmo que pretextara o delegado. Uma auxiliar administrativa confidenciou que por ali nunca se dava esse tipo de abertura para gente estranha; que não se podia chegar ali pedindo acesso a documentos secretos, não numa vara federal que costuma lidar com tantos crimes. Porque certa vez, ela contou, um estagiário foi subornado por um réu para fazer desaparecerem trechos de processos físicos não digitalizados. Àquela altura, Sgobbi era um dos nomes assíduos nas páginas de um processo inacessível. Ele seguia foragido às custas da cocaína que continuava a aportar nos cais europeus.

MICHAEL* ESTAVA TAMBÉM listado entre os réus da Operação Oversea. Agora, contudo, recostava-se na cadeira da cafeteria da Livraria Cultura, no fundo do velho prédio do Conjunto Nacional, na avenida Paulista. Ele é uma fonte que prefere não ser identificada. Tem gel nos cabelos, um olhar compenetrado, tênis brancos demais, um relógio retangular pesado. É um homem forte e alto, com o torso malhado e mãos de gorila. Tinha sido soldado da Polícia Militar em São Paulo nos anos 1990, mas àquela altura já se consolidara como ex-presidiário, integrante do PCC. Conversara até com um rato na cela de isolamento do Centro de Detenção Provisória de Pinheiros II, onde passou quatro meses. Quatro meses num corredor estreito, porque, segundo conta, os diretores de presídio costumavam classificá-lo como mais estudado que os demais, e portanto mais perigoso. Encarou o rato e dialogou com o rato, que lhe deu respostas que o levaram à sobrevivência. Assim enfrentou as agruras na cadeia. No passado, porém, costumava transitar com a farda cinza numa Blazer da Força Tática.

Durante uma tarde de verão, Michael pilotava a viatura. O sargento no banco do copiloto. Dois soldados no banco traseiro. Espremido entre eles, um homem sobre o qual quase nada se sabia, exceto que era garçom e que estava algemado. Michael não quis pensar no destino do homem, que era certo entre os policiais. O sargento mandou um dos soldados vestir a roupa do preso. O policial se contorceu todo para se trocar dentro da viatura, enquanto transitavam em marcha lenta pela avenida Henrique Schaumann, no bairro de Pinheiros, São Paulo. Travestido de civil, o militar saltou numa rua próxima, sorrateiro, e a viatura desapareceu no trânsito caótico da metrópole. Com uma arma que lhe dera o Estado, se atirou na frente dos carros. A pistola em punho, bem aparente. Imbuído no papel de assaltante contra quem ousasse pisar no freio. Deu um tiro na lataria de alguém e logo saiu de cena. Voltou à viatura. O álibi estava pronto.

Depois de assassinar a vítima indefesa no banco traseiro, os policiais puderam alegar que o elemento fora morto porque vestia as mesmas roupas do bandido visto na Henrique Schaumann. Antes de morrer, fora obrigado a vestir de novo a roupa que antes trajava. Era a mesma figura descrita por testemunhas na Henrique Schaumann, alegaram os policiais. Um tipo violento e perigoso. A morte se dera numa troca de tiros. O velho script. Como de praxe, os depoimentos dos policiais bastaram para que um juiz considerasse a morte do homem plausível. Mas Michael diz que não concordava com tais atitudes.

Depois que largou a PM, entrou para o tráfico de cocaína. Foi preso, ganhou respeito por ter determinação e um apurado senso de honradez, e acabou nomeado o "faxina" de uma das alas da penitenciária. Era como ser uma espécie de chefe. Passavam pelo faxina não só a organização da limpeza, mas os julgamentos que decidiam quem vivia e quem morria. A tarefa de resolver qualquer problema no raio das celas também. Mais tarde, deixou a prisão em condicional. A ele era permitido passar o dia fora, mas era obrigado a dormir na cadeia.

Certa tarde, estava à beira do canal de Santos, num ponto matagoso, na companhia de alguns comparsas. Faltavam quinze minutos para as seis da tarde, o céu ficava escuro. Deveria estar de volta ao presídio às onze e meia, mas os piratas — como são chamados os integrantes de quadrilhas terceirizadas para embarcar cocaína em navios de contêineres —, que guiavam uma lancha, não tinham conseguido içar a carga de pó com cordas até o convés. O mar estava bravo e a droga caíra na água. Boiava. A poucas horas de voltar à cela, Michael então tirou os sapatos e mergulhou no manto de trevas que eram as águas do canal. Da praia, nadou até o navio para ajudar a salvar a cocaína, mais de cinquenta quilos amarrados a uma boia. Era a cocaína da Oversea, a mesma trazida por Sgobbi; que saíra dos Andes, cruzara países e estados, aterrissara nas pistas clandestinas e agora seguia rumo às narinas da Europa. Michael conseguiu recuperar a carga quase perdida. Naquela noite, voltou à cadeia ainda molhado de água salgada.

O BAR QUE HÁ DENTRO do Bomboa começa a ficar animado demais. Muitos homens se esbarram ao mesmo tempo. Erasmo, Samuel e Janones concordam em deixar o balcão e seguem para o salão. Em um palco de quarenta centímetros de altura, três prostitutas dançam ao som de música sertaneja. É certo que alguém cheira cocaína por ali, num canto, no banheiro, sobre o tampo do vaso sanitário, entre policiais, playboys e engravatados. As luzes multicoloridas dos equipamentos de boate cegam, as caixas de som ensurdecem o diálogo. Por um breve momento, o som se interrompe e um silêncio domina os agentes enquanto beijam seus uísques. Então Erasmo se levanta e eu o sigo. Minutos depois, ele confidencia que conviveu com Sgobbi em Ribeirão Preto. Diz: "Conheço o Sgobbi de quando era playboy. Em 1998, entrei na polícia e ele começou a andar com bandido". O policial se recosta, suspira. E diz que manteve um ligeiro caso amoroso com a irmã do traficante. "Comi a irmã dele."

7. Bomboa

HALF MILLION, BUDDIE. A frase ainda ecoava na sua memória. Daniel estava incrédulo. Ao deixar o lugar e os interlocutores, expôs ao máximo os dentes levemente separados uns dos outros. Apertava os olhos e ria. Joe havia pedido dois dias para conseguir o dinheiro. Era a segunda vez que o traficante de Alphaville se arriscava no narcotráfico internacional, e parecia encarar a realidade como se estivesse em um filme. Enquanto esperava o pagamento no conforto do lar, um apartamento que dividia com outros dois brasileiros, pediu à namorada que lhe descolorisse os cabelos. Acabou com a cabeça alaranjada e, frustrado, decidiu raspar todos os fios e descolorir tudo de novo, dessa vez num tom mais esbranquiçado, do jeito que queria. Depois da briga com Ramón, não pretendia de jeito nenhum ser reconhecido pelos brasileiros com quem costumava conviver em Gold Coast. Que pensassem que continuava fora do país, porque sabia que alguns estavam cientes do fato de que telefonara em busca de um fornecedor de cocaína em São Paulo. Certamente desconfiavam de que traria consigo malas com cocaína, de que faria o esquema por conta própria. E quis evitar os curiosos.

Quando voltou ao galpão em Mermaid Beach, deixou as malas do jeito que as havia levado do Brasil. Aparentemente vazias, mas com as carcaças recheadas de pó. Joe cuidaria de desparafusar as placas internas, fatiá-las em nacadas de quinze centímetros e bater com a borracha no chão até recolher todos os grãos brancos e juntá-los sobre a superfície aluminizada de uma balança de precisão. Em troca, Daniel recebeu uma pequena mochila de mão, de um nylon duro e preto, daquelas que se usam em academias. Carregava cédulas multicoloridas.

A conversa fora curta. O motoqueiro quis apenas saber quando haveria mais cocaína. "Não sei", disse Daniel. "Mas te aviso." Ele então voltou ao carro a passos largos, talvez porque estivesse esperando o momento particular ao volante para extravasar a euforia que o queimava por dentro. Dirigiu até o apartamento e espalhou as notas sobre o edredom. Natália tinha saído para a casa de uma amiga, ele estava só. Era o fim da tarde, a luz arroxeada do crepúsculo mais uma vez pairava sobre os móveis quando ele apanhou o celular para fotografar a cena. "Caralho, caralho!", repetiu para si, porque nunca vira tanto dinheiro.

Decidiu esconder os dólares sobre o forro do teto, passando-os por um buraco no gesso que dava acesso aos registros de água e aos encanamentos de calefação, não sem antes apanhar um maço grosso de notas de cem e cinquenta. Não se preocupou em contá-las. As primeiras compras, que somaram entre 30 e 40 mil dólares australianos, aconteceram naquela mesma noite. Natália havia voltado num horário em que o shopping ainda estava aberto, e ambos saíram de casa com os bolsos inflados, às gargalhadas. Deixaram vodca na geladeira e maconha orgânica sobre a mesa da sala, e estavam um pouco embriagados quando torraram dinheiro em restaurantes, roupas, relógios, sapatos e presentes para os amigos e familiares no Brasil.

Daniel renovou o guarda-roupa, comprou dois Rolex e um notebook. Na semana seguinte, gastaria muito mais. Vinha malhando com frequência, e por isso também quis gastar com suplementos e anabolizantes — Joe o ajudou com o segundo produto. Comprou passagens e foi sozinho a Tailândia, Indonésia e Bora-Bora, uma ilha paradisíaca na Polinésia Francesa. Havia despendido ao menos 200 mil dólares australianos quando aterrissou de frente para Bilinga Beach, cerca de quarenta dias depois, de volta a Gold Coast. Do aeroporto, seguiu para o apartamento que alugara pouco antes de viajar, sua nova casa, duzentos metros quadrados de frente para o Pacífico. Uma das primeiras atitudes que tomara depois de pôr as mãos em tanto dinheiro. Encerrou o contrato de aluguel do antigo imóvel que compartilhava com dois brasileiros e mudou-se. Quis viver sozinho.

Escolheu o quinquagésimo andar do Mantra Circle on Cavill, o terceiro prédio mais alto da cidade de Gold Coast, erguido como uma enorme espiga de concreto e vidro entre o rio Nerang e a orla de Main Beach. Com 219 metros de altura, abriga um hotel que oferece também aluguéis de apartamentos inteiros a 700 dólares semanais, para serem usados como residência. O contrato, de março de 2013 a começo de março de 2014, exigia o adiantamento do valor de quatro aluguéis mensais, de maneira que Daniel teve de deixar mais de 10 mil dólares australianos em dinheiro na imobiliária.

Passou a tomar café da manhã de frente para o azul infinito, na sombra da varanda espaçosa. Quase todos os dias, fazia musculação bem cedo, na academia do condomínio, e almoçava no

Sushi Ave, um restaurante japonês com pratos de treze dólares. Fumava sempre um cigarro de maconha depois do almoço. O jantar acontecia em qualquer outro restaurante, não importavam os preços no cardápio. Quando não perambulava por um shopping comprando de joias a óculos de sol, ficava no sofá com o laptop sobre as coxas, jogando Counter-Strike, na cama com a namorada ou conversando com o pai por Skype. Dizia a ele que tudo ia muito bem, que aprendia inglês com afinco, e o honestíssimo pai o sossegava do outro lado do globo. Tratava-se de uma rotina bem caseira, porque deixara de aventurar-se nas festas da madrugada, com receio de convívios desnecessários, principalmente com a turma de Ramón.

Daniel se fixava a uma regra tácita segundo a qual a ordem era manter a discrição. Tinha centenas de milhares de dólares, planos gananciosos e acabara de se mudar para o apartamento dos sonhos. Nos arredores do novo lar, enquanto vagava pela manhã ensolarada sem muito o que fazer, notou um carrão estacionado. Com o preço de 100 mil dólares, o modelo esportivo Nissan GT-R "atinge cem quilômetros por hora em 2,9 segundos" e apresenta um design que remete aos carros de corrida em miniatura com que Daniel brincava durante a infância. Havia também crescido entre os automóveis da concessionária de seu pai. Para ele, dirigir em alta velocidade significava experimentar certa "sensação de poder". Ele redigiu um bilhete e o pendurou na maçaneta do carro. Mais tarde, o proprietário, um australiano de cabelos desgrenhados, telefonou. Era um lindo carro, disse, mas estava atolado em dívidas. Não podia arcar com as parcelas do financiamento e ofereceu o automóvel por 30 mil dólares australianos. Daniel chamou o elevador para ir buscar trezentas notas de cem, depois acomodou-se no assento do motorista e saiu a passear pelas ruas lisas de Gold Coast.

A alegria e o bom humor foram potencializados enquanto dirigia, porque pensou na viagem que faria ao Brasil, marcada para dali a poucos dias. Tinha saudade dos amigos e da família. Sentia-se ansioso para mostrar-se bem-sucedido. Já em São Paulo, convidou-os para beber e dançar na Villa Mix, uma concorrida casa noturna na zona sul. Anunciou que a noitada era gratuita e conseguiu reunir quase trinta pessoas. Alugou dois camarotes por 40 mil reais. Encomendou garrafas de champanhe que faiscava na boca, trazidas por garçonetes de biquíni. Pagou coquetéis para todos. A quem o questionasse sobre a origem da fortuna, ora suspeitando da existência de uma herança, ora rememorando o tamanho da casa do traficante no condomínio de luxo, respondia que trabalhava com "importação e exportação". A um amigo de infância, contudo, contou outra história. "Ele me disse que tinha ganhado o dinheiro num cassino em Sydney", diz Thiago, um tipo longilíneo com um topete caprichado, que se surpreendera com a riqueza súbita do camarada.

Os gastos não se limitavam à vida na noite. Nas tardes seguintes, bancou almoços de duzentos reais por pessoa na churrascaria Fogo de Chão, uma das mais caras da capital paulista. Depois de refestelar-se, decidiu que visitariam, em seguida, o Bomboa, um prostíbulo que ficava no número 222 da rua Capote Valente, em Pinheiros, bairro nobre de São Paulo. Encheram dois táxis. Daniel pagou o serviço de catorze prostitutas; duas para ele, duas para cada um dos seis amigos que o acompanhavam. Não se preocupou em esbanjar

— como vinha de um círculo privilegiado e de uma família abastada, comentou para um amigo, tinha a justificativa certa caso a polícia, eventualmente, colocasse em dúvida a origem de tanto dinheiro vivo. É do meu pai, diria. Os bolsos da calça pareciam ter sido almofadados.

8. O velho de Moema

"... VOCÊ APLICA COM ROLO, é isso mesmo. Você pode usar Bautech Porcelanato Líquido em cima de cerâmica antiga, azulejos, pedras e ardósias. O piso vai ficar com aspecto brilhante, igual ao porcelanato, além de ser fácil, fácil de limpar, acabando com aquele rejunte cheio de sujeira. Bautech Porcelanato Líquido você encontra nas cores cinza, branco e bege. Quer renovar o seu piso? Vá até uma loja do ramo e peça: Bautech Porcelanato líquido, o..." — o rádio do carro ecoava o anúncio enquanto dois agentes da Polícia Federal, disfarçados dentro da viatura à paisana, vigiavam o integrante de uma quadrilha que costumava exportar cocaína escondida, justamente, em cargas de porcelanato.

O alvo estava na frente de uma casa construída numa esquina, no bairro Jardim Virgínia, a menos de um quilômetro do mar da Enseada, em Guarujá, litoral paulista. Parou o carro ali. Mexeu com um molho de chaves e abriu o cadeado no portão azul. Aparentemente, na casa não morava ninguém além de dois cachorros. Naquele dia, Jesus Missiano da Silva Júnior tinha chegado ao lugar antes de seu chefe, o gerente da quadrilha Nivaldo Aguillar, um sessentão de barriga proeminente, pele bronzeada e careca exposta. Lá apanhara um pacote esquisito que os policiais supunham ser cocaína. Jesus era só um empregado, acreditavam os investigadores, um cumpridor de ordens, um leva e traz. A casa no Guarujá servia de mocó, o último estágio da carga antes do porto de Santos e, por conseguinte, o Atlântico, rumo à Europa, à África e ao Oriente Médio. Era a especialidade da quadrilha, esconder pó nas placas quadradas de cerâmica e despachá-las em navios cargueiros. Os agentes permaneceram a cerca de cinquenta metros do imóvel, examinando a rua de dentro do carro, estacionados perto de um poste de energia. Um deles gravou um vídeo que captava o som no interior do veículo. A campana era o principal método naquela investigação, que começara meses antes em Rio Claro, no interior de São Paulo.

Em julho de 2014, nesse mesmo município, outro policial munido com uma câmera conseguiu filmar os passos da quadrilha. Anexado ao processo judicial que investigou o caso, o vídeo mostrava em imagem tremida a fachada de um galpão onde, suspeitavam os policiais, havia um laboratório no qual a cocaína, antes de seguir para o litoral, era diluída, prensada, empacotada e camuflada entre as placas de cerâmica. Havia liquidificadores industriais. Os tijolos de pó eram mergulhados numa graxa azul antes de serem metidos, empilhados, entre os pisos. Os agentes filmaram a chegada da carga de porcelanato. Na ocasião, um caminhoneiro de Ipeúna, município vizinho, passou a descarregar o conteúdo da caçamba com a ajuda de uma empilhadeira, levando-o para dentro do galpão. "Vê se você consegue estacionar o carro e descer a pé aí, para ver o que está escrito naquelas embalagens", diz um agente a outro, no vídeo. Depois de descarregar quatro paletes, os investigados passaram horas lá dentro.

Os policiais podiam ver à distância a pintura amarela dos muros que cercavam o imóvel, os carros voando diante deles, porque estavam às margens de uma rodovia. Ficaram por ali até anoitecer e puderam perceber quando dois homens abriram o portão, e dessa vez passaram a carregar um caminhão com aqueles paletes, repletos de pisos de porcelanato — agora com 1180 quilos de cocaína repousando na carga oca. No varejo, a quantidade valia mais de 200 milhões de reais. O caminhão deixou o galpão e seguiu para Ipeúna, onde o caminhoneiro possuía um sítio e uma transportadora. Os agentes foram atrás. Logo cedo seguiria para Santos. O plano era embarcar a carga num contêiner rumo a Portugal.

Semanas antes, Erasmo havia descoberto a localização do galpão depois que sua equipe perseguira suspeitos até lá, a partir de uma pista de pouso clandestina. O pó que chegava da Bolívia aterrissava naquela região. Seguia para o galpão. Nos grampos telefônicos, o agente ouvira que o dono do lugar era um sujeito chamado Walter Fernandes, o Waltão, ex-torneiro mecânico que montou uma empresa para exportar porcelanato e outros itens, como óleo de cozinha. "Era o cara que preparava, que tem know-how para cortar porcelanato", segundo o policial. Por trás de Walter, havia empresários libaneses que conversavam por telefone em árabe e viviam em São Paulo e Curitiba. "Eu vi que a coisa era grande", diz agora Erasmo.

Embora não pudesse provar, o agente sabia que a cocaína desembarcada nas pistas de pouso, sob tiroteios, era recebida naquele galpão, mas pouco podia fazer. Pensou em produzir uma denúncia anônima que fosse capaz de gerar um inquérito, mas uma instrução normativa da corporação tinha impedido, havia pouco, a abertura de investigações a partir de denúncias anônimas. O agente então pediu ajuda a um colega da DEA, que redigiu um ofício formal comunicando à PF que traficantes libaneses estavam em atividade no país. O documento era suficiente para embasar o início de uma investigação. "O DEA identificou que os traficantes Mohamed Ali Jaber e Hicham Mohamad mantinham contatos na Bolívia com o fornecedor de cocaína residente na Bolívia Luis Fernando Vila Ruel, conhecido como 'Nando'", informava um trecho. No pé do e-mail, havia os números de telefone dos alvos, que a partir de então seriam interceptados.

O RESTAURANTE É DE ALTO PADRÃO, instalado no interior de um hotel elegante, um dos mais requintados da capital paulista, com capacidade para cerca de oitenta fregueses, sala privativa, pianista ao vivo todas as noites e caviar a 1250 reais. Foi lá que, em um dia útil de 2015, um jovem analista do mercado financeiro apareceu para buscar quatro gramas de pó. Instalado numa poltrona no interior do salão principal, viu que o traficante era um cliente do restaurante, um sujeito vestido com elegância, a camisa social por dentro da calça, jantando em silêncio no renomado estabelecimento. Estendido sobre o encosto da cadeira, um dos bolsos do paletó dava abrigo à mercadoria clandestina.

Foram ao banheiro para consumar o negócio. "Da pura, da pura", disse o analista, entusiasmado, ao relembrar a qualidade do produto. Ele tem os olhos azuis e veste uma camisa polo cor-de-rosa, um tom que se assemelha à sua tez bronzeada. Trabalha negociando ativos na bolsa de valores e vez por outra gosta de cheirar cocaína durante o fim de semana, que para ele costuma começar às quintas-feiras. "Os caras que vendem assim são tudo boy também." Enquanto fala, outros jovens — como ele, na casa dos vinte e poucos anos — se sacodem ao som da música eletrônica que embala uma festa em Perdizes, onde ao menos cinco entre cada dez convidados consomem MDMA diluído no drinque. A embriaguez motivara o debate sobre histórias de narcotráfico. O analista tinha um amigo. Esse amigo tinha um tio. Esse tio também havia sido traficante.

FELIPE*, UM HOMEM de quarenta e poucos anos, forte, com tatuagens à mostra e um boné virado para trás, é o tio. Às 19h17 de quarta-feira, 22 de outubro de 2014, ele está sentado numa cadeira dobrável de madeira em um bar no Itaim Bibi, São Paulo. Veio de ônibus, uma jaqueta azul de Tactel amarrada na cintura, a calça jeans larga e escura, o cabelo curto, avermelhado, os olhos vermelhos e arregalados, com pernas e pés que se mexem sem cessar. Tem a aparência comum do proletário que enfrenta longas jornadas para atravessar a cidade, exibe rugas e está com as solas gastas; alguém que tenta reconstruir a vida após cinco anos de prisão.

Desde a juventude, Felipe, um rapaz de família rica, costumava trazer pílulas de ecstasy da Holanda para abastecer a Rocinha, no Rio de Janeiro. Na época, a favela era comandada por Antônio Francisco Bonfim Lopes, o Nem da Rocinha, preso em 2011. Traficante internacional por nove anos, entre 2000 e 2009, Felipe diz ter passado ao menos quatro anos fornecendo "as balas" para a quadrilha de Nem. Foi mais de cem vezes à Europa, conta, para levar cocaína ou buscar ecstasy — quinze delas no primeiro semestre de 2009. Às vezes comprava passagem para acompanhar o mula. Ele começou a carreira no crime no dia em que um amigo ofereceu uma rentável oportunidade de trabalho: levar quatro quilos de cocaína à Europa por 8 mil euros, em valores da época. O rapaz tinha pagado 22 mil euros em cada tijolo.

Os anos passaram, Felipe ganhou dinheiro fácil. "Fácil, não. Rápido." Em julho de 2009, contudo, acabou preso ao tentar embarcar 980 gramas do pó branco em um voo da TAP de São Paulo a Lisboa. Era uma amostra do que chamou de "cocaína champanhe, uma das mais puras que existem". Havia adquirido o pacote no Paraguai, de representantes das FARC. Os guerrilheiros, por sua vez, tinham comprado o produto de um químico peruano. Depois de uma escala em Frankfurt, na Alemanha — "Para despistar, né?" —, a droga seria levada de carro a Amsterdam, onde o cliente, um executivo bem-sucedido que tinha um cargo de importância na multinacional britânica Vodafone, o esperaria no quarto de um hotel longe do centro, porque no centro há muitas câmeras. O sujeito traria consigo um reagente que atestava a pureza da substância. Aprovada a amostra, Felipe enviaria uma mensagem a um comparsa no Brasil, que então despacharia quarenta quilos do produto dentro do cofre do capitão de um navio de contêineres que partiria de Paranaguá, no Paraná, e em noventa dias aportaria na Antuérpia, Bélgica — e então o pó seria transportado num carro por 159 quilômetros até a capital holandesa. Cada quilo seria revendido por 45 mil euros, um negócio de 1,8 milhão de euros. Não deu tempo. Felipe foi algemado antes de embarcar.

A turma que o introduzira no narcotráfico, em Florianópolis, era também a turma de Marco Archer Cardoso Moreira, o Curumim, ex-traficante brasileiro preso por onze anos na Indonésia por levar àquele país cocaína dentro das hastes de sua asa-delta. Condenado à morte, foi fuzilado em janeiro de 2015. Felipe teve mais sorte. Deixou a cadeia em abril de 2014 e trabalha lavando sofás. Na mesa do bar, em tom de galhofa, diz: "Ganhei respeito por ser porra louca. Mas os playboys que traficavam na minha época estão todos bem de vida. Só eu que tô fodido". Ele mira um copo de suco vazio sobre a mesa, pensativo e mudo. Parece incomodado. "Se você quiser comprar um quilo de cocaína pura em São Paulo hoje, dá o dinheiro pra mim que eu busco pra você", continua, de supetão, um tanto afoito. "Precisa ter contato. Cocaína pura, pura, hoje não tem em São Paulo. Aliás, posso dizer que existem apenas quatro pessoas que têm pó puro em São Paulo. Três são de classe média alta, em Alphaville, nas zonas sul e oeste. Lavam dinheiro com imóveis, construtoras... Se eu falar quem, posso tomar um tiro na cabeça."

Felipe diz agora que havia um "cara forte" em Moema, bairro nobre da capital. Era um homem de quase sessenta anos, rico, que guardava no armário um chapéu-panamá e relógios de luxo, dormia cedo e costumava correr no parque Ibirapuera. Fornecia cocaína pura para artistas da televisão. "Coisa fina." Era conhecido como Velho, simplesmente. "Velho, chamam ele de Velho", disse. "O Velho de Moema." E então, sem nenhum pudor, ele muda de assunto novamente, passa a contar sobre o início de tudo, quando costumava sair de raves na praia às seis horas da manhã e ir diretamente ao aeroporto, com a mala cheia de cocaína e uma passagem recém-comprada para a Europa. Sobre a vez em que esparramou por acidente centenas de pílulas de ecstasy no saguão do Aeroporto Internacional de Guarulhos e teve de recolher uma a uma, sob a indiferença de funcionários desatentos. Sobre a cama feita de tijolos de pasta-base de cocaína que sustentava um colchão no qual dormia quando estava no Paraguai. Sobre os tiros de fuzil que disparou no pasto descampado. Sobre o sexo com meninas de quinze anos na fazenda das FARC. Sobre o dia em que levou pó à Indonésia.

Ele fala que existem duas fábricas de ecstasy em São Paulo — e que uma delas fica na rodovia Raposo Tavares. Mais tarde, relembra os tempos na Rocinha. Conta que ao menos até 2011 os mortos pelo tráfico por ali eram descartados na "rua Um", onde havia uma criação de porcos que devoravam não apenas cadáveres humanos, mas também as carcaças de cachorros, pombos, gatos — ou qualquer coisa que morresse na favela. Felipe aprendeu que a cocaína, para render, não podia ser só cocaína. Tinha de ser também farinha de trigo, xilocaína, pó de mármore, fermento, anestésico veterinário, benzocaína, creatina, aminorex, leite em pó, gesso, cimento, lidocaína... e ossos humanos moídos. Por instrução de Nem, segundo Felipe, integrantes da quadrilha baixavam no chiqueiro da rua Um para buscar ossos remanescentes e triturá-los num moedor de carne, "uma máquina que fazia muito barulho", rememora. O que a máquina cuspia era um pó branco, com frequência semanal misturado à cocaína vendida aos playboys da zona sul. "Vi o Nem e os outros meninos dizendo: 'Olha aí o que os boy cheira', enquanto um deles carregava um saco com ossos no ombro."

O CAMINHÃO QUE DEIXOU o galpão de Rio Claro com a caçamba lotada de pisos de porcelanato — e cocaína — não alcançou o litoral. Por volta das nove horas da noite, o setor de inteligência da Polícia Militar informou a dois policiais, parados numa viatura às margens da rodovia, a placa do veículo suspeito de transportar a droga. A espionagem do Gise garantia a informação. Às nove e meia, o soldado Rodrigo Franco avistou a carreta dobrando à direita e seguindo por uma estrada de terra que surgia depois do acostamento. Esperaram quarenta minutos e foram até onde ele havia estacionado, o sítio do caminhoneiro Marcelo Thadeu Mondini, dono da MM's Transportes, em Ipeúna. O caminhoneiro negou que soubesse de qualquer coisa relacionada a drogas. Ao analisar a carga, contudo, o PM Franco constatou que os paletes de pisos se dividiam em dois tipos. Em um, eles eram empilhados uns sobre os outros, amarrados com uma fita verde, com as bordas alinhadas. Mas em quatro deles os pacotes exibiam o formato de uma caixa perfeita, com recortes de cerâmica colados às paredes laterais, na vertical. O policial desconfiou e quebrou uma das placas. Dentro, os volumes de pó melados com graxa azul e enrolados em plástico. Mondini foi preso.

Os 1180 quilos configuraram a maior apreensão de cocaína do país em 2014, mas o trabalho dos agentes não se encerrou ali. Eles voltaram a espionar os arredores do galpão em Rio Claro. Uma semana depois da apreensão em Ipeúna, o filho de Walter Fernandes foi visto saindo do lugar. Levava consigo um grande rolo de fita verde, própria para amarrar paletes — a mesma fita encontrada junto à carga criminosa. Abordado pelos policiais, disse que seu pai tinha pedido para que esvaziasse o galpão, que "limpasse tudo", nas palavras de Walter.

Contou que o pai não estava em casa, contou desconhecer que ele fosse envolvido com o tráfico e que nem sequer imaginava por que lhe havia pedido para limpar o galpão. De forma a provar o que estava dizendo, franqueou o acesso ao imóvel e entregou outros dois endereços, outros dois galpões que o pai usava na cidade.

No primeiro, de onde havia partido o caminhão de Mondini, havia "diversos paletes idênticos aos apreendidos com a droga em Ipeúna", segundo registrou o agente Samuel num relatório. Havia também ali uma máquina para cortar pisos de cerâmica, uma balança e potes com a mesma graxa azul, além de uma conta de luz em nome de Walter Fernandes. No segundo galpão não havia nada. No terceiro, os policiais encontraram vários liquidificadores industriais com resquícios de cocaína nas hélices, funis, frascos de laboratório, uma máquina seladora a vácuo, balança, prensa, embalagens descartadas com mais vestígios de pó, rolos de filme plástico, pisos iguais aos que abrigavam a tonelada apreendida e mais graxa azul, no que Samuel descreveu como "apetrechos típicos de laboratório de refino de cocaína". Os policiais decidiram então ir à casa de Walter, vizinha ao primeiro galpão, onde a investigação começara. Havia lá um protótipo de porcelanato feito para ocultar drogas, 10 mil reais em espécie e treze escrituras de imóveis em nome do ex-torneiro mecânico. Tinham o suficiente para pedir à juíza a prisão preventiva.

JAMAL ALI JABER, um libanês de olhos claros, é o caçula dos irmãos Jaber — para quem Walter Fernandes trabalhava. Samuel se lembrou dele ao ser convocado para participar da investigação. Observou que o havia prendido seis anos antes, em 2008, enquanto exercia o cargo de chefe da PF no aeroporto de Guarulhos. O libanês integrava uma quadrilha que recrutava mulas para exportar cocaína. À época, um informe da polícia nacional francesa avisara que um grupo liderado por libaneses costumava enviar toneladas de cocaína à África, à Europa e ao Oriente Médio. Jamal foi condenado por associação para o tráfico, mas acabou solto. Seu irmão do meio, Mohamed Ali Jaber, entre os três, era o que mais tinha experiência no ramo das drogas, aquele com quem se tratava sobre prazos e logística, e quase sempre sobre o transporte. Mohamad colecionava mais conhecimento sobre a origem do produto, as plantações, os aviões, os pilotos e seus gerentes. Dispunha do networking nos países produtores.

Como Jamal, Mohamad fora preso e processado por tráfico mais de uma vez. Aprendera o ofício durante os anos que passou em Campo Grande, no Mato Grosso do Sul, a poucas horas da fronteira com o Paraguai, onde tinha parentes. Arrumou uma namorada, fez fortuna, adquiriu carros e imóveis. Teve um filho que hoje mora em Paris. Como seu irmão, Hussein Ali Jaber — o primogênito e último a cair na malha da Justiça —, também cultivava relações com figuras importantes da sociedade libanesa. Uma delas era o ex-ministro plenipotenciário Youssef El-Saouda, o primeiro embaixador do Líbano no Brasil, que inaugurou a embaixada no país em 1946. Nos grampos da PF, Mohamed e Hussein apareciam chamando-o de professor. Em 10 de outubro de 2014, às 16h09, Mohamed telefonou ao irmão mais velho. O diálogo, em árabe, foi traduzido com a ajuda da DEA.

"Alô!", disse Hussein.

"Ê, querido!", respondeu Mohamed.

"Como vai, minha vida?"

"Está tudo bem, irmão."

"Até agora há pouco o professor Youssef estava perguntando por você."

"Cadê o professor Youssef?"

"Está aqui perto de mim. Você sabe quem é, né?"

"Passa ele para mim!"

Hussein obedeceu ao irmão e passou o telefone para El-Saouda. A conversa, então, se tornou mais íntima, como se os interlocutores fossem velhos amigos.

"Tem que arrumar uma vareta para te bater", disse o ex-embaixador.

"Como vai nosso sheik?", perguntou Mohamed.

"Eu estou com saudades de você."

"Eu também estou com muita saudade de você."

"Cadê vocês? São tudo mentiroso", disse El-Saouda, aos risos.

"O Hussein que é o mentiroso, que promete. Eu não sou."

"Já estou em Brasília faz dois anos, nenhum de vocês aparece e nem pergunta por mim."

"Pois, é. O Hussein já tinha me falado. Faz um mês que precisamos fazer uma visita em Brasília."

"A única vez que ele apareceu aqui foi só quando eu insisti para ele vir, na época que o embaixador do Irã estava aqui com seus amigos, que tínhamos convidado. Ele nunca mais veio. Dá notícias de vocês. Como estão?"

"Por Deus mesmo, estou com muita saudade de você."

"Como está a família, tudo bem?"

"Estão todos bem, mandam lembranças para você."

"Por que não fazem uma viagem para cá? Ficar uns dois dias aqui."

"Promessa confirmada, eu vou aí antes do fim do ano, ficar uns dois dias aí em Brasília com você."

O ex-embaixador passou o telefone de volta a Hussein.

"Ê, querido. Vai fazer alguma coisa?"

Mohamed respondeu:

"Aquele remédio da menina."

"Amanhã de manhã eu dou o remédio."

Os policiais entenderam que "menina" era uma referência ao foragido Walter Fernandes. E que "remédio" significava advogado.

No relatório policial, Samuel descreveu Hussein como uma pessoa "extremamente bem articulada no âmbito político-empresarial", com "fluência nos idiomas árabe, inglês e francês". Era dono de numerosas empresas nos mais diversos ramos, da mineração às importações. Uma semana depois do diálogo, Hussein voltou a conversar em árabe com El-Saouda, que, dessa vez, o convocou para um encontro no qual o então embaixador do Líbano, Joseph Sayah, e o embaixador do Irã, Mohammad Ali Ghanezadeh Ezabadi, estariam presentes.

"O homem está me dando dor de cabeça de tanto me perguntar de você. Já me perguntou três vezes", diz El-Saouda, sem revelar a quem se referia.

"Qual dia é melhor para eu ir, segunda ou terça?", responde Hussein.

"Para mim tanto faz, não tem problema, qualquer dia. Só quero saber quanto tempo você pode ficar aqui. Ele me perguntou de você e disse que tem um negócio que quer conversar com você."

"Não tem problema!"

Nesse momento, El-Saouda revela sua proximidade com figuras ilustres da República, como o então vice-presidente Michel Temer e o então presidente do Supremo Tribunal Federal, o STF, ministro Ricardo Lewandowski.

"Eu te falei, terça-feira, que eu fiz um jantar para o Michel Temer e para o presidente do Supremo, Lewandowski. Eu tinha convidado ele [o diplomata que gostaria de falar com Hussein] também, e ele me perguntou de você. Eu falei para ele que te ligaria. Veja quando você pode vir, para eu avisá-lo."

"Veja quantos dias você quer que eu fique, segunda-feira, terça, quarta. Quando você quiser, eu vou", responde Hussein.

"Depois que eu falar com ele, eu te mando a mensagem" conclui El-Saouda.

Na segunda-feira seguinte ao diálogo, às 13h06, os compatriotas voltaram a se falar.

"Amanhã vamos almoçar juntos!", disse El-Saouda a Hussein.

"Nós e nosso amigo. Amanhã vou chegar aí às onze e cinquenta", respondeu o libanês.

"Nosso amigo está perguntando de você, quer saber quando você pretende voltar para São Paulo, e se você ficar até amanhã ele vai preparar um jantar para nós."

"Como você quiser, decida com ele! Fala que está tudo certo."

E então mostraram mais intimidade:

"Você está com o tempo curto, nós temos que tomar uma garrafa de conhaque e fumar um charuto juntos. Assim, rápido, não está certo, precisamos conversar um pouco", disse El-Saouda.

"Vamos conversar depois do jantar com ele", observou Hussein, e depois perguntou ao ex-embaixador o que sua mulher gostaria que ele levasse de São Paulo.

"Não precisa trazer nada", respondeu El-Saouda, "mas se quiser tem aquele queijo de cabra lá na Santa Luzia [empório nobre], esse que ela gosta. Mas não precisa se preocupar."

"Já sei que queijo é, vou levar, não tem problema. Amanhã estou aí."

Na quarta-feira, uma hora antes do voo para Brasília, Hussein ligou ao embaixador do Líbano, Joseph Sayah. Eles conversaram em árabe.

"Pois, é. Estou com tantos serviços, ligações daqui, dali. Acabei de levar os filhos pra escola. São tantas informações e histórias, é muita coisa. Ligações direto. Uma hora liga o embaixador do Sudão, uma hora outro embaixador. Veja aí o que quer fazer e me comunica", falou Sayah.

"Já chamei o motorista, daqui a cinco minutos vou lá para o escritório dele", esclareceu Hussein.

Samuel acredita que, nessa hora, Hussein se referia ao escritório do embaixador do Irã, Mohammad Ezabadi. Em seguida, Joseph Sayah passou a narrar sua agenda do dia. Era 22 de outubro, o dia nacional de Santri, em homenagem às comunidades islâmicas da ilha de Java, na Indonésia, e haveria uma festa na embaixada do país asiático à qual não poderia faltar. No fim da tarde, haveria um encontro protocolar na embaixada do Uruguai e mais tarde o jantar com Hussein e El-Saouda.

"Então eu vou lá no iraniano até você terminar lá no Hendari", disse Hussein, em referência à embaixada indonésia.

"Lá é uma hora, uma hora e pouco", observou Sayah. "Acredito que Mohammad também vai estar nesse dia nacional, onde nós todos participamos", prosseguiu o diplomata, presumindo a presença também do embaixador iraniano no evento.

"Ok, vida!"

"A gente se vê."

Mais tarde, por volta das quatro da tarde, em outro telefonema, Hussein contava a Sayah como fora o encontro com o embaixador iraniano.

"Vai falar com Mohammad?", perguntou o embaixador do Líbano.

"Já falei com ele, já terminei com tudo!", esclareceu Hussein.

"Quer dizer que já conversaram?"

"Já sentamos e conversamos."

"Essa história fica na mão dele."

"Ele me falou que nós vamos trabalhar, os três."

"O negócio fica na sua mão, Hussein."

"Eu expliquei para ele que sempre precisamos de tempo para entrar em contato lá fora e depois entramos em contato com nosso grupo. Avisei ele que não é pra ficar falando com fulano, sicrano, é para ter cuidado porque não vou me queimar por causa de vocês. Ele me respondeu que está às minhas ordens e que gosta de mim, que é meu amigo, e também gosta de você. Assim, podemos nos organizar entre nós como gente grande, e ele concordou."

Durante a investigação, Samuel e seus colegas não puderam confirmar a que exatamente eles se referiam no diálogo. Tampouco se aprofundaram nas relações de Hussein com os embaixadores. Mais tarde, no entanto, ele foi flagrado numa interceptação telefônica. Conversava com o empresário

Hicham Mohamad Safie, um dos membros da quadrilha, sobre a venda de urânio para os iranianos.

Hicham era um sujeito falastrão que vivia em uma mansão em Interlagos, cujas paredes escondiam compartimentos secretos recheados de joias e pedras preciosas. Ele alugava um escritório no Shopping Morumbi, no Brooklin, um dos mais nobres de São Paulo, onde costumava receber integrantes da 'Ndrangheta, parlamentares, policiais ou gente como Leonardo Meirelles, o laranja de Alberto Youssef, que certa vez tentou lhe vender o laboratório Labogen. Dono de uma perfumaria, negociava desde desodorantes a dólares e cocaína — e, como Hussein, mantinha relações estreitas com políticos e funcionários públicos.

Os investigadores do Gise descobriram que um agente da Polícia Federal, Calciolari, conversava com frequência com Hicham, que guardava em casa material de uso restrito da PF — um distintivo, colete, um emblema de velcro e uma camiseta operacional. Segundo ele, eram presentes do agente federal Luiz Carlos Calciolari. A mulher do policial tinha uma loja de perfumes no shopping 25 de Março, cujas mercadorias vinham todas de Hicham e do irmão dele, Ahmed, que remetia as encomendas sem nota fiscal de Ciudad del Este, no Paraguai. Os policiais suspeitaram que o agente federal também servia para intimidar devedores a pedido de Hicham, porque além de doleiro o empresário era também traficante e agiota. Desconfiavam que colhia informações internas da corporação sobre a apreensão da tonelada de cocaína em Ipeúna.

Samuel e sua equipe também desvendaram a proximidade de Hicham com o deputado estadual paulista Itamar Borges, do PMDB. Ele costumava frequentar o gabinete do parlamentar e os corredores da Assembleia Legislativa de São Paulo. Marcava reuniões entre o deputado e delegados da Polícia Civil para tratar de assuntos suspeitos sobre os quais nada nunca veio a público. Durante a investigação, um colega de Samuel que monitorava o celular de Hicham alertou-o por WhatsApp: "O Hicham voltou a falar do terminal 11-963333336. E tá falando com o deputado Itamar. Sobre politicagem com dois delegados da Pol[ícia] Civil. O deputado disse pro Hicham abrir o coração". Coordenador da investigação, Samuel leu a mensagem, mas não quis respondê-la. Agira da mesma maneira quando se deparara com um áudio que revelava a proximidade de Hussein com um senador da República, porque acreditava que alvos com foro privilegiado só fariam atrasar os procedimentos que necessitavam de autorização judicial e, assim, as sentenças — ao levarem o caso a tribunais superiores —, e ele queria ver logo os bandidos presos.

Um telefonema de Hussein ao gabinete do então senador Cássio Cunha Lima, do PSDB da Paraíba, ficara registrado num CD que contém três mil horas de áudios armazenado no arquivo da Justiça Federal de Piracicaba, onde correu o processo originado a partir da Operação Beirute, que investigou os irmãos Jaber. O diálogo não foi para os relatórios, conta agora Samuel, e jamais iria, não só por envolver a questão do foro, mas porque fora curto e trivial. Hussein nem sequer falara com o senador. Mais tarde, contudo, ele mencionou Cunha Lima em uma conversa com o ex-prefeito de Juazeirinho, na Paraíba, Bevilacqua Matias.

O político queria saber o que ele havia combinado com "Cássio". "Hussein diz que Cássio segunda-feira estará em Brasília e que vai ligar de lá para combinar, com quatro ou cinco dias de antecedência, para avisar os demais. Hussein informa seu e-mail. Bevilacqua diz que irá para São Paulo com Genival [Matias de Oliveira Filho, ex-deputado estadual da Paraíba] e o governador [ex-governador Cássio Cunha Lima], juntos", registra o relatório dos agentes federais, no campo reservado à descrição do diálogo interceptado. Não havia clareza no conteúdo. Os policiais que monitoravam os diálogos à distância perceberam, no entanto, a intenção de Hussein de organizar um jantar para reunir o senador-candidato com empresários e autoridades na capital paulista. A eleição estava próxima. Cunha Lima buscava apoio financeiro na disputa pelo governo da Paraíba.

Bevilacqua Matias era irmão do ex-deputado estadual da Paraíba, Genival Matias de Oliveira Filho, com quem Hussein também costumava conversar por telefone. Genival fora presidente do diretório estadual do PTdoB e apoiava a candidatura do ex-governador Cássio Cunha Lima ao governo do estado naquele ano. Morto em julho de 2020 depois de sofrer um acidente vascular cerebral enquanto pilotava seu jet ski em Pernambuco, Genival também parecia ser um elo entre Hussein e o senador.

Em 14 de julho de 2014, Genival telefonou a Hussein às 11h28, mas este não o atendeu porque estava na Polícia Federal — o caminhão de Ipeúna fora encontrado pela polícia uma semana antes. Hussein retornou a ligação. Genival então passou a falar sobre o jantar com o senador Cássio Cunha Lima, e o interlocutor respondeu que iria ligar "para o pessoal".

Genival sugeriu um restaurante, e Hussein disse que "não dá para ser qualquer pessoal". No fim, Genival afirmou: "Tem que chamar pessoal grande, tem que ser pessoas fortes". Três dias mais tarde, numa nova conversa por telefone, Hussein revelou traços assustadores da personalidade do ex-deputado paraibano, enquanto contava a ele que teria um encontro com o deputado estadual Tião Gomes, do PSB da Paraíba: "Hussein diz que vai falar para Tião que Genival é seu amigo, seu irmão, e vai continuar para o resto da vida, que é um filho da puta, assassino, contrabandista, não sei o quê, mas Genival é seu irmão", informa o relatório da PF. No fim da conversa, Genival passou a Hussein o número do telefone celular do senador Cássio Cunha Lima, o mesmo que o ex-governador portava em abril de 2023.

A INFLUÊNCIA DOS IRMÃOS Jaber ia mais além. Filhos de Yousra Jaber, Hussein, Mohamed e Jamal vieram para o Brasil e montaram um profícuo negócio de contrabando e tráfico de cocaína ao longo dos anos. O primeiro registro policial da atuação de um deles, Mohamed, data do fim dos anos 1990, quando ele foi preso em Ponta Porã. Jamal surgira no radar pela primeira vez no esquema de Guarulhos. Hussein só apareceu numa investigação federal em 2010 — na ocasião, Mohamed, que usava os documentos do irmão mais velho, foi grampeado enquanto conduzia negociações ilícitas com um nigeriano, num caso investigado pela Operação Semilla. Yousra, no entanto, teve mais um filho, um quarto menino, de outro pai. Oussama Ammar, 36 anos, meio-irmão dos irmãos Jaber.

Franco-libanês, Ammar vive entre Paris, na França, e Dubai, nos Emirados Árabes, e também ao longo do tempo acabou se tornando muito bem-sucedido, mas como famoso e multimilionário guru da tecnologia. Aos dezenove anos, enquanto cursava filosofia na Universidade Sorbonne, em Paris, Ammar vendeu sua primeira empresa, que desenvolveu um software de cibersegurança, para um fundo de investimento de Hong Kong. Em 2016, aos 29, figurou entre os trinta nomes com menos de trinta anos eleitos pela revista *Forbes* como os jovens ricos que mais influenciavam a maneira como o dinheiro fluía na economia global. Com mais de 6 milhões de visualizações no TikTok, investiu em cerca de setecentas startups ao fundar e dirigir, por dez anos, a incubadora francesa The Family. Fez fortuna ao atrair investidores decididos a injetar milhões de euros em boas ideias de negócio — sem nunca revelar seus nomes ou o que faziam. "Ajudei a arrecadar mais de 1,5 bilhão de euros para startups em nosso portfólio", afirma Ammar, em seu site na internet. A carreira meteórica o levou a encontros com o então ministro da Economia francês, Emmanuel Macron, em 2015, e com estrelas do Vale do Silício. Foi escolhido para integrar o Global Tech Panel, criado pela União Europeia para debater inovações tecnológicas. Participou de várias outras companhias, tornou-se investidor anjo,[7] ofereceu consultorias e deu palestras.

Em 2023, Ammar se dedicava a estudar as cadeias blockchain, a Web3, o metaverso e as NFT's, e a divulgar seu serviço de coaching no Twitter, mas passara a se preocupar também com um imbróglio judicial. Em março de 2022, seus antigos sócios na empresa The Family, Alice Zagury e Nicolas Colin, o acusaram de desviar cerca de 4,5 milhões de euros da incubadora para as contas de suas holdings pessoais em Hong Kong, o que ficara comprovado por uma auditoria externa. Também o acusaram de lavar dinheiro. Ammar é dono das empresas Fabuleo e Aletheis The First, ambas no território autônomo asiático, cujos ativos os ex-sócios pediram para a Justiça francesa bloquear. O caso, ainda em andamento, não foi o primeiro em que Ammar deixou uma ocupação após ser acusado de desvio de verbas para gastos pessoais. Em outras duas empresas, Hypios, que fundou, e Be Sport, sofrera acusações semelhantes. Aos jornais, os ex-sócios na The Family declararam que ele gastara os milhões desviados para construir uma mansão na região da Normandia, na França, o que passou a ser investigado.

Certa vez, Ammar contou a um jornal que, aos dois anos de idade, deixou a vila onde morava no Líbano e se mudou com a família para Kinshasa, no Congo, onde seu irmão mais velho, Hussein, que vez por outra exercia o papel de pai, tocaria uma fábrica de sapatos. De fato, segundo o LinkedIn de Hussein, ele trabalhou para a Le Roy Industries, "fabricante de sapatos que atende todo o continente africano", entre janeiro de 1984 e dezembro de 1989, na capital congolesa. "Depois de apenas dois anos de rápido crescimento, nós tínhamos mais de 540 funcionários e vários milhões de dólares em receita", anotou Hussein no próprio currículo, além de "um canal de distribuição regional." Mais de trinta anos depois, o vínculo entre Oussama Ammar e Hussein Ali Jaber ficou exposto em um dos grampos telefônicos derivados da Operação Beirute, que tivera início naquele galpão de Rio Claro.

Em 22 de agosto de 2014, às 12h35, Hussein ligou para o hotel Bourbon Convention Ibirapuera, um quatro estrelas no bairro nobre de São Paulo. O relatório da PF descreveu assim a conversa: "Hussein diz que possuía um convidado chamado Oussama Ammar no hotel, e quer saber se ele deixou alguma conta para pagar. Hussein confirma que estava com Ammar ontem no hotel e que seu convidado ficou um dia". O recepcionista informou que verificou uma reserva para o período de 21 a 23. "Hussein diz que corrigiu isso na recepção e quer saber se tem despesa", diz a descrição do agente. O recepcionista então afirmou que todas as contas tinham sido pagas. Como tantos outros durante essa investigação, o grampo passou despercebido. Nenhum agente quis saber quem era Ammar nem por que Hussein o convidara para passar uma noite em São Paulo.

Na época, tampouco atentaram para o fato de que Hussein costumava dividir seu carro, uma caminhonete Land Rover, com seu irmão Mohamed, e que o veículo pertencia a uma empresa que tinha o mesmo nome da holding bilionária de Oussama Ammar em Hong Kong — Aletheis. A companhia do famoso guru dizia operar também em San Francisco, São Paulo e Paris, a mesma cidade em que estava registrada a empresa homônima que Hussein representava legalmente no Brasil, à rue du Temple, 187, onde hoje existe uma joalheria decadente. No LinkedIn, Hussein se apresentava como diretor do escritório brasileiro da Aletheis havia catorze anos e quatro meses. "O escritório brasileiro da Aletheis está aqui para ajudá-lo a montar seu negócio ou investimento no Brasil. Podemos organizar todo o aspecto da implementação graças à nossa vasta rede no país", escreveu o libanês na rede social.

Quando Oussama Ammar surgiu nos grampos da PF, Hussein ainda era uma figura de cadastro no imaginário dos agentes. A investigação tinha começado havia um mês. Nenhum deles compreendia seu real papel na quadrilha, embora pudessem imaginar. Sabiam apenas que Hussein emprestava um Audi para o gerente Nivaldo Aguillar. Que tratava com Hicham sobre a escolha de um advogado para Walter Fernandes. Que emprestava seus documentos e também o carro ao traficante Mohamed, seu irmão. Em menos de quatro meses, no entanto, os policiais cumpririam um mandado de busca e apreensão no luxuoso apartamento de Hussein em Moema. Entre os documentos apreendidos encontraram dezoito procurações assinadas por um laranja que permitiam a Hussein manter-se no controle de empresas mesmo sem figurar entre os sócios, ou às vezes aparecendo apenas como minoritário.

Foi no meio da papelada que surgiu o nome da empresa Aletheis, da qual o primogênito dos irmãos Jaber tinha 1% de participação, mas carta-branca para operar. Em abril de 2023, a filial da empresa constava como ativa no cadastro da Receita Federal. Nenhum agente, contudo, notou a coincidência nos nomes, nem o vínculo entre os meio-irmãos libaneses — nem por que Oussama Ammar, quando lhe perguntavam como ficara tão rico, costumava creditar a fortuna ao fato de ter aprendido a construir websites aos doze anos de idade.

Os irmãos Jaber eram também vizinhos. Todos eles moravam em Moema. Todos eles eram homens velhos metidos com o narcotráfico. Mas trabalhavam em parceria com conterrâneos de outras paragens, como o empresário Nahim

Fouad El Ghassan, de Curitiba. El Ghassan era sócio de Walter Fernandes em uma empresa de exportação em Rio Claro. Exportara, com a ajuda de Walter, milhares de garrafas de óleo de girassol, em cujo interior os policiais acreditam que havia cocaína. El Ghassan era alguém que lavava dinheiro do pó com aquisições e vendas de imóveis no Paraná, disse Samuel. Dez anos antes, era só um comerciante pobre que vivia no bairro de Sapopemba, na zona leste de São Paulo, levando uma vida desconfortável ao lado da mulher. "De lá para cá, ele construiu um império", observa o agente. Fortuna que viera da cocaína, dos negócios que arrumava com Hicham, dos fornecimentos providenciados por Mohamed para clientes do Líbano que costumava bajular. A cocaína que traziam, majoritariamente da Bolívia e da Colômbia, vinha de Crespo, um fornecedor colombiano, mas também de Gilmar Flores, um dos grandes transportadores do PCC, que vez por outra rachava em consórcio as viagens aéreas com Carlos Alberto Sgobbi.

"No crime, todo mundo se conhece", disse certa vez um colega de Sgobbi, alguém que havia acabado de esvaziar oito copos de chope enquanto confessava ter usado certa vez uma pistola com silenciador contra um inimigo. "O mundo do crime é um ovo." Na outra ponta do comércio, a cartela de clientes de El Ghassan e dos irmãos Jaber no exterior, como os agentes haviam comentado no prostíbulo, incluía o grupo xiita libanês Hezbollah, o que, para além do urânio mencionado no grampo por Hicham, explicava o interesse dos norte-americanos na investigação. Braço político armado do Irã, o grupo é financiado pelo governo iraniano, cujas relações diplomáticas com os Estados Unidos foram rompidas no fim dos anos 1970. A PF mantinha com os americanos certo intercâmbio de informações. Os trabalhos de campo e inteligência, entretanto, eram conduzidos exclusivamente pela equipe de Samuel.

Em investigações desse tipo, o primeiro ato do agente era criar um grupo no WhatsApp com todos os policiais envolvidos, concentrando assim os diálogos sobre as últimas pegadas dos alvos. Tratava-se de um ambiente para registrar conversas que eventualmente seriam usadas como evidência no curso do processo. Em seguida, Samuel dava o pontapé inicial da investigação. Pedia à vara federal uma senha judicial para que pudesse acessar as informações sensíveis, a ala digital em que ficaria armazenado o conteúdo de grampos telefônicos e o histórico de telefonemas de um alvo, por exemplo. Depois, buscava saber mais sobre cada investigado no sistema Infoseg, que reúne informações de bancos de dados municipais, estaduais e federais sobre qualquer cidadão. Identificava os veículos de cada um. Checava se possuíam armas e quais os calibres. Localizava as empresas abertas em seus nomes e nos de seus familiares. Procurava contas de telefone e endereços. Com os números de celular identificados, Samuel então pedia ao delegado que solicitasse à juíza autorização para interceptá-los. Concedido o aval, uma ordem judicial chegava à operadora de telefonia, que desviava as ligações dos aparelhos dos alvos para um servidor ao qual o software da PF tem acesso.

Ao cruzar endereços residenciais e comerciais dos alvos com as localizações das antenas de celular usadas por eles pela cidade, Samuel conseguia situá-los e vigiá-los à distância. Podia filmá-los, além de ouvi-los. Era obrigado a enviar ao delegado, a cada dez dias, um Relatório de Interceptação de Sinais (RIS), que incluía os dados do alvo e do contato com quem se comunicara, além de um resumo dos diálogos interceptados. Samuel e seus colegas analisavam as imagens das câmeras de segurança dos restaurantes onde os alvos marcavam encontros. Nas padarias, gravados durante o café da manhã. Nos hotéis e cafés dos quais saíam só para fumar. Interrogavam funcionários e porteiros. Plantavam escutas ambientais embaixo do banco do passageiro. Moedinhas de metal cujas baterias costumam durar quatro horas — mas que, se conectadas à bateria do carro, podem gravar conversas para "todo o sempre", nas palavras de Samuel.

NA SEXTA-FEIRA, 17 de outubro de 2014, um agente foi enviado até um dos endereços dos irmãos Jaber em Moema. Às 17h34, ele inaugurou os diálogos no grupo de WhatsApp criado por Samuel:

"Sobradão com garagem aberta, no momento sem auto", escreveu. Em seguida, enviou duas fotos que tirou, com o celular, da fachada da casa.

"Certo, amanhã à tarde a NET vai estar aí...", digitou outro agente, na base, em referência ao tipo de disfarce que pretendia usar para checar o endereço do alvo.

"Vou passar a noite aqui para ver se tem carro."

"Beleza."

No fim da tarde seguinte, dois agentes passaram a discutir no grupo uma forma de encontrar Mohamed em São Paulo. Eles o haviam perdido de vista depois que deixara uma loja de móveis em Pinheiros, na companhia da namorada, Rosana Cordon. O casal tinha ido para comprar um sofá. Samuel os perdeu de vista porque, depois que saíram do lugar, se apressou em ir até lá interrogar a gerente. Conseguiu arrancar dela que a compra não fora concretizada, além da promessa de que, se fosse, ela o avisaria. Na tela do computador, na delegacia, o mapa que mostrava as cerca de oito mil antenas de celular espalhadas pela cidade não acusava a localização de Mohamed, que só pipocaria no instante em que ele falasse ao celular. Como não o utilizara nenhuma vez, era impossível rastreá-lo. Os agentes, no entanto, tinham um truque:

"A última antena do alvo era na Teodoro Sampaio, 1572", disse um deles no WhatsApp.

"O Samuel foi na loja lá levantar o cadastro de compra."

"Sem antena nova do Mohamed."

"Provoca a antena na TIM. [Clica no] esqueci minha senha e manda um SMS pra ele. Vai no site da TIM. Aí do lado direito tem um ícone 'Meu TIM'. Vc clica. Aí tem login e senha. Vc coloca esqueci minha senha. Aí vai pedir pra mandar a senha por SMS. Vai pedir pra vc colocar o número para enviar SMS. Vc coloca o número do alvo e envia."

Ao enviar a mensagem de texto, o policial acionaria a antena mais próxima de Mohamed e, a partir dos endereços frequentados por ele, poderia saber exatamente onde estava.

"Tô vendo."

"Aí a própria TIM envia o SMS e dá a antena do alvo."

"Entrou."

Ao mesmo tempo, o agente enviou o print da tela do computador, mostrando o endereço da namorada do traficante no Sacomã.

"Ele tá na antena da Rosana. Deve estar na casa dela ou levando. Provavelmente tem uma Land Rover parada por aí", escreveu o agente que monitorava a perseguição.

"Ele para na garagem. Ela sempre pergunta se ele quer parar na garagem", respondeu um colega.

"Não se atente só pra Land Rover, pode ser outro carro tb", aconselhou outro. "Ou ele está no apê ou está chegando. Atenção total."

Até que um agente se surpreendeu com a coincidência:

"Mano, o endereço da antena e do apê da Rosana são os mesmos. A antena fica no prédio."

No térreo, do outro lado da rua, outro integrante da equipe de Samuel esperava incógnito dentro de um carro. Mohamed já estava lá dentro. Deixou a namorada em casa e, por volta das seis da tarde, saiu da garagem dirigindo um Volkswagen Passat 2.0 turbo, preto, registrado em nome de uma empresa de blindagens. O agente o seguiu. "O policial, apesar de sozinho, conseguiu acompanhar Mohamed até sua residência, localizada à avenida Chibarás, 44, esquina com [avenida] Ibirapuera, no condomínio Stare Moema, um apartamento tipo estúdio, com pé direito duplo, de alto luxo", descreveu Samuel num relatório.

No dia seguinte, um domingo, os policiais estavam mais relaxados, embora em plantão. A conversa no grupo de WhatsApp só começou depois das quatro horas da tarde:

"[Estou] em frente ao apê do Mohamed. Agora", disse um deles.

"Acabei de mandar mensagem, está dando antena na rua Santa Ifigênia", respondeu outro agente, inferindo que o alvo não estava em casa.

"Vou pra lá?"

"Pelas antenas, é uma agulha no palheiro. Vou ter que ficar provocando antena toda hora e pode queimar. Ademais, não temos certeza se ele está parado ou rodando."

"Vamos ver se dá uma clareada."

"Ninguém fala nada aqui no Sombra."

"Agora a antena deu no Bom Retiro."

"Ele devia estar pela avenida Tiradentes."

"Acho que você aí não vai resolver nada, ele não foi pra casa."

"Que rua ele está no Bom Retiro?"

Eram 16h41 quando Samuel interveio:

"Deixa quieto. Agora só amanhã."

O dia seguinte, 20 de outubro de 2014, uma segunda-feira, foi mais agitado. Pela manhã, Samuel passou num dos endereços ligados a Hicham em São Paulo. Tratava-se de uma sala comercial. Com a câmera do celular, filmou os espelhos das tomadas e interruptores, as entradas de ar-condicionado, a caixa de cabos e os chuveirinhos de incêndio. "Isso aqui é importante porque, se a juíza der a escuta [ambiental], a gente tem que saber o tipo de equipamento que tem e onde você pode colocar, entendeu?", dizia ele no áudio ao agente que o acompanhava. Durante a tarde, um dos agentes que trabalhavam diante do computador no núcleo de operações pediu a Samuel que apressasse um dos tradutores encarregados de desvendar os diálogos em árabe da quadrilha.

"Tô no corre da rua", ele respondeu. "Já tô em Congonhas. Mohamed já tá aqui, mas não sai do carro. Tá com Nivaldo."

"O bom era ter dois ratinhos. O Nivaldo tá pra pegar um carro novo", disse o agente na base, em referência aos ímãs com GPS que os espiões da PF costumam grudar sob os carros dos alvos, a fim de rastreá-los.

"Uma coisa de cada vez", digitou Samuel. "Se conseguir colocar no Mohamed já tá ótimo. Vai ouvir os áudios. E vê se se concentra no serviço."

Mohamed e Nivaldo então deixaram o aeroporto para almoçar na churrascaria Fogo de Chão, perto dali. Os agentes não sabiam o que a dupla fora fazer em Congonhas, exceto que a ex-mulher de Mohamed viajaria a Paris naquela noite, para visitar o filho deles. Dessa vez, os policiais não fizeram como no aeroporto de Guarulhos, quando Mohamed lá passara — não tinham pedido ao chefe da segurança para acompanhar as imagens do circuito de segurança em tempo real. Mohamed passeando de um guichê para outro, com um copo e uma garrafa de água nas mãos. Foco em Mohamed, zoom em Mohamed. Na churrascaria, contudo, um policial conseguiu se aproximar do Passat do espionado. Agachou e pressionou o rastreador contra o protetor de cárter sem que os manobristas percebessem. Samuel viu a cena da viatura.

"Olha o ratinho aí", disse ele no grupo de WhatsApp, logo em seguida. "Já colocamos, mas está parado na churrascaria. Olha e me dá um alô. Já tá no Passat."

"Tá na avenida Iraí, 1111. Moema. 98% da bateria. Há seis minutos. Deve ser o estacionamento da churrascaria."

"Isso. Tão almoçando."

"Novidade."

Um agente que acompanhava o almoço da dupla de criminosos, instalado numa mesa vizinha, no interior do restaurante, comendo a mesma carne, notou quando os traficantes, ambos fumantes, passaram a agitar seus maços de cigarro, prontos para deixar a área interna do estabelecimento. Minutos depois, ele escreveu no WhatsApp:

"Mohamed em deslocamento."

Na base, um colega respondeu:

"Ok. Tô no rastreador aqui. Até agora não deu posição do carro. Pra mim tá parado."

Pouco tempo depois, veio a má notícia:

"O rastreador ficou no chão da churrascaria, caiu do carro."

"O carro é cheio de alumínio embaixo", acrescentou Samuel. "O ímã não gruda direito."

Os agentes espionavam de muitas maneiras. Um deles perseguia Mohamed a pé, na rua, com um celular na mão, filmando à distância. A prova de que o alvo estivera ali. Quando Mohamed passou na frente de um boteco, o bêbado que estava tomando cerveja no balcão antes das onze da manhã era um agente federal. Ele filmou Mohamed andando na calçada, vestindo uma polo azul-turquesa. Quando Mohamed e Nivaldo foram almoçar na churrascaria Novilho de Prata, mais uma vez a mesa ao lado acomodava dois agentes. Durante o café da manhã no Hotel Aclimação, no fim do salão, um policial misturava açúcar ao café. À noite, do outro lado da rodovia, um agente com uma câmera a tiracolo. Dentro de um carro estacionado, encostado na esquina. Os espiões estiveram por toda parte. No dia 22 de outubro de 2014, quarta-feira, Samuel acordou mais tarde do que de costume. Às 9h36, enviou no grupo as primeiras mensagens do dia:

"Bom dia. Me conta por que esse carro tá na ficha do Hussein? O que cantou que liga ele ao Hussein? Isso é muito importante pois amarra o Hussein ao Nivaldo. É mais um indício. Mostra que o Hussein está disponibilizando bens, ou seja, meios para a quadrilha. Se puder me mandar a conversa que liga o carro ao Hussein, eu coloco no relatório de rua e costuro o Hussein. A filmagem deu pau, por isso vai ser muito importante filmar o Nivaldo nesse carro."

Samuel buscava provar que Hussein se dedicava a suprir as necessidades da quadrilha ao emprestar carros e documentos. Queria vincular formalmente o automóvel que Nivaldo dirigia com o primogênito dos irmãos Jaber, proprietário registrado.

"Tá lendo aí? Cadê você? Morreu?", insistiu o agente especial.

"Simmm filho... eu já tinha cantado esse carro. O Hussein tem uns 8 CNPJs. E uma empresa tem três carros, um deles esse Audi", respondeu o agente na base.

Em seguida, ele comemorou ter descoberto, de maneira heterodoxa, o número mais recente do telefone celular do alvo Nahim El Ghassan.

"A Claro implementou hoje. Óbvio que consegui no pulo do gatooooo... com minha amiga na Claro."

Naquela manhã, Mohamed tinha pedido para sua namorada, Rosana, ir cedo ao apartamento. Era preciso alguém em casa para receber móveis recém-comprados, e ele tinha horário marcado na dentista, no Itaim Bibi.

"Mohamed saiu agora do dentista, às 11h40", digitou um agente, antes de enviar as fotos do carro do investigado captadas durante uma vigilância anterior, o mesmo veículo que naquele instante passava pela cancela do estacionamento.

Enquanto Mohamed deixava o consultório, o dono do galpão de Rio Claro, Walter Fernandes, era preso pela Polícia

Federal, o que foi motivo de comemoração no grupo de WhatsApp:

"Presooo Walter", digitou um agente.

"Parabéns a todos", escreveu outro.

"É isso aí, persistência e inteligência. Vcs são fodaaaaaaa."

"Espetáculo!"

Horas depois, continuariam no encalço de Mohamed e Nivaldo, que tinham um encontro marcado em Moema. Nem sempre era possível se aproximar o suficiente para tentar ouvir a conversa.

"Rua Jacutinga, 365, Via Café. Encontro nesse local. Nivaldo e Mohamed. Bater fotos", escreveu o agente na base, ao enviar um mapa com a localização exata do estabelecimento.

Minutos depois, o agente que foi a campo reportou:

"Estão aqui no Café da Jacutinga."

"Veja se Nivaldo está acompanhado de HNI [Homem Não Identificado, no jargão da PF]. Esse HNI pode ser um futuro motorista da droga."

"O café é pequeno, não dá pra entrar."

Vez por outra, o grupo de agentes se estranhava em diálogos ríspidos, cheios de testosterona. Gostavam de mandar uns nos outros. Embora os mais velhos fossem também amigos antigos, colegas de academia e costumassem se embebedar juntos, nem todos integravam a mesma turma. Isso ficou claro num fim de tarde naquela semana, quando pipocou no WhatsApp:

"Galera, vou fazer um churrasco, picanha, mignon na mostarda, costela, linguiça, coração, pão de alho. Comprei vinte litros de chope e seis caixas de cerveja, vodca, tequila, uísque, tudo por minha conta. Não precisa trazer nada nem pagar nada. Quem quiser ir, só confirmar. Aguardo vocês!", escreveu um agente.

Era engano:

"Ops, grupo errado, por favor desconsiderem."

Na sexta-feira, 24 de outubro de 2014, os irmãos Jaber e o gerente Nivaldo Aguillar iriam se reunir na casa de Jamal, na alameda dos Guaramomis. Os agentes viram quando Mohamed partiu do aeroporto de Guarulhos rumo à casa do seu irmão mais novo. Hussein também estava lá. Filmaram Nivaldo, além do laranja Sandro Eleotério, caminhando pela calçada, depois de penarem para achar uma vaga de estacionamento. "Sabe o que a gente podia fazer? Ir voando ali no meu carro pra pegar o rastreador pra botar no carro do Nivaldo. Será que a gente consegue ir rápido?", disse Samuel a um colega, em um vídeo feito com o celular durante a vigilância. "Deixa ele entrar", respondeu seu parceiro, enquanto filmava Nivaldo e Sandro a poucos metros da viatura à paisana. Os policiais e os alvos trocaram olhares. Mais tarde, Samuel observaria num relatório: "Impende informar que se tornou muito arriscado continuar a vigilância no local pois Nivaldo e Sandro, quando passaram no sentido da residência do Jamal, passaram ao lado da nossa viatura descaracterizada e demonstraram desconfiança em razão da presença de dois homens no seu interior, por este motivo, a fim de preservar o serviço, deixamos o local". Antes de saírem, contudo, os agentes esperaram Nivaldo entrar no imóvel. Era preciso comprovar o encontro dos irmãos Jaber com Nivaldo, o homem que cuidava de embarcar o pó rumo ao exterior. Antes de passar do portão de entrada, Nivaldo olhou para os lados e para trás. "Ele sempre dá uma olhada, você viu?", notou o agente que estava com Samuel, havia meses perseguindo a quadrilha.

As provas colhidas pela equipe do agente especial Samuel se acumulavam em pastas e arquivos. Ia chegando o momento em que todas elas seriam confrontadas com os alvos e seus advogados, quando os suspeitos estivessem já algemados na frente do delegado. Faltava pouco mais de um mês para o dia da deflagração da Operação Beirute. Às cinco e meia da manhã do dia 10 de dezembro de 2014, os policiais saíram para cumprir doze mandados de prisão e 24 de busca e apreensão em São Paulo e no Paraná. Hussein não foi preso porque estava no Marrocos, mas seus dois irmãos, Hicham, Nahim, e o gerente Nivaldo acabaram algemados. Quando os federais entraram no quarto de Mohamed, no flat de Moema, constataram que ele guardava 214 115 dólares em espécie, além de dezenove aparelhos de telefone celular, quase trinta relógios de luxo e um chapéu-panamá.

9. O tatuador

Daniel elegera um amigo de infância para a empreitada secreta. Fez o convite e o jovem aceitou. Mais do que companheiro de farra, serviria de ajudante. Na companhia dele, Daniel dirigiu até o shopping Continental, na zona oeste de São Paulo. Foram a uma loja de malas. Comprou oito. Morador solitário de uma casa em Osasco, o rapaz ficaria encarregado de armazená-las depois que estivessem recheadas de pó. Daniel decidira criar mais essa parada na logística do transporte, antes do momento de levar as malas ao aeroporto. Uma tentativa de despistar quem porventura estivesse na encolha.

Do shopping, Daniel seguiu sozinho pela avenida dos Autonomistas por cerca de 3,4 quilômetros até o hotel Best Western, um três estrelas normalmente frequentado por executivos de paletó. Alugara um apartamento com dois cômodos por oito dias. Um dia para cada mala confeccionada — 1,3 quilo de cocaína em cada uma. Ainda na Austrália, calculara que oito era um número bom para produzir uma pequena fortuna, uma montanha de dinheiro que considerava o bastante para que pudesse então deixar a vida no crime. Sete anos depois, Daniel contou que planejara por diversas ocasiões parar com o narcotráfico, mas a ganância lhe havia entorpecido os sentidos. Continuava embebido na adrenalina que o tinha livrado da depressão. Na tentativa de descrever a amigos próximos a sensação que experimentou naquele tempo, entre janeiro e novembro de 2013, o quanto durou o sucesso na carreira, o ex-traficante costuma usar a analogia segundo a qual mantinha-se "no automático". Era como se dirigisse um carro em alta velocidade sem piscar os olhos, dizia, quando um deslize pode significar a morte. Não havia pausa para a reflexão.

Daniel voltou à favela da zona norte, dessa vez sem telefonema prévio nem aviso. Estacionou o carro e desceu a rua andando, sozinho, de chinelo. Algumas mulheres o observavam das janelas e das lajes. Numa viela, dois homens o interpelaram: "Tá fazendo o quê aqui?". Um deles segurava uma pistola. Do outro, a arma seguia na cintura. Daniel revelou o nome de quem procurava e logo a dupla o conduziu para o velho quarto no último andar do conjunto habitacional. O armário de porta caída ainda estava lá. O dono da biqueira, sobre quem Daniel não sabe mais do que a descrição vaga de um rosto comum, aceitou o pagamento em dólares australianos. "Ele conseguia lavar." Daniel comprou 10,4 quilos — "Noventa e oito por cento de pureza", ouvira — por 50 mil.

Havia incumbido dois voluntários, brasileiros que conhecera em Gold Coast, de trazer o dinheiro da Austrália ao Brasil em voos separados. Teve receio de ser pego pelas máquinas de radiografia corporal dos aeroportos australianos. Pagara para os mulas a primeira classe, somando ao cachê de 50 mil dólares a oportunidade de passarem um mês com suas famílias no Brasil sem terem de gastar com passagens aéreas. Eles trouxeram as notas nas meias e grudadas nas coxas com fita adesiva. A cola repuxou os pelos. Agora, contudo, o dinheiro estava ali parado no interior do apartamento em ruínas, alguns pelos aderidos à cola sobravam no emaranhado de notas, naquele conjunto habitacional reluzente que Daniel chamava de favela; foi colocado dentro do armário do dono da biqueira, perto das granadas.

De posse do pó, Daniel dirigiu até o apartamento de dois cômodos do Best Western e começou a trabalhar na desmontagem das malas novas, cujas etiquetas ainda repousavam no chão. Quis ir mais além e, em vez dos palitinhos que serviam para empurrar a cocaína furinho abaixo, inventou de usar um soprador de jardim. Mas o vento artificial era forte demais, e o plano não deu certo. Pelo contrário: espalhou cocaína pelo quintal, uma nuvem branca de vento e pó que resultara de um teste malfadado com o equipamento. Recorreu novamente aos palitinhos de madeira e, trabalhando sozinho, de manhã até à noite, concluiu as oito malas em oito dias. Colocou-as no carro e, de quatro em quatro, levou-as em duas viagens até a casa do amigo em Osasco.

A NOTÍCIA DE QUE DANIEL faturara muitos dólares correu Gold Coast, de modo que alguns jovens brasileiros — interessados em enriquecer rapidamente, mas também em determinado prestígio social usufruído por quem se arrisca no crime — passaram a procurá-lo na Austrália. Voluntariaram-se para levar as malas do Brasil. Desejavam a aura atraente da clandestinidade, do transgressor afortunado, além, óbvio, do cachê elevado. Ele havia angariado quatro voluntários. Pagara a passagem de cada um e reservara os quatro envelopes recheados de 50 mil dólares. O primeiro, um carioca que vivia há meses em Gold Coast, foi instruído a buscar duas malas na casa em Osasco. Daniel o recebeu no hotel. Vez por outra suas viagens ao Brasil eram curtas, não passavam de cinco dias. As estadias dos mulas, longas, duravam semanas. Ele marcava os encontros em lugares triviais, não só num hotel, mas também em shoppings e restaurantes.

No quarto, forneceu orientações e detalhou a linha do tempo do transporte da droga. Deixou com o mula o dinheiro para os táxis e depois desapareceu. As câmeras do hall de entrada flagraram o instante em que Daniel saiu de lá para ir ao aeroporto, onde embarcaria de volta à Austrália. Gostava de coordenar as coisas à distância. De Osasco ao aeroporto internacional de Guarulhos. De Gold Coast a outro hotel no qual havia alugado um quarto. Quando lá chegasse, o rapaz deveria enviar um e-mail a Daniel; era a maneira como se comunicava, porque acreditava que assim era menos provável ser alvo de interceptações da polícia.

Na manhã em que o mula chegou, uma dupla de policiais de farda azul e chapéu pontiagudo patrulhava o calçadão do lado de fora do saguão do aeroporto. Iam da passarela a um mezanino interno, vagarosamente. Daniel viu quando passaram na sua frente, a poucos metros, nem o notaram, ele de boné e óculos escuros, mexendo no celular e comendo um sanduíche. Daniel tentara ao máximo parecer irreconhecível — e isso incluía o jeito como cruzou as pernas ainda em pé; o queixo baixo; o rosto meio de lado. Quis certificar-se, de campana e à distância, de que a encomenda chegaria sem empecilhos. Quando o mula desembarcou, Daniel o seguiu até o ponto de táxi e depois até o hotel que havia definido como ponto de encontro em Gold Coast. Levava consigo um envelope com 50 mil dólares, o pagamento pelo serviço.

O hotel lhe pareceu simples, um bom lugar para pernoitar em viagens longas, à beira da estrada, e talvez trivial demais para chamar a atenção da polícia, imaginou. O encontro não durou três minutos. Daniel colocou as malas dentro do carro, uma sobre o banco traseiro, a outra no porta-malas. O mula carioca apanhou o envelope e foi curtir a vida na costa leste. Horas mais tarde, os compradores esperavam para um encontro com o traficante de Alphaville.

Joe Black e os motoqueiros dos Bandidos eram bons em pechinchar.

Joshua Leigh Downey, de 31 anos, sargento de armas dos Bandidos, dessa vez conduziu a negociação. Apesar das tatuagens por todo o corpo e do jeito de encrenqueiro, parecia ter saído de um convescote de universitários. Branco como neve, tinha os cabelos ruivos, os olhos azuis e a tez lisa e rosada, além de músculos que se revelavam sob a justeza de um terno caro. Vaidoso, já naquela época gostava do vestuário fino, dos paletós Armani e das camisas Versace. Apreciava também o convívio com artistas e celebridades, e ele próprio de vez em quando tentava a sorte, como no dia em que participou do Cleo Bachelor of the Year, concurso de beleza lançado por uma famosa revista feminina australiana.

Pego com cocaína aos 29 anos, Downey teve de pagar 3 mil dólares para se livrar da cadeia. Aos trinta, foi cercado por vinte policiais que encontraram em seu carro meio quilo do pó colombiano de alta qualidade. No meio da diligência, enquanto era interrogado, alegou que estava sentindo dores no peito. Levaram-no ao hospital e, mesmo sob escolta, ele conseguiu ser resgatado por comparsas. Acabou virando notícia e adorou os holofotes. Naquele ano, 2013, depois da fuga, apareceu na capa do jornal *Gold Coast Bulletin* de corpo inteiro, os braços cruzados, vestindo o colete da gangue e com o rosto sob um capacete, acompanhado da manchete: "*We run this town*" ("Nós mandamos nesta cidade"). No texto, Downey tecia críticas ao sistema de segurança pública e dizia que nenhuma polícia era capaz de reprimir as gangues de motoqueiros. Depois da publicação, o premiê de Queensland, Campbell Newman, endureceu as medidas contra os bandos. Divulgou uma lista de 24 grupos de motociclistas ligados ao crime organizado. Com 220 filiados emaranhados em algum tipo de antecedente criminal, os Bandidos lideravam o ranking de periculosidade elaborado pelo governo.

Naquele dia, no galpão em Mermaid Beach, Josh Downey tentava arrancar de Daniel o melhor preço. O traficante brasileiro lembrou o fato de que prometera um desconto e concordou com a oferta com ar de espontaneidade. Por 250 mil dólares, entregou as duas malas a Downey. Dois quilos e seiscentos gramas de cocaína refinada. Em troca, uma valise de nylon cheia de notas de plástico, a cédula oficial da Austrália, feita de polímero. Para além delas, a negociação incluiu uma Ferrari vermelha pelo preço de um quilo de cocaína. Quando Downey contou que desejava vender o modelo italiano que tinha na garagem, Daniel se apressou em propor o negócio. Apaixonado por carros, sabia que Downey era apaixonado por cocaína.

Em agosto de 2013, restavam seis malas em Osasco. O segundo voluntário, um paulista chamado Ricardo, suplicara pessoalmente a Daniel a oportunidade de entrar no negócio.

A mesma conversa no canto do bar, a voz baixa, a mão que esconde a boca. Passou quinze dias em São Paulo e depois aterrissou em Gold Coast, entrou no táxi, seguiu para o hotel. O método era idêntico. Daniel viu tudo do ponto de vista de quem persegue, sempre à espreita. Enquanto Ricardo sobrevoava o Índico, perto de aterrissar sobre a Oceania, outro voluntário que Daniel havia recrutado embarcava na Austrália, rumo ao Brasil.

Ricardo também apanhou o envelope com 50 mil dólares. Depois, como Daniel faria muitas vezes com ele e os outros mulas, ajudantes ou colegas de ofício, só se encontraram de novo nas baladas de Gold Coast, sem dizer uma palavra sobre a delinquência que haviam cometido juntos. O conteúdo das duas malas, mais uma vez, foi vendido aos Bandidos. Por 500 mil dólares australianos — 250 mil por mala.

Era um dia abafado e seco, o céu turquesa sem nuvens, e vinte motoqueiros bebiam no estacionamento do galpão em Mermaid Beach, diante de suas motocicletas, quase todas pretas. Daniel era o único sujeito que se destacava na pequena multidão, porque os braços eram muito pouco riscados por tatuagens, não cultivava longos cavanhaques nem vestia couro. Estava só, entregando duas malas aparentemente vazias a Josh Downey. De volta ao quinquagésimo andar do Mantra Circle on Cavill, seu novo lar, Daniel tentou, em vão, acomodar o dinheiro que acabara de receber e todo o resto que havia acumulado nos últimos dois meses dentro de uma caixa de sapatos. Em seguida, buscou aproveitar o papelão que antes abrigava um dos eletrodomésticos novos que adquirira para a cozinha pela internet. A tentativa também falhou. Beirava seu primeiro milhão quando percebeu que era melhor meter tudo numa valise de mão, que decidiu esconder sobre o forro do teto através de um buraco secreto.

O terceiro voluntário, um mineiro de Belo Horizonte, chegou à Austrália com duas novas malas duas semanas depois do segundo. Tinha ido primeiro a Belo Horizonte visitar a família, depois seguira para São Paulo. À casa do amigo de Daniel em Osasco. Ao aeroporto. Foi ao mesmo hotel em Gold Coast. Deixou as bagagens em pé, na frente da televisão. Daniel foi até lá. Dessa vez, contudo, decidiu que, em vez de entregar aos próximos compradores as malas como estavam, levaria o pó dentro de um saco plástico. Mais fácil de carregar do que dois quadrados de nylon.

Para tirar o pó, quis usar uma ferramenta que pudesse facilitar o trabalho de violar as placas internas de borracha, e foi em busca de comprá-la. Tratava-se de uma empreitada inusual para ele, no meio da tarde, encontrar uma loja para adquirir uma serra ou instrumento parecido, diferente dos intermináveis almoços no restaurante japonês e do costumeiro sofá ao longo do dia, de maneira que a preguiça o dominou por alguns minutos e quis relaxar. Enrolou um cigarro de maconha, que acendeu e fumou antes de sair. O efeito da erva o deixou confuso e ansioso, e no lugar de uma pequena serra elétrica acabou comprando uma furadeira. Daniel só foi perceber o engano na sala do imenso apartamento, quando já estava pronto para cumprir a tarefa. Irritou-se com o próprio erro e largou a furadeira para ir à cozinha em busca de uma faca. "Vai ser à moda antiga", disse a um amigo que testemunhava a cena, Rafael M., seu vizinho, que também era traficante e naquele dia aparecera para tentar ajudar no resgate do pó.

A faca funcionou, e Daniel conseguiu retirar a cocaína para depositá-la, logo em seguida, sobre uma balança. Constatou, indiferente, que havia dois quilos e 540 gramas — sessenta gramas tinham se perdido durante o processo de retirada. Ele não ficou exatamente preocupado com o desperdício, porque detestava cheirar cocaína, ao contrário de vários outros colegas de ofício, a turma que orbitava Ramón. Rafael, por outro lado, lamentou a perda. De tanto apreciar o pó, ele passou a sofrer de certos efeitos colaterais da droga. Vivia no prédio em frente ao Mantra Circle on Cavill. Apesar da distância ínfima — bastava atravessar a rua —, levava longos minutos para chegar ao apartamento de Daniel. Não só porque alcançar o quinquagésimo andar tomava algum tempo, mas porque tinha o hábito de mergulhar em delírios pelo caminho. Entrava no supermercado sem necessidade — e saía de lá com as mãos vazias para dar mais uma volta em torno do quarteirão. Depois retornava pelo mesmo caminho. A origem da paranoia era o medo de ser preso, temor ampliado pelo consumo exagerado de álcool e, para além da cocaína, outros tantos psicotrópicos.

Certa vez, no carro que Daniel dirigia na orla ensolarada de Surfers Paradise, Rafael avistou um helicóptero no céu. "Para o carro", disse. "Vamos dar a volta." Encontraram um estacionamento e saíram de lá para caminhar na areia da praia. O helicóptero passou de novo. "Estão olhando a gente, não olha." Apesar da aura de maluco e da obsessão por drogas, Daniel o considerava confiável a ponto de compartilharem contatos e fofocas do mercado de pó na Oceania.

A furadeira seminova jogada no canto da sala, a faca de lâmina polvilhada. Daniel reclamou. Dessa vez, enfrentava dificuldades para encontrar um comprador, disse a Rafael. Joe, seu último cliente, já estava abastecido. Não sobrara ninguém para quem ligar. O vizinho, então, revelou que por trás da sua aparência desmazelada havia um sujeito muito bem relacionado, ao menos no mundo do crime na Austrália. Ele não se importou de apresentar Daniel, o traficante de Alphaville, a um dos integrantes dos Hells Angels, a maior e mais infame gangue de motoqueiros do mundo.

Foi num dos dias de balada em Broadbeach que Daniel conheceu Chris, um incógnito membro dos Hells Angels. Estava ao lado de Poli, e ambos eram disputadíssimos clientes de brasileiros que há anos vinham levando do país toda a cocaína aspirada na costa leste. Até então eram somente Chris e Poli, os motoqueiros sobre quem Daniel quase nada sabia, não muito mais do que seus apelidos, que talvez pudessem ser falsos. Naquela ocasião, o som estava alto, pouco deu para conversar. Na segunda vez em que esbarrou com os homens de colete de couro preto, no restaurante japonês no qual almoçava quase todos os dias, o silêncio deu lugar a um curto diálogo: "Eu sei que tem coisas boas vindo do Brasil", disse Chris. "A gente pode fazer bons negócios", respondeu Daniel.

Dias mais tarde, por telefone, os clientes exigiram provar a droga antes de comprá-la. Marcaram um encontro no Jupiters Casino, um hotel-cassino pomposo, de formas piramidais imponentes, que fica em uma ilha. Os motoqueiros haviam alugado um quarto só para a reunião. Na entrada do prédio, Daniel passou pelos seguranças com 28 gramas de cocaína no bolso interno da jaqueta e seguiu até o elevador. Os dois homens no quarto o receberam com cumprimentos breves e pediram para provar a droga; era muito mais pura do que aquela a que estavam acostumados, constataram. Quiseram pesá-la. Pelo resto da encomenda, 2,5 quilos, Daniel pediu 600 mil dólares australianos — 300 mil por mala. No fim, concordou com os 500 mil oferecidos pela gangue.

Foi convidado a ir, dois dias depois, à sede do motoclube para conhecer seu presidente e buscar o dinheiro. O lugar ficava longe da praia, em um casarão encravado no sossego árido de onde se avança rumo ao interior do continente. Daniel deixou sobre a mesa o saco de pó, apertou a mão do homem e sumiu. Àquela altura, quase oito meses depois de ter estreado no ofício, já havia levado à Oceania onze quilos de cocaína e acumulado mais de 1 milhão de dólares australianos em espécie. Mesmo assim, quis voltar ao Brasil para instruir o quarto voluntário na missão de transportar as duas últimas malas que restavam em Osasco.

Era um rapaz de Barueri, havia sido recomendado por um amigo a quem pagara 5 mil dólares pela indicação. Dessa vez, Daniel havia saído da Austrália para passar apenas cinco dias em Osasco, perto da cidade natal do voluntário — um período curto demais que ia contra suas convicções mais íntimas sobre o cuidado para não chamar atenção das autoridades. Por que afinal alguém enfrentaria trinta horas dentro de um avião para uma estadia tão reduzida? — perguntava-se Daniel no início da carreira de traficante. Agora, contudo, já não se preocupava tanto com as precauções que lhe cabiam. Mesmo assim, quando o mula de Barueri propôs-se a passar uma semana no Brasil, porque também estava vindo da Austrália e ansiava por aproveitar seu cachê nas noites quentes da costa dourada, Daniel recusou a ideia. Não aceitou estender ao voluntário o afrouxamento de conduta que adotara para si próprio. Foi enfático ao afirmar que todos os outros tinham passado um mês no Brasil, conforme sempre recomendou, porque, afinal, as autoridades tinham mesmo de entender que eram estudantes jovens com saudade de suas famílias.

Daniel então comprou as passagens, adiantou-lhe o dinheiro do táxi e deixou com ele as malas recheadas de cocaína. O trajeto do aeroporto de Brisbane para o hotel em Gold Coast custou 250 dólares. Disfarçado por trás das pilastras do aeroporto, também dessa vez Daniel seguiu o mula após a aterrissagem, no saguão e até vê-lo entrar no carro. Repetiu o método quase por completo. Só houve diferença na hora do pagamento: o rapaz quis receber 10 mil dólares no Brasil, e Daniel fez a gentileza de transferir o dinheiro via Western Union. O resto foi pago no hotel, em espécie.

Dessa vez, dos 2,6 quilos do pó distribuídos nas duas malas, os Hells Angels quiseram apenas a metade. Pagaram 200 mil dólares australianos por ela — porque Daniel havia prometido um desconto em negócios futuros. E ele fizera isso porque enxergara na gangue, cujo nome conheceu pela televisão, um profícuo cliente em potencial, cujas negociatas poderiam perdurar por anos a fio; não sempre, nem muito — uma vez a cada seis meses já seria suficiente para deixá-lo ainda mais rico. Notava nos Hells Angels, com admiração, a forma como incumbiam seus integrantes de funções específicas, com organização e disciplina. Havia quem só cuidasse da segurança, havia os organizadores dos eventos beneficentes, um responsável pelas armas; outros pelos negócios. Chris e Poli cuidavam dos negócios. Sentados num sofá, não perceberam que o desconto de 100 mil dólares também se devia às insatisfações que Daniel vinha cultivando com relação a Joe e os Bandidos.

No início, o traficante brasileiro considerou Joe um sujeito com quem se deseja fazer negócios porque era calmo e arcava com o que dizia. Com o passar dos meses, e dos negócios, no entanto, passou a achá-lo cada vez mais sacal, com sua insistência petulante em pagar com pequenos pedaços de ouro. Mas Joe era sócio de ao menos duas casas noturnas na Cavill Avenue, uma rua abarrotada de bares, restaurantes e sorveterias em Surfers Paradise. Daniel só não rompeu com ele porque, por ser amigo do dono, costumava entrar de graça nos estabelecimentos, não enfrentava filas e recebia olhares respeitosos dos seguranças, além de chamar atenção das garotas de vestido colado, rebocadas em maquiagem. E gostava de todas essas sensações.

Daniel achava os homens dos Hells Angels mais sérios e educados que os Bandidos — "uns porras loucas", nas palavras dele. Numa das vezes em que notou a seriedade dos clientes, durante uma noite clara de lua cheia, perto de um mar que parecia espelho, aguardava dentro da Ferrari, o cotovelo despontando para fora da janela, estacionado na frente da portaria luxuosa do Mantra Circle on Cavill. Chris e Poli haviam deixado as motocicletas no galpão e apareceram de automóvel, lentamente, e assim que Daniel os percebeu no retrovisor deu partida no carro e os seguiu até a casa de um deles, uma mansão numa esquina repleta de jardins muito bem cuidados. Lá, lhe perguntaram o que dessa vez tinha para oferecer. Ele tirou do bolso um sample, uma amostra da cocaína que havia desembarcado na última remessa. No conforto do sofá, os grandalhões mais uma vez ficaram encantados com a pureza do pó, e da decisão de compra do produto levado pelo brasileiro logo derivaram para uma conversa trivial sobre as noitadas que viriam pela frente. Palavras sem importância. Às vezes Daniel achava difícil compreendê-las naquele sotaque australiano. E ainda que dominasse o idioma com desenvoltura, assimilou pouco quando ouviu a pergunta: "*Do you wanna become a citizen?*".

A nuvem de confusão que dominou seu rosto mostrou que, embora entendesse o inglês macarrônico, não compreendera o sentido da pergunta. A dúvida parecia mais se encaixar no campo da semântica. Pensou que aquilo tinha algo a ver com o seu visto no departamento de imigração. Ao responder, perguntou se falavam sobre burocracias consulares ou se lhe estavam oferecendo um passaporte falso. Eles gargalharam. Chamavam Daniel de "Brazil". Enxergavam no brasileiro a figura de um rapaz alegre, de voz mansa, que apreciava também tatuagens e anabolizantes, embora preferisse os carros às motocicletas. Alguém que, sobretudo, fornecia um dos melhores produtos do mercado, e portanto deveria ser tratado como peça rara. Para além dos traficantes brasileiros que conheciam, que nunca mais venderam cocaína sem misturá-la a bicarbonato de sódio, e que mesmo assim dominavam o comércio, Daniel constituía uma fonte que os motoqueiros queriam ter por perto, porque, segundo mencionaram na conversa, não havia no mercado pureza tão frequente. A regularidade, frisaram, era o que lhes interessava. Por isso explicaram que *citizen*, dentro do regramento do clube, é alguém que simpatiza, colabora ou fornece para a gangue. A um *citizen* é permitido frequentar as mesmas festas que a cúpula dos Hells Angels, e para tanto Daniel teria de comprar uma motocicleta de mil cilindradas e, se assim quisesse, tatuar o símbolo que representava o estilo de vida fora da lei.

A festa começou por volta das dez horas em um jardim amplo, pontilhado de palmeiras, e ao redor de uma piscina. O ambiente era escuro, havia um bar montado em formato circular com balcões apinhados de copos e cotovelos. As festas promovidas pelos motoqueiros filiados aos Hells Angels ocorriam com frequência quinzenal. Daniel era convidado para todas elas — foi a quatro. Aconteciam invariavelmente em mansões alugadas por uma noite. Os convidados dividiam-se em dois grupos: os homens tatuados, ora barbados e barrigudos, ora carecas e musculosos, e as mulheres contratadas para fazer da festa um ambiente não exclusivamente viril. Quase todas trabalhavam como prostitutas.

Daniel costumava sentir a boa hospitalidade com que era recebido. Atribuía os sorrisos e os apertos de mão efusivos à qualidade do seu produto, naturalmente, embora pudesse vez por outra parecer deslocado. Ficava mais à vontade quando se lembrava de que seus braços, dilatados pelo consumo dos anabolizantes que comprara com o primeiro lucro do tráfico, eram bem parecidos com os outros bíceps e tríceps que despontavam dos coletes de couro preto por ali, dos torsos enlaçados por correntes de ouro. Eram homens com tatuagens no rosto que, no início, faziam pouco barulho, mantinham conversas contidas, mas que depois de tanto álcool ganhavam alguns decibéis. A música, em volume baixo, emprestava ao ambiente um clima de intimidade. Da rua, era impossível perceber que havia uma festa acontecendo ali.

Focado na malhação diária, Daniel passara a beber pouco, embora estivesse sempre com uma lata de cerveja na mão. O ato de consumir drogas — ele notou enquanto observava o ambiente — acontecia na surdina, parecia uma regra tácita, a de não se drogar em público, e volta e meia era possível ver casais ou grupos deixando o gramado impecável para entrar na mansão. Daniel foi junto, na companhia de uma prostituta que conhecera minutos antes. Transaram em um dos quartos. Depois, ele não costumava ficar muito mais tempo. Não era como se estivesse na companhia de amigos, quando se pode beber à vontade sem o limite da etiqueta. Eram clientes, e haviam de ser tratados como tal — o que, na cabeça dele, significava não se expor a qualquer intimidade desnecessariamente.

No dia em que conheceu a prostituta, contudo, acabou estendendo um pouco a demora no casarão. Chris e Poli quiseram mais privacidade e deixaram o jardim para esperar o brasileiro em um escritório no segundo andar. Lá estavam na companhia do presidente do diretório dos Hells Angels em Gold Coast, alguém a quem chamavam de Ivan. Todos juntos, a cúpula reunida, para tentar convencer o brasileiro a fazer negócios só com a gangue. Daniel então entendeu a proposta para que se tornasse um *citizen*. Todo aquele combo de vantagens irrecusáveis. "*Okay*", respondeu. "*We can do that*", disse com seu olhar amigável e um aperto de mão, sorridente — embora convencido de que não abandonaria seus outros compradores. Mais tarde, aperfeiçoou a mensagem, dizendo que iria priorizar os Hells Angels nos negócios, oferecendo-lhes antes o produto que levava do Brasil.

Pouco antes havia feito sexo em dois momentos, com duas mulheres diferentes, em um período de duas horas. Saíram da sala falando sobre "as putas" e gargalhando. Foi quando Daniel deixou o grupo em busca de um coquetel. Caminhou entre rostos estranhos, uma dúzia de figuras de jaqueta e bandana, que bebiam e riam de garrafa na mão, e encostou no balcão de outro bar improvisado no térreo da mansão. E então lhe ocorreu a ideia de fazer a tatuagem. Uma pequena quantidade de tinta sob a pele que lhe daria a sensação de poder. A decisão parecia bastante pessoal — e era mais importante do que aparentava, uma vez que a uma tatuagem daquelas, segundo a lei australiana, era possível atribuir legalmente vínculo com o crime organizado, o que significaria mais tempo de pena na hipótese de uma sentença, mas Daniel, alheio, não sabia disso.

O símbolo composto por dois caracteres — 1% — costumava aparecer mais em mãos, braços e ombros. Às vezes vinha camuflado entre caveiras e armas e espadas e moças, ou então no canto de um dos dedos, entre rosas e espinhos, rente à falange. Trata-se de referência a uma suposta declaração divulgada pela American Motorcyclist Association (AMA) em 1947, por ocasião de certos tumultos na cidade de Hollister, na Califórnia, quando ex-veteranos da Segunda Guerra, todos motoqueiros, assustaram o pequeno município com suas motos barulhentas para assistir a uma corrida. Beberam e fizeram algazarra. Foram descritos pelos jornais e revistas como desajustados e violentos. Pressionada pela opinião pública, a associação norte-americana então informou que 99%

dos motociclistas filiados à agremiação eram cumpridores da lei; à margem, a nota divulgada à imprensa deixava nas entrelinhas, havia uma intragável parcela de 1%. A partir de então, os dois caracteres passaram a povoar a pele de motociclistas delinquentes.

Daniel planejou tatuar a batata da perna. Deveria avisar com antecedência de um dia quando quisesse convocar o tatuador, um profissional exclusivo dos Hells Angels, alguém que tinha um só emprego: era responsável por tatuar todos os membros da gangue. Não sentiu pressa nem pressão, e o tempo foi passando até o dia em que também não houve mais motivo para convocar o homem.

10. Os fritos de posto

Há um pino de cocaína no chão do banheiro. Um invólucro peculiar, um canudo curto de ponta afunilada, feito de plástico transparente, esbranquiçado por dentro, com a tampa aberta e vazio. Normalmente utilizado em laboratórios farmacêuticos, próprio para armazenar amostras científicas ou qualquer tipo de miudeza biológica, o pino de plástico de meio mililitro custa dois centavos no site de compras Mercado Livre, vinte reais para uma embalagem com mil unidades, em média. Se recheado de cocaína, o preço salta quase 100 mil por cento. Chega a 200 reais a unidade — 200 mil a embalagem completa. Nos corredores das delegacias e fóruns, nos documentos formais, há várias maneiras de descrever o pino. Cápsulas plásticas. Porções. Minitubos. Supositórios plásticos. E, finalmente, Eppendorf — o termo a que mais recorrem os escrivães. Trata-se de uma referência à principal fabricante dos pinos, uma multinacional alemã do ramo farmacêutico que emprega quase 5 mil funcionários em 33 países e tem o slogan: "Eppendorf, em contato com a vida".

Foi na segunda metade dos anos 2000 que o pino passou a ser usado por traficantes paulistas para embalar cocaína. Segundo um promotor de Justiça, a ideia partiu do PCC, como tática para controlar geograficamente o comércio — mas um policial militar que está diariamente nas ruas garante que o pino só é usado porque sua forma agiliza o ato de embalar a droga. "Eles enfiam os pinos num tabuleiro todo furado, nivelando as bocas [dos pinos], depois vêm com a régua, arrastando o pó para dentro", disse o capitão Rezende, do 12º Batalhão de Polícia Militar, no distrito de Campo Belo. "Fora que o Eppendorf facilita também o encaixe direto no nariz", ele conclui, levando uma das mãos contra as narinas. Desde então, segundo conta, os pinos proliferaram pela cidade. Houve casos, registrados pelo Ministério Público, de funcionários de fábricas corrompidos pelo tráfico para desviar grandes cargas de pinos da linha de produção, e ultimamente é possível encontrar nas biqueiras paulistanas novas versões da embalagem icônica, menores, multicoloridas.

Repousando no ralo prateado, sobre o porcelanato bege, o pino era do tipo convencional. Tinha acabado de ser descartado. Era noite de uma quinta-feira de verão, e do lado de fora do banheiro uma fila de gente jovem esperava em pé, zanzando de um lado para outro, quase aliviando nas calças os copos de cerveja, alguns com pinos idênticos no bolso do casaco. Estavam ali quase todos na casa dos trinta anos, mulheres de maquiagem e salto alto, homens de camisa social para dentro da calça, exalando odores adquiridos em Miami e Paris, nas lojas iluminadas dos aeroportos, com preço em dólar. Lotavam as mesas de um bar numa esquina do Morumbi, lugar que funciona como reduto local de trabalhadoras e trabalhadores que baixam ali depois do expediente; um dos muitos bares de São Paulo onde se salta da mesa para o banheiro com frequência exacerbada e uma só intenção: cheirar pó.

Não dá para saber exatamente quais clientes carregam cocaína na carteira nem que bolsas abrigam um naco de maconha, embora não seja difícil imaginar. Sabe-se, contudo, que o cheiro forte da erva percorre toda a esquina, e o pino no chão do banheiro está sempre lá, todas as semanas, sem exceção. Os cidadãos que aparecem por ali são executivos em início de carreira, arquitetos desempregados, designers de revista e veterinárias, e todos possuem em comum o fato de terem sido criados em famílias abastadas. Naquela noite, as conversas incluem o espanto diante da crueldade dos jihadistas do Estado Islâmico, discorrem sobre o ataque, semanas antes, à redação do jornal francês *Charlie Hebdo* e seus mortos. Espantam-se com a morte longínqua. Nem todos são representantes máximos da alta sociedade. Nem todos têm pais magnatas e mães que passam a tarde engolindo champanhe. São na maioria moças e rapazes que passaram boa parte dos seus vinte e poucos anos protegidos pelas paredes de apartamentos e casas em bairros nobres, sob os olhos severos de pais conservadores, enfurnados em quartos amplos, cercados de brinquedos caros. Cresceram dentro de roupas de grife, ganharam um carro um mês antes de completar dezoito anos e tiveram de enfrentar a maior parte dos rituais da adolescência em festas de debutante e clubes particulares. O primeiro porre, o primeiro beijo. A primeira briga. Progrediram com conhecimento e educação de qualidade, mas isso não os impede de consumir drogas com intensidade e frequência exacerbadas. Eles chamam a maconha de béqui, tchaise, chá, ganja, belô, ziote, badego, bomba, finório, prensado, verde, kãn, kunk, green, haxi, preto ou, simplesmente, um. A cocaína é braile, brim, pura, pó, escama de peixe, nine-nine, farinha, tiro, narigada. A lista de nomes nunca para de crescer. O uso de cocaína também não.

Em 2019, os usuários da droga eram cerca de 19 milhões no mundo. Em 2020, segundo a Organização das Nações Unidas, o número subiu para 21 milhões. Algumas dezenas conversavam e bebiam naquela calçada do Morumbi, muitos dos quais membros legítimos da alta sociedade paulistana. De acordo com o Instituto Brasileiro de Geografia e Estatística, o IBGE, pertence à classe A quem integra uma família cuja renda mensal é igual ou superior a vinte salários mínimos. Era exatamente esse o público que naquela noite abandonava pinos de cocaína vazios no chão do banheiro.

ELES CONSTITUEM UMA ESPÉCIE em ascensão, um grupo de indivíduos dotados de uma formidável ânsia de propalar suas opiniões para o mundo, com gargantas que chegam a tremer, tamanha a loquacidade, e olhos secos. São despenteados, vigorosos, espalhafatosos. Ao menos uma vez por semana, baixam durante a madrugada em postos de combustível com a desculpa de que precisam encerrar a noite com mais uma cerveja. O estabelecimento mágico, a última esperança dos insatisfeitos, destino comum e atraente de notívagos destituídos de limitações cronológicas, com bancos externos de madeira, garrafas infinitas e — o mais importante — um banheiro nos fundos. O local é perfeito para cheirar cocaína. O tampo de porcelana que cobre a caixa da descarga costuma ser limpo diariamente. Liso e atraente.

Quando não são vistos amontoados atrás dos vidros da loja de conveniência — comprando um Marlboro Light ou "duas Heineken e um Trident desses, *please*" —, aparecem gesticulando ferozmente em padarias 24 horas, portas de boates, pontos de táxi ou dentro de carros estacionados em desacordo com a demarcação da vaga. Mas é ali, perto das bombas de combustível, que se concentram os mais assíduos integrantes dessa turma. Não por acaso ganharam o apelido de "fritos de posto", uma expressão criada por certa bolha da classe média paulistana em referência a usuários mais assíduos de cocaína que, na falta de lazer melhor, optam por gastar as madrugadas num posto de gasolina.

Lá pelas quatro horas da madrugada começam a desembarcar aos lotes em um posto Ipiranga perto da Faria Lima. Descem três de uma Pajero. Um casal na Land Rover. Quatro rapazes em um Uno. Um coroa enche o tanque. Metade chega para, entorpecendo-se, tentar conter a tensão diariamente imposta pela metrópole. Impacientes, puxam o freio de mão ao mesmo tempo que abrem a porta. Compram o que querem e se acomodam em seus carros, ou onde der para se sentar. Em poucos minutos, brota uma vontade incontrolável de ir ao banheiro — cômodo sempre localizado em cantos sombrios, depois do balcão, atrás da escada, "Vire à esquerda e dê dez passos para os fundos".

O banheiro está lotado. Por isso, Bernardo* se reveza com os amigos no banco traseiro do carro. Dá para ver de longe as três linhas de cocaína sobre o manual do veículo, um livreto de capa lisa que eles compartilham, e que depois volta esbranquiçado ao porta-luvas. Eles descem, discretos, e voltam a tagarelar infinitamente. Bernardo pendura um cigarro entre os lábios, e isso não impede que converse aos gritos, cuspindo saliva e pensamentos descontrolados, um balanço gravitacional que parece arriscado para o cigarro, aparentemente prestes a escapar da boca e queimar as calças — como de fato costuma acontecer. Das dez calças que Bernardo mais usa, sete têm pequenos buracos com bordas pretas, furos provocados por queimaduras. Na maioria dos casos, não por cigarros, mas por causa das minúsculas bolas de haxixe que não esmigalhou adequadamente no momento da confecção do baseado e que sempre despencam da brasa e atravessam todo tipo de tecido até parar sobre a pele, queimar a epiderme e se apagar.

Há relatos de que, certa vez, uma pelota de haxixe tão grande quanto "um cometa" atravessou a lingueta do tênis de certo usuário e parou sobre o peito do pé, queimou a pele até pegar carona em uma veia, que entupiu. E, assim, pela primeira vez na história, houve um óbito cujo motivo foi descrito como "infarto do pé" — mas Bernardo não acredita nisso. "Que escroto!", ele diz, e ri copiosamente, acende finalmente o cigarro e volta à conversa desenfreada que se desenrola na frente da loja de conveniência, um blá-blá-blá destituído de qualquer virtude intelectual.

Ele veste uma camisa polo azul-marinho, a imagem de uma ave vermelha no peito, o logotipo da marca americana Hollister. Minutos depois, seus dois amigos querem ir embora dali. Ainda não amanheceu, o que denuncia que a intenção da dupla não é voltar para casa. Sabem exatamente aonde pretendem chegar, e um deles pisa fundo no acelerador enquanto os outros tiram involuntariamente suas secreções nasais ressecadas. O destino é a "Treze", uma famosa biqueira paulistana. É a mais perto do centro, acessível e confortável, porque os traficantes ficam pela rua balançando um saco de pinos e gritando a palavra "Colômbia", e os compradores nem sequer precisam sair do carro. Vem dali a cocaína consumida toda quinta-feira à noite nas cabines sanitárias da boate Lions Nightclub, onde desembocam vez por outra os vários cheiradores do Morumbi. Os olhos vidrados de quem vê a paisagem de concreto da sacada badalada. É o mesmo pó aspirado todos os dias nos banheiros fedorentos da rua Augusta. Dentro do carro, no estacionamento. Na pia do bar na Vila Madalena. Homens e mulheres enfileirados que repassam o pó de mão em mão, sorrateiramente, um por vez, esperando para esfregar as narinas sobre a tampa da privada, sobre a carcaça plástica que cobre os rolos de papel, sobre as costas da própria mão.

As bocas frequentadas pela classe média paulistana, no entanto, nem sempre são convencionais como a Treze. Nem sempre são pontos de venda controlados pelo PCC. Uma biqueira da classe média paulistana pode ser uma festa no Jockey Club. O balcão de um pet shop. Um restaurante japonês, o hall de entrada do prédio comercial. Um sedã preto de vidros escuros. O baú do motoqueiro. O banco do passageiro do Uber. O banheiro apertado da danceteria. A mesa no bar da faculdade, a própria sala de aula. Pode ser a caixa de correio, a sala de estar revestida de mármore branco ou a piscina do condomínio. O vestiário do clube. Um apartamento na Paulista. Uma mansão de 23 cômodos, entre os quais um quarto com varanda, poltronas de couro e uma máquina para passar cartões sobre a mesa, Visa e Master, para itens como skunk, LSD, MDMA ou cocaína.

Sobre as biqueiras convencionais, especialistas nunca chegaram a calcular com exatidão quantas existem em São Paulo.

Em maio de 1997, o jornal *Folha de S.Paulo* publicou com destaque que 5 mil haviam sido catalogadas informalmente pelo delegado Godofredo Bittencourt Filho, então titular do Departamento de Narcóticos, o Denarc.[8] Ao considerar que cada uma delas dispunha em média de dez traficantes, o delegado concluiu que o mercado do narcotráfico empregava, à época, 50 mil pessoas na capital paulista. "É mais que a população de 539 dos 645 municípios do estado", destacava a reportagem. Mais de duas décadas depois, nem o Denarc nem a Secretaria de Segurança Pública confirmam os números ou sua atualização. Nenhum policial ou assessor sabe ao certo quantas biqueiras existem hoje em São Paulo e quase detalhe algum sobre cada uma delas, exceto que são — senão todas, uma esmagadora maioria — controladas pelo PCC.

Há, por exemplo, a boca do BR, que fica atrás de um posto de combustíveis da Petrobras numa rua paralela à rodovia Raposo Tavares, onde o usuário deve estacionar o carro, caminhar até um boteco que faz esquina com uma viela escura e pedir para ser atendido. Há o Jardim João XXIII, onde as drogas são armazenadas no apartamento de um conjunto habitacional, e é preciso esperar o traficante subir e descer as escadas, porque não há elevador. Há a boca do Real Parque, em que meninos de doze anos guardam a entrada com um revólver 38 na cintura — um deles certa vez encostou o cano frio no peito de um usuário interessado em comprar maconha, só para ver o medo no rosto do playboy. Há a "Mil e Dez", uma das principais concorrentes da Treze no quesito custo-benefício do pó. E, entre tantas outras, há o famigerado drive-thru da Espraiada, que fica na avenida Jornalista Roberto Marinho, antigamente denominada avenida Água

Espraiada, no Campo Belo, onde a regra manda desligar os faróis, se for noite, e, da janela do carro, perguntar: "Está servindo?".

Ao oferecer a praticidade do serviço de compra rápida, a boca se tornou uma das mais movimentadas da cidade — e muito requisitada entre os jovens ricos paulistanos. Fotografados pelo carro do Google Street View, os traficantes aparecem no endereço da biqueira, uma portinhola na rua Palmares, que dá acesso à viela, exibindo papelotes de cocaína entre os dedos para a câmera acoplada ao teto do veículo. É o mesmo gesto que enxerga o cliente da biqueira que encosta o carro ali. Primeiro, o coração palpita. A rua escura. Os postes de luz ao fundo. Homens armados que são silhuetas. O panorama brilhante ao longe é o asfalto branco da avenida Jornalista Roberto Marinho, iluminado como um estádio em dia de jogo. Você pode achar que talvez morra com um tiro no peito quando mandam apagar os faróis e abaixar os vidros das quatro portas. Mas só querem o dinheiro, rápido, e então você pode ir embora com suas drogas. A ladeira termina na avenida. No caos sonoro que é o trânsito de São Paulo. Na manhã seguinte, do outro lado da via, um policial observa o fluxo de clientes na biqueira.

"É dois carro por minuto que passa aqui", diz o cabo Marcos Gregório. Ele é um homem preto e magro de 33 anos, quatro e meio deles trabalhando para a Polícia Militar, controlando as redondezas da biqueira da Espraiada, área do 12º Batalhão de Polícia Militar Metropolitano. Segundo seu cálculo, um total de 120 clientes passa por ali a cada hora,

2880 a cada dia, 20160 a cada semana, 80640 a cada mês. "Por aí", fala ele, com a expressão serena, o olhar mirando a viela.

O ponto de venda prioriza a recepção de carros e motocicletas, mas nada impede o atendimento igualitário a pedestres e ciclistas. O cenário de pobreza se estende à comunidade vizinha, a favela do Buraco Quente, uma das mais famosas de São Paulo. Erguidas na segunda metade dos anos 1990, ao mesmo tempo que se construía a avenida, ambas ocupam terrenos que foram abandonados pelos antigos proprietários. De início, a miséria, as ruas de terra, a carência exacerbada e o desamparo do Estado imperavam por ali. Atualmente, persistem, mas é cada vez mais provável avistar moleques magros indo em direção às janelas de motoristas recém-chegados, entregando entorpecentes em troca de dinheiro vivo.

Em dias úteis, a biqueira costuma faturar entre 4 mil e 6 mil reais — de acordo com os cadernos de contabilidade apreendidos pelo cabo Gregório. Às sextas-feiras e aos sábados, a receita diária pode chegar a 20 mil reais. As cédulas são reunidas em pastas de plástico coloridas, algo que dá ao seu conteúdo um aspecto de coisa lícita. São apanhadas diariamente pelo "recolha", no jargão dos policiais, um empregado que aparece sempre a bordo de um carro blindado e polido, tão insuspeito quanto os veículos dos clientes que fazem fila na rua da boca. O recolha se camufla entre os ricos, diz Gregório, o que torna rara sua identificação.

A biqueira é repleta de empregados, cada qual com sua função e modus operandi específicos. Os "olheiros", ou "campanas", são sempre adolescentes, como a maioria dos que se expõem ao sol. São pagos para avisar pelo rádio a chegada da polícia. Trabalham em dois turnos, das nove da manhã às nove da noite e vice-versa. Pelas contas do batalhão, eles recebem uma diária de 450 reais, em média. Como assumem risco maior, os responsáveis por carregar consigo as drogas, os chamados "pacotes", ganham mais: seiscentos reais por dia. Eles dão suporte aos "vapores" — que vêm e vão entre o carro do cliente e a favela —, servindo a eles de ponto de abastecimento. Para o vapor, cargo ocupado geralmente por crianças, paga-se a diária de um pedreiro, cerca de 150 reais. O valor mais baixo é reflexo do risco menor. Quando pegos, os vapores logo são soltos, porque, além de muito jovens, nunca portam muita droga. A rotatividade nesse mercado de trabalho é intensa, diz o cabo Gregório, porque muitos são retirados do jogo, enfiados num camburão e transportados para a Fundação Casa, a prisão dos menores de idade. Sentindo a necessidade de mão de obra, os gerentes da Espraiada certa vez se viram obrigados a importar trabalhadores de Santos, conta o policial. Os contraventores da Baixada então enviaram alguns moleques de dezesseis anos para colaborar com os traficantes da capital.

Quando estão patrulhando aquelas ruas, cabo Gregório e seu parceiro, o sargento Orlando Martins, costumam se referir aos criminosos usando o termo "pontinho". "Tem um pontinho, a gente fala...", diz o sargento, "... é quando tem um ponto com dois ou três meninos vendendo droga. Aí a gente fala: 'Vamos derrubar o pontinho'." Na manhã de uma terça-feira de inverno, em 2015, ao menos três pontinhos estão espalhados pela área da biqueira, que se estende pela avenida Jornalista Roberto Marinho, da rua Palmares até a rua Emboabas, uma grande curva de asfalto com calçadas emporcalhadas. Em dias mais movimentados, como as sextas-feiras, são seis pontinhos. Eles trabalham sob o sol ardente, o ar abafado e seco, o que deixa os motoristas no engarrafamento muito mais propensos a apertar a buzina.

Sete quadras a nordeste dali, no pátio do 12º Batalhão, e também dentro de uma espécie de galpão, soldados homens e mulheres arfam durante os polichinelos e abdominais de rotina. Um andar acima, numa sala no mezanino, o major Robson Cabanas, há quinze anos na PM, conduz, como comandante interino do batalhão, uma reunião que vai definir as operações de policiamento naquele dia. A atenção da 1ª Companhia do batalhão, responsável pelo bairro do Campo Belo, que engloba a biqueira, é quase exclusivamente dedicada à repressão às drogas na Espraiada. O major parece conhecer cada personagem daquele cenário de tragédia humana. É um sujeito alto, quarenta e poucos anos, com os cabelos dois centímetros mais longos que o padrão militar. "A maioria dos clientes ou são taxistas que saem do aeroporto e passam para pegar o pó do dia, ou são jovens de classe média, cursando o ensino superior ou já formados." Sentado na poltrona ao lado, outro major, Wagner Evaristo Wenceslau, que coordena as operações táticas do batalhão, acrescenta: "Muitas festas em apartamentos de luxo por aqui são regadas a drogas, e, muitas vezes, onde eles vêm buscar é aqui".

Venceslau passou boa parte da carreira policial como integrante da Força Tática, cujos soldados, diferentemente do resto da tropa, usam boina e carregam um fuzil. Ele tem uma expressão séria, quase diabólica, é careca, vermelho e lacônico. "Só pega desse nível aqui", diz o cabo Gregório, a centenas de metros dali, o rosto engolfado na poluição do ar, em pé na avenida. "Só carrão." Um colega dele, Jean Parras, também cabo, um tipo musculoso com as orelhas raladas do jiu-jítsu, acrescenta: "Só dá playboy. De cada dez que a gente prende, seis ou sete é playboyzinho". Curiosamente, porém, naquela manhã os únicos dois presos na carceragem do 27º Distrito Policial, responsável pela área da biqueira, são pobres como todos os outros trazidos ali à força por homens fardados encarregados de operações ostensivas, acostumados a arrastar gente pela camisa. Naquela tarde, dois supostos traficantes tinham sido presos pela Força Tática com dois mil pinos de cocaína numa sacola plástica. "Um travesseiro de cocaína", disse o delegado, os dedos tamborilando a mesa cinza da delegacia, os pinos diante de si.

A alguns metros, a carceragem do 27º DP cheira a suor e sujeira. Há três celas em uma área que não excede a de um elevador. Nas paredes, as marcas de dedos imundos em desespero. Siglas pichadas com terra, CRBC, o Comando Revolucionário Brasileiro da Criminalidade, a sigla da facção dominante, o PCC, e um amplo "Chupa!" dominam a superfície encardida. Grades de ferro com o esmalte desgastado, a ferrugem alaranjada comendo as quinas. Atrás delas, um homem com o rosto manchado de graxa mostra as mãos ao declarar-se inocente: "Veja as minhas mãos", diz, "são mãos que martelam as coisas, mãos de quem trabalha". "Não sei de nada, não, senhor. Sou trabalhador. Não vou mentir, já trabalhei lá [na biqueira], sim, de campana. Ganhava cem por dia. Fui preso no primeiro dia. Eu só avisava quando chegava a polícia, pelo radinho. Mas hoje eu trabalho para o rapaz lá, pode puxar. Sou pintor, Carlos de Morais, tenho 34 anos. Pintei o prédio lá, pode puxar na câmera que vai ver eu pintando lá o prédio. O cara soltou o saco do meu lado", conta, ao se referir ao "travesseiro" de pinos apreendido. Ele então interrompe o discurso, encara o investigador que exerce a função de carcereiro: "Posso falar isso, senhor policial?", pergunta. O medo em seus olhos. Não há resposta. "Eles me pegaram. Eu só queria dar um telefonema, só um telefonema", diz, em tom desesperado.

Na cela ao lado, um garoto de treze anos está sentado no chão, cabisbaixo, a cabeça entre os joelhos, as mãos agarrando as canelas. Ele ignora o mundo ao redor, mantém o olhar fixo nos próprios pés, não diz nada. "Fala aí, moleque. Quanto é que você ganha por dia?", indaga o policial. Relutante, o menino diz: "Nada, não, senhor". "Fala", rebate o policial. E então ele murmura: "É 120". Logo se corrige: "É cem, cem". O major Cabanas conta que os policiais sob seu comando costumam efetuar prisões só quando "o tráfico está demais". "A viatura consegue visualizar isso quando vira a esquina e sai todo mundo correndo. É um termômetro bom", ele diz. "Quando vira e sai tudo correndo, é porque a coisa não está boa". A medida exata da necessidade das operações, Cabanas prefere buscar no relato de seus policiais. "Quase todo dia a gente pega um traficante de varejo", diz o major. "O máximo que a gente encontra aqui é o lugar onde eles embalam a cocaína em pino Eppendorf", prossegue, ao admitir que é raro alcançar os chefes do tráfico. Há ao menos mais um motivo para que o PM decida iniciar uma repressão mais intensa na biqueira: "Como aqui é caminho da Globo, às vezes passa um carro deles e filma aqui. Então a gente tem que manter sob controle".

Vez por outra, diz o major, os clientes da biqueira também são abordados pela polícia, embora jamais acabem no cárcere fétido do 27º DP. Eles ouvem alguns sermões, são agredidos verbalmente, raras vezes com tapas na cara, socos repentinos na boca do estômago, são extorquidos ou obrigados a comer a maconha que acabaram de comprar, mas sempre acabam liberados, e é claro que sobre isso nada se fala no batalhão.

ÀS 11H16 DE 28 de julho de 2015, uma terça-feira, a biqueira arde sob o sol de inverno enquanto a viatura segue lentamente em direção à rua Palmares. Policiais tentam ser simpáticos no ambiente de trabalho. São camaradas que riem e falam e matam hora como operários numa construção, normalmente, diariamente, mesmo que alguns escondam a morte por trás de seus sorrisos. Ao volante, o cabo Marcos Gregório balança o boné, a linha de contorno da aba verde-limão, a cor que serve para designar soldados e cabos. No banco do passageiro, segurando uma submetralhadora Taurus MT 40 Famae, o sargento Orlando Martins tem a linha da aba na cor vermelha. Numa viatura, segundo o sargento, a patente mais baixa dirige. Sempre. Ele diz isso enquanto agarra o volante. De onde eu me sento, no banco traseiro da viatura, vestindo um colete balístico emprestado pela corporação, consigo ver sua pele se enrugar enquanto sorri, ao lembrar suas aventuras do passado.

Com olhos de indígena e o nariz arrebitado e fino, Martins nasceu em Três Lagoas, no Mato Grosso do Sul, cinquenta anos atrás. Trabalhou por 25 anos vestindo uma farda, vinte dos quais na 1ª Companhia do 12º Batalhão. Não fosse o uniforme, poderia ser confundido com um avô, um aposentado.

Os cabelos grisalhos raspados escondem seu vigor físico e a vocação para o trabalho policial. Martins inclina o pescoço na direção da janela do carro, sente a brisa de ar quente. Por dentro do coturno, guarda uma cicatriz, um tiro de raspão que lhe riscou o tornozelo há quinze anos. Na ocasião, ele e um colega receberam um chamado de emergência pelo rádio, havia um assalto em andamento no posto de combustíveis, na altura do supermercado Extra da avenida Washington Luís. Os policiais aceleraram até o local. Foram recebidos por oito homens armados de fuzil. Eles faziam a atendente da loja de conveniência de refém. "Dispararam mais de cem tiros contra nós", conta o sargento. "A viatura ficou toda furada." Os bandidos fugiram. Abandonaram o carro da fuga pelo caminho. Os policiais encontraram sangue no estofado e sobre os tapetes de borracha.

"Acertamos os caras", diz Martins agora, enquanto patrulha a biqueira. O ar de orgulho, como se completamente convencido da própria eficiência, sem mencionar a sorte envolvida na proeza, mesmo que só treinasse com armas de fogo, obrigatoriamente, uma vez ao ano, como todos os outros PMS do estado. E, assim como a maioria dos PMS do estado, não sentia nenhum remorso por ter ferido — ou, quiçá, matado — um "mala", como se refere ao bandido.

O sargento carrega na memória do celular uma coletânea quilométrica de fotografias de supostos bandidos mortos em supostos combates. As imagens são compartilhadas via WhatsApp entre os colegas de corporação. Os grupos reservados a policiais com frequência produzem uma enxurrada dessas fotos, ele diz; bandidos em fuga interceptados, o vermelho do sangue escorrendo pelo asfalto, os olhos opacos de quem viu a morte. Miolos esparramados pelo asfalto. Rastros de sangue. No meio da coleção macabra, Martins também guarda a foto de Ivair dos Reis Gonçalves, o cantor Renner, da dupla sertaneja Rick & Renner, que prendeu em dezembro de 2014 por dirigir bêbado. É uma de suas preferidas. Na ocasião, Renner colidiu contra um carro estacionado, evadiu-se, colidiu novamente contra um portão e tentou fugir, mas foi impedido por testemunhas. Numa foto de jornal, o sargento Martins aparece fardado, conduzindo Renner. O cantor aparece fumando um cigarro dentro da delegacia, sem algemas, e sua camiseta regata estampa a frase: *Wash me, please.*

A viatura avança por uma ruela miserável, lentamente. "Vou te mostrar quem é do tráfico, ó", diz Martins. A viatura vai passando por um mercadinho, o caixa é ocupado por uma mulher obesa, um coque de cabelos brancos no alto da cabeça, óculos de hastes finas encaixados na ponta do nariz, contando as notas durante a manhã de sol. O cotidiano da favela se desenrola normalmente. A poucos metros dela, um sujeito alto e preto, de óculos escuros, as lentes espelhadas, vestindo as calças alaranjadas de gari. "Aquele ali, ó." O homem conversa com outros dois moradores, serenamente. Um está em pé, encostado numa parede amarela e descascada, virado para a rua. Outro apoia uma das coxas sobre uma bicicleta, o boné escondendo toda a testa, a camiseta azul-marinho com listras brancas. O trio se espreme na calçada estreita. Não há nada que os denuncie, mas o policial garante que são funcionários do crime. "A gente sabe quem é, mas não adianta pegar sem nada. Tem que pegar com coisa [droga], né? Não é fácil", esclarece o sargento. De súbito, ele então diz: "Quer ver? Ô, Gregório, vira mais rápido ali na esquina, não precisa ir para cima, só dá uma avançada para ver os caras correndo", ordena ao motorista.

O cabo age prontamente. Reduz a marcha e pisa com força no acelerador, algo que faz os pneus cantarem sobre o asfalto e o carro saltar até a metade da esquina, como num bote. Passa um intervalo de tempo absolutamente minúsculo e quase imperceptível, milésimos de segundo, e então cinco jovens correm. Um deles veste uma camiseta azul-clara, um ponto de cor que vai sumindo aos saltos para o fundo cada vez mais distante de uma viela interminável. Ele dispensa um saco plástico pelo caminho, transpõe obstáculos e desaparece entre os tapumes. "Tá vendo, lá?", diz Martins. "Aqui é dois, três tráfico, todo dia."

A viatura desce a rua Palmares, dobra à direita na avenida. O jovem de azul-marinho agora está na calçada. A viela pela qual fugiu corta o quarteirão ao meio. Ele sai de um extremo a outro, ousado, parrudo e careca. O terreno forrado de barracos também é recortado por vielas. Ele não carrega drogas, está limpo, agora encara os policiais. Parece conhecê-los de longa data. A viatura então segue seu trajeto, dá uma outra volta pelo quarteirão. Os moradores conversam sentados, a poucos metros do carro. Parecem fingir indiferença. Congelam o olhar, mantendo-o fixo em determinada direção, ou miram um novo ponto, mas nunca o carro branco, vermelho e preto que acabaram de perceber dobrando a esquina. Uma mulher acaricia seu bebê. Um bêbado conversa com os cachorros. Ninguém se incomoda com os latidos estridentes, parecem calmos e reflexivos. Só as crianças olham para dentro da viatura. Um garoto mostra o dedão para os policiais, cumprimentando-os, e é ignorado.

Há tempos essas famílias convivem com líderes criminosos de várias facções e personalidades. Membros da Seita Satânica, a SS, grupo fundado por faxineiros de um presídio em Franco da Rocha, na Grande São Paulo, que são batizados em rituais envolvendo queimaduras no corpo a ferro abrasante e tatuagens demoníacas, pentagramas invertidos, a cabeça de bode de Baphomet, o símbolo da Igreja de Satã. Membros do Terceiro Comando da Capital, o Terceirão, criado por Cesinha e Geleião, ex-líderes do PCC. Há vários outros "coisa", como são chamados pelo Primeiro Comando da Capital os integrantes de outras facções.

No passado, quem mandava ali era Celso Alexandre da Silva, o Chambau. Em 8 de junho de 2000, ele ganhou o respeito da comunidade da favela Alba, no Jabaquara, ao roubar 3 milhões de reais de um avião Piper Seneca que pertencia a uma empresa de táxi aéreo em Congonhas. Foi morto a tiros quinze dias depois, aos 27 anos, durante uma quermesse na favela do Vietnã, na zona sul paulistana — mas deixou como herança do assalto dinheiro que serviu para construir brinquedos públicos para as crianças na favela. Era descrito pelos moradores como um líder gentil, que chegara a convencer o rapper Sabotage, morto em 2003, a trocar o crime pela música.

A morte de Chambau, como concluíram os jornalistas que à época conversaram reservadamente com os investigadores do caso, fora uma encomenda do PCC. Tratava-se de uma disputa por pontos de venda de drogas. As cargas de cocaína e maconha que abasteciam a biqueira drive-thru da antiga Espraiada invariavelmente provinham da favela antes controlada pelo traficante morto, a Alba, que fica dois quilômetros ao sul da rua Palmares. Transportadas dentro de carros importados, as drogas eram entregues num conjunto de barracos da rua Cristóvão Pereira, epicentro da biqueira, onde os tijolos eram triturados, adulterados e transformados em pinos.

Um ano antes, os policiais desconfiaram de um Hyundai Veracruz empapado de lama que tentava em vão subir a ladeira Jorge Duprat Figueiredo, que contorna a favela. Decidiram abordar o motorista. Invisíveis por trás dos vidros escuros, duzentos quilos de cloridrato de cocaína pura. Um bandido retirara os bancos traseiros e o do passageiro para dar lugar ao pó. Não era difícil constatar que a carga serviria para abastecer a Espraiada, o drive-thru da classe média paulistana — dizem os policiais — e, consequentemente, os narizes empertigados do Morumbi. Em outra ocasião, conta o delegado do 27º DP que prefere não se identificar, um carro atulhado de maconha foi encontrado no estacionamento do McDonald's. O motorista abandonara a chave estrategicamente sobre um dos pneus, à espera do receptador. "É difícil pegar o distribuidor, ele tem carro quente, é trabalhador. Engraçado dizer isso, mas agora o vagabundo é trabalhador, ele tem trabalho fixo para disfarçar o que faz", afirma o major Cabanas. As artimanhas do crime vão além, ele diz.

Na favela Alba, a repressão policial é trabalhosa. A vigilância sobre viaturas que chegam muito perto fica a cargo não só dos olheiros, mas de um circuito interno de TV vasto e estratégico. Em outro esforço de autopreservação, várias campainhas estão instaladas ao longo das vielas, parafusadas em muros externos, em postes de luz, sob os alpendres. Quando acionadas pelos olheiros, vão soar lá no interior da favela, no esconderijo dos gerentes. Com o intuito de mantê-los informados sobre o clima na rua, os funcionários do tráfico também costumam manter chamadas telefônicas ininterruptas — conta o major — recorrendo a planos de telefonia que, por um preço fixo, permitem aos usuários manter ligações infinitas. Na favela Alba e também na biqueira da Espraiada, as chamadas se estendem por 24 horas. Donos de pistolas automáticas e metralhadoras, os traficantes também constroem paredes de concreto para dificultar a entrada da polícia. Inventam como garantir a fuga; elaboram fachadas falsas em barracos escolhidos a dedo, com portas que não levam a uma sala ou cozinha, mas a uma viela reta e profunda que vai dar no coração da favela, onde é fácil correr — onde não é prudente entrar sem reforço. O major se levanta, caminha até a porta. O poder bélico das quadrilhas ficou comprovado seis meses atrás, ele diz, quando a Força Tática matou quatro bandidos armados com fuzis AR-15 e AK-47, num tiroteio que tomou a avenida Jornalista Roberto Marinho à luz do dia. Os crânios estraçalhados pelas balas da PM foram fotografados pelos próprios executores e compartilhados no WhatsApp. Agora brilham no celular do sargento Martins. As armas sofisticadas ainda penduradas aos pescoços negros dos mortos.

MAIS QUE O SERVIÇO de drive-thru, o delivery de drogas vigorava a todo vapor para os ricos em São Paulo. A primeira menção pública à entrega de drogas, no início dos anos 2000, foi publicada no *Jornal do Brasil*, nas páginas de uma entrevista feita com a socialite carioca Narcisa Tamborindeguy. Ela contou que mulheres "grávidas" costumavam levar cocaína para os cheiradores de classe alta no Rio de Janeiro. O preço do grama, segundo a reportagem, era três vezes o cobrado nas bocas comuns. Para se referir ao delivery, os amigos de Narcisa usavam a palavra "pizza", ou a frase "Hoje tem uma pizza maravilhosa" quando planejavam se encontrar para cheirar pó.

Em 2023, em São Paulo, o delivery evoluiu. É possível adquirir não só cocaína, mas maconha em flores de variadas espécies, cogumelos alucinógenos, ácido lisérgico, MDMA, metanfetamina, DMT e heroína, tanto por telefone como por WhatsApp, Viber, Telegram, Signal ou qualquer outro aplicativo que ofereça conversas criptografadas e logo apagadas. As drogas flutuam pela cidade como as correntes de um rio, alimentando um ecossistema faminto. Vão por meio de ciclistas, motociclistas, taxistas, motoristas de Uber, centenas deles transitando de lá para cá nos bairros nobres, à luz do dia e à noite, nos Jardins, no Morumbi, na Vila Nova Conceição. Metem a carga criminosa dentro de sacolas do McDonald's, às vezes de drogaria, a fim de encobri-la com logotipos insuspeitos.

Brenda*, motociclista durona de vinte e poucos anos que vive no Brooklin, costuma entregar drogas para sobreviver e pagar as contas. A maior parte de seus clientes é formada por estudantes da Pontifícia Universidade Católica, a PUC, uma das mais renomadas universidades brasileiras. No bairro de Perdizes. O perfil de Brenda no Telegram mostra os personagens Peter Griffin, da animação *Family Guy*, e Homer Simpson, ambos com os olhos vermelhos e letárgicos, como se estivessem fumando muita maconha. Depois de acionada pela tela do celular, a moça carrega as encomendas no baú da moto, mesclando-se entre os mais de um milhão de motociclistas que se movem pela cidade. Ela acondiciona as drogas em delicadas embalagens de sobremesas, bolos e tortas, em crepom rosa, um laço vermelho, um presente de aspecto feliz e agradável, recheado com placas de haxixe marroquino, sacos de skunk, quadrados compactos de pó. Em julho de 2015, Brenda costumava enviar a seus clientes as fotos de seus produtos, sua mão pequena, branca e lisa segurando três *buds*. Na sequência, a mensagem: "50, 1g", em referência ao preço de cinquenta reais por grama. Questionada sobre o frete, escreveu: "Mano, tu vai ter que pagar o táxi pra mim, porque não tenho como levar. Os PM levou minha moto".

NAQUELE MÊS, uma cliente de Brenda, a estudante de Direito Sabrina*, da PUC, gastava 1725 reais para comprar 27 gramas de haxixe, como costuma fazer mensalmente. Doze gramas do tipo *ice* por novecentos reais; quinze gramas de haxixe marrom por 825 reais. Filha de um executivo da Mastercard, ela também costuma encomendar drogas com um colega de sala que importa pela internet, de produtores canábicos da Califórnia e de sintetizadores de ecstasy da Europa. Só ele tem a "bala Ups", ela diz, que vem no formato do símbolo do Super-Homem e "custa mais de cem". "É uma das melhores do mercado", com 70% de MDMA na composição. O rapaz paga o fornecimento por meio do sistema de transferências financeiras da Western Union. Num mapa virtual, ele mostra a Sabrina a etapa exata do caminho que fazem as mercadorias, todas elas enviadas via Fedex e monitoradas por satélite. Da última vez que consultou os dados, ela viu que seu haxixe sobrevoava a Colômbia em direção a São Paulo — mais precisamente, aos usuários da Faculdade de Direito da PUC.

Aos dezenove anos, o rapaz também está habituado a vender gotas de óleos canábicos, que os usuários passam no papel antes de enrolar o cigarro, fumam em cachimbos e *bongs*, ou misturam às flores. Cada mililitro custa 200 reais. Filho de pais milionários, o traficante vive com a família em uma mansão perto do Clube Paineiras, onde não existem casas com menos de mil metros quadrados. Construída em estilo europeu, com tijolos expostos e lareira, a casa fica dentro de um condomínio fechado, equipado com câmeras de vigilância que filmam em alta resolução, cercas elétricas, cães e guardas que se revezam em três turnos, mas nenhum deles fica sabendo quando chega pelo correio, quase todo mês, um quilo de haxixe ou skunk para o jovem. Ele importa um quilo de White Widow de Amsterdam, na Holanda, por 2200 euros. Fuma maconha desde os catorze anos, tal qual seus amigos, e, assim como todos os seus clientes, estudou num colégio particular. Uma escola renomada da capital. Depois de receber as encomendas, as fotografa e compartilha as imagens por WhatsApp. Em um quilo de Purple Haze, paga 5 mil euros. Qualquer dos pacotes pode render, no varejo paulistano, entre 70 mil e 140 mil reais.

Entre os clientes do rapaz há moleques de catorze anos que fazem fila aos domingos para entrar nas matinês dos clubes Pinheiros, na avenida Faria Lima; Paulistano, nos Jardins; ou Paineiras, no Morumbi. Enquanto o grama da maconha comum pode ser comprado por 6 reais, a mesma quantidade da maconha dos ricos sai por até 250 reais. Enquanto uma vem do Paraguai e do Nordeste brasileiro, a outra surge da Europa, dos Estados Unidos e da África, ou de produtores amadores, munidos de tenda, ventilador, exaustor, cronômetro, filtros de carvão, lâmpadas de LED, terra e fertilizantes. Enquanto uma apresenta a textura de planta, a outra pode vir em texturas que variam entre o pó verde-limão e gosmas de aspecto oleoso. Recebem nomes como Grape Ape, Honeycomb, Shatter Hash, Crumble, Headband, Glass, Durban Poison, Bubble Gum, Lemon Kush, Amnesia Haze, Maui Wowie e muitos outros, para variedades novas, criadas a qualquer tempo. A erva da elite cheira a Froot Loops, diz Sabrina, referindo-se ao cereal sabor tutti frutti que costuma apreciar no café da manhã.

ELES FALAM POR MEIO DE MENSAGENS no WhatsApp, Telegram, Facebook, ou mesmo ao vivo — mas nunca por telefone. Na tarde de uma quarta-feira de abril de 2016, perto do parque Ibirapuera, reúnem-se dentro de uma mansão com pilastras em estilo grego. Estão à vontade, na sala de estar. Há uma mesa de sinuca sobre a qual movem os tacos enquanto bebem Stella Artois. Uma mensagem apita em um celular. A foto de um quilo de haxixe, repartido em dez partes de cem gramas embrulhadas em alumínio e enfileiradas sobre o edredom branco de algodão. Foi disparada para um dos grupos que Rômulo* integra no WhatsApp. Com o celular na mão, ele resolve discar para um amigo. A conversa acontece no viva-voz: "Você também recebeu a foto?", pergunta, logo acrescentando: "Vamos pegar?". O amigo respondeu: "Só pega de mil [reais]", referindo-se ao preço do produto.

"Só barrinha de cem gramas". Ambos receberam a fotografia enviada pelo traficante, um sujeito incógnito que costuma disparar semanalmente a mesma mensagem para diversos clientes. Rômulo quer convencer o amigo: "Pega quinhentas eu, quinhentas você, e rapidinho a gente desaparece com isso aí", fala. "Já vendi isso em três telefonemas."

A casa de Rômulo já foi alugada para servir de cenário para novelas. Uma mansão alaranjada de seis quartos, piso de porcelanato marfim e ampla área externa. Lá dentro, ele desliga o telefone e diz algo que tem a ver com seu receio de lidar com aquele traficante em específico, aparentemente um sujeito coligado com policiais corruptos que gostavam de extorquir playboys. "Sempre fico na noia, qualquer cuzinho na reta provavelmente vai ser o meu", esclarece, enquanto escorrega o smartphone para dentro do bolso faca da bermuda de sarja. Na noite do mesmo dia, o jovem estudante daria sequência aos trabalhos de distribuição. "Um falou cinco, cinco, cinco, cinco... quero vinte", diz ele, pensando em voz alta, calculando a demanda, contando nos dedos da mão esquerda. Senta-se no quarto e saca novamente o telefone, dessa vez para enviar uma mensagem: "A Páscoa não acabou, tem chocolate pra caralho", escreve no espaço reservado à legenda da foto que acabou de repassar via WhatsApp. Uma referência à cor marrom-clara do haxixe. "Mas tá bom?", responde um interlocutor, em segundos. "Não sei, diz que tá." "É, porque não acredito em coelhinho da Páscoa, não." Mais tarde, Rômulo dividiu cem gramas com o primeiro amigo, quinhentos reais cada. E apareceu na casa de outro camarada para distribuir o haxixe.

Havia na sala quatro jovens ricos bebendo e negociando o entorpecente. Outros dois apanhariam sua parte mais tarde. Um era psicólogo, um engenheiro, um trabalhava para uma seguradora multinacional, um era arquiteto, um era designer e o último dirigia um BMW novo porque era proprietário de uma empresa de tecnologia que fabricava chips para cartões de crédito nos Estados Unidos — vendia cada chip por 47 cents. Havia mais de 50 milhões na linha de produção. "É dez a grama!", foi gritando Rômulo, anunciando o produto. "Vai quem mais?" De repente, faltavam novos embrulhos para os pedaços fatiados de haxixe. Alguém sugeriu os guardanapos armazenados numa gaveta, que haviam trazido na véspera do P.J. Clarke's.

SÃO PAULO É UMA CIDADE de gente que fuma 20,8 milhões de cigarros de maconha por ano, 1,7 milhão por mês, 57 052 por dia, 2377 por hora, quarenta por minuto e no mínimo um a cada dois segundos. O cálculo obedece às estimativas de especialistas em Segurança Pública, segundo os quais as polícias conseguem apreender entre 5% e 10%, somente, de toda a maconha que abastece o mundo. Em 2013, 5764 toneladas de maconha foram apreendidas no planeta. No Brasil, na época, a Polícia Federal contabilizou, em um ano, a apreensão de 221 toneladas, 885 quilos e 510 gramas de maconha. No estado de São Paulo foram 16 toneladas, 145 quilos, 430 gramas. Na capital, 1 tonelada, 156 quilos e 889 gramas. Se a quantidade apreendida representar 10% de toda a maconha que circula no país, para considerar a média mais otimista, não seria incorreto afirmar que, naquele ano, quando uma tonelada, 156 quilos e 889 gramas de maconha foram interceptados em São Paulo, então outras dez toneladas, 412 quilos e um grama sobraram para os 96 distritos da cidade. Se cada baseado pesar em média meio grama, isso significa que, durante doze meses, 20 824 002 milhões de baseados foram fumados na cidade, 57 052 por dia, 2377 por hora, quarenta por minuto, um a cada dois segundos. Quase um terço das 191 mil pizzas deglutidas diariamente na capital, segundo a Associação Pizzarias Unidas. Seguindo essa conta, as apreensões de drogas promovidas pelas forças de segurança do Estado haviam tirado das ruas o equivalente a 2,3 milhões de baseados — quantidade que em menos de dois meses teria virado fumaça nos pulmões dos paulistanos.

UM GRUPO DE ADOLESCENTES se reúne disciplinadamente depois da escola e do almoço, no prédio de um deles. Pegam o elevador e sobem ao último andar. Mais duas escadas e estão numa sala de máquinas, um esconderijo. Por ali ficam horas, conversando sobre a vida. Na churrasqueira do condomínio de luxo, entre uma viga de madeira e uma parede, em um vão oculto na cobertura do quiosque da piscina, uma peça de cinquenta gramas de maconha fica escondida; é para uso comum, um investimento conjunto dos jovens maconheiros do lugar.

Todos os dias, cenas de gente fumando maconha podem ser vistas na cidade de São Paulo. Em um domingo de primavera, na avenida Faria Lima, um porteiro que acaba de encerrar o expediente caminha pela ciclovia enquanto fuma seu baseado. É um homem idoso, gordo e suado, com a camisa de manga curta branca desabotoada até o meio da barriga e uma mochilinha infantil espichada entre as omoplatas. Saltita e sorri sem propósito, até que um ciclista passa por ele, parece ter sentido o cheiro da erva, freia a bicicleta e faz a volta para pedir um trago. Solidário, o porteiro deixa o cigarro pela metade de presente para o rapaz, que, incrédulo, agradece. Seguem em direções opostas. O porteiro vai para o outro lado da avenida, a caminho do ponto de ônibus, e o ciclista fica fumando, encostado num poste. Enquanto o semáforo não abre, ambos se entreolham e sorriem.

Os maconheiros são generosos entre si. Na capital, montam uma sociedade urbana quase secreta que se ajuda mutuamente. No Morumbi, um bairro incrivelmente maconheiro, um psicólogo de 29 anos, ao socorrer um amigo sem maconha, vai até sua casa numa scooter, desce na calçada, deixa um longo cigarro equilibrado sobre a placa numérica do imóvel e parte em silêncio. Mais tarde, na calada da noite, no escurinho da madrugada, sem que o guarda noturno perceba, o sujeito enfia a mão por entre as grades e apanha o baseado. À época, segundo a ONU, existiam 182 milhões de maconheiros no mundo. Quantos deles estariam ao nosso redor?

Uma pesquisa elaborada em 2014 pela ONG inglesa Global Drug Survey mostrou que, em 2013, o álcool foi a substância psicotrópica mais consumida no Brasil, seguida por maconha, tabaco, bebidas energéticas à base de cafeína, LSD, cocaína e MDMA — nessa ordem. Ao contrário de países como Austrália, França e Bélgica, que têm o tabaco em segundo lugar, depois do álcool, e a maconha em terceiro ou quarto, a pesquisa mostra que o Brasil é um lugar onde a preferência por maconha supera a opção pelo cigarro e é quase tão intensa quanto o gosto pela cerveja.

Não à toa, numa manhã de fevereiro de 2015, a procuradora da República Ryanna Pala Veras afirmou que todo mês chegavam ao menos dez casos de importação de sementes de *Cannabis* ao seu gabinete. A prática, no entanto, não é considerada criminosa, diz ela, sentada na poltrona de couro preto, atrás de sua mesa de trabalho no prédio do Ministério Público Federal da rua Frei Caneca. A semente não integra a lista de substâncias proibidas pela Agência Nacional de Vigilância Sanitária, a Anvisa. "Mas, se forem muitas, às vezes dá para configurar tráfico", afirma. Segundo a procuradora, cada vez mais gente planta maconha em São Paulo.

A PLANTA MAIS COMUM entre os paulistanos provavelmente é aquela tratada com fertilizantes Peters — grãos azul-turquesa de textura muito parecida com sabão em pó. Um universitário acostumado a plantar maconha, inclusive, carrega o fertilizante em tampas de Omo, numa exagerada manifestação de prudência perante a possibilidade de cruzar com um policial interessado no seu recente interesse por jardinagem. Uma colher de café para um litro de água, regue-a de maneira que o excedente goteje sobre uma nova superfície — um balde ou um prato cumprem bem o papel. Depois, use essa água para regar novamente. Para que as flores nasçam vistosas e saudáveis, recomenda-se o procedimento a cada uma semana e meia. Mas nunca sem antes promover o *flush* — um banho na terra. Se o vaso for de cinco litros, então deve-se molhar a terra com dez litros de água. Sempre o dobro. Algo que elimina os resíduos do fertilizante antigo e proporciona as condições ideais, segundo padrões botânicos, para a subsequente aplicação de novos fertilizantes. Peters é um dos produtos mais citados nos fóruns da internet, assim como é a composição ideal do solo. O melhor solo é leve e arejado, a terra fofa temperada com perlita e turfas canadenses, caras e difíceis de encontrar, além da vermiculita, o pó de coco, húmus de vermicompostagem ou o substrato Sunshine.

Gabriel*, um rapaz de cabelos longos que costumava ingerir LSD quando estava sozinho em casa, conhecia bem as técnicas de plantio. Estava apressado. Não havia chegado a hora da próxima colheita, de maneira que tinha de sair para encontrar o traficante, um playboy que fornecia para toda a sua galera, e suprir seu consumo mensal. Quase sempre na companhia da namorada, ele fumava a erva diariamente. Por isso o peso da demanda: 150 gramas para trinta dias. Gabriel quis fumar antes de sair. E mesmo que aquilo significasse algo prejudicial à saúde e ao foco no trabalho, estimulante da preguiça e sabotador da memória, ele também sabia que ajudava a relaxar, aumentava a disposição diária para a ginástica, o interesse pelos livros e o ânimo em geral; e mesmo que soubesse que um maconheiro havia creditado à erva o fato de ter escrito mais de mil poemas no período de um ano, que outros passaram a desenhar, pintar, resolveram preparar uma horta, matricular-se num curso de dança, foram cumprir a faxina, dar banho nos cães, lavar o carro, fazer ioga, tomar sol, andar de bicicleta, estudar cinema ou religião; mesmo que tudo isso para ele se devesse à erva, desejava passar um tempo sem fumar. Não naquele dia, contudo.

Gabriel está ajoelhado no chão de azulejos da cozinha de um apartamento nos Jardins. Ao seu lado, o proprietário do imóvel, o traficante, igualmente de joelhos, apoia a rótula sobre um tijolo de maconha de sessenta centímetros de extensão, quinze de largura e dez de espessura, e, num movimento brusco, fatia um pedaço da peça com a ajuda de uma faca profissional de cozinha. Ele pressiona a lâmina com força, usando as duas mãos, até que o aço trisca o chão, e o tijolo se reparte, lançando lascas minúsculas para os lados. O traficante então apanha o naco e o coloca sobre uma balança digital de precisão: 178 gramas. Gabriel espera o traficante embalar o produto. "Estou comprando essa cota só desta vez. Não gosto muito de prensado, prefiro fumar da guerrilha." Ele se refere aos cultivos ao ar livre que começou a fazer depois de invadir terrenos às margens de rodovias e plantar neles sementes feminizadas de *Cannabis sativa*, *Cannabis indica*, *Cannabis ruderalis* ou qualquer espécie híbrida.

Gabriel e seus amigos se organizam para rachar o preço da gasolina e saem cedo para plantar tantas mudas de maconha quanto possível; espalham centenas delas pelos pastos inóspitos, terrenos de mata e plantações, para, depois de seis meses, checar o que der para colher. Depois fumam ou vendem. Os adeptos da "guerrilha" preferem as regiões em que o sol predomina, com árvores por perto, troncos e galhos servindo para camuflar as mudas ilegais.

"É mais ou menos como os black blocks", diz Gabriel, "mas os black blocks da erva." E ri. Ex-aluno do Colégio Visconde de Porto Seguro, um dos mais valorizados e caros da capital, ele mantém dezesseis pés de maconha em áreas perto de estradas e em meio à Mata Atlântica. No quilômetro 27 da rodovia dos Tamoios, por exemplo, há um pedaço de pasto que apelidou de "sítio da vovó" — depois de o terem invadido e semeado, decidiram também nomear o lugar, que, além de dar abrigo a alguns pés de maconha, fornece cogumelos alucinógenos a quem quiser colhê-los no pasto.

NOS EDIFÍCIOS RELUZENTES da avenida Engenheiro Luís Carlos Berrini, uma das áreas mais valorizadas da capital paulista, dois jovens empresários cumprem a rotina de trabalho por trás de suas mesas idênticas, numa mesma sala, cada qual diante de seu MacBook. Igor* e Leonardo* são CEOS do mesmo negócio. Com estatura mediana, Igor gesticula e cruza as pernas como um executivo de multinacional. Veste camiseta, calça jeans, tênis de corrida. Parece ter saído recentemente da puberdade. Filho de um milionário, Leonardo passa as mãos sobre seus cabelos loiros, aperta os olhos azuis, a pele clara, e sorri. Ambos são publicitários que se conhecem desde a infância. Frequentaram a mesma escola particular, integraram a mesma sala de aula, o mesmo time de futebol, cursaram a mesma faculdade, se relacionaram com as mesmas garotas e, por fim, abriram juntos uma agência de publicidade. São sócios também no narcotráfico. Aos 28 anos, eles apreciam — e revendem — flores de maconha de qualidade artesanal. "É... a gente tá nisso faz tempo", esclarece Igor. "Quer acompanhar um mula vindo de Ibiza?" Além do skunk, também comercializam drogas sintéticas, principalmente MDMA, que é levado de carro da Holanda à Espanha e sai de Barcelona, em voos comerciais, rumo ao Brasil.

Certa vez, Igor foi visto em sua casa diante de uma "montanha de emedê" sobre a escrivaninha, durante um esquenta para uma festa na qual estavam vários de seus amigos e muitos de seus clientes. A festa aconteceu num casarão do Jardim Europa, às vésperas do Natal de 2014, perto de uma concessionária da Ferrari e de uma vitrine com três Lamborghinis. Havia uma porta de entrada iluminada por lâmpadas vermelhas e jovens de preto correndo de lá para cá, pressionando fones de ouvido contra os tímpanos, um tanto apressados e ansiosos. Eram os produtores do evento, escalados pessoalmente pelo dono da festa, Igor.

Lá dentro, dois pavimentos estavam apinhados de gente rica e gente muito rica. Um sujeito de boné para trás, encostado na pilastra, fumava um longo cigarro de haxixe com tabaco enquanto uma multidão se apertava no fumódromo, um espaço de quinze metros quadrados e paredes pintadas de preto, queimando guimbas menos portentosas. No balcão, um rapaz magro e alto, cabelos lisos sobre a testa, calça jeans apertada, camiseta branca e braços musculosos, ofereceu um drinque a um amigo. "Tem emedê aí", ele disse, antes que o cara pudesse sugar dois goles da bebida. Se cada grama de MDMA custava em média 150 reais em São Paulo, então milhares de reais pululavam de dedo em dedo naquele fumódromo apertado. Pequenos sacos plásticos dançavam de mão em mão, recheados de cristal. "Molha o dedinho e mete aí dentro", gritou o rapaz entorpecido. A saliva na ponta do dedo fazia os cristais grudarem na pele. Assim, vários jovens chupavam seus mindinhos simultaneamente, sob a penumbra da noite no bairro nobre.

Derivado das plantas do gênero *Sassafras*, produzidas em larga escala no Sudeste Asiático, o MDMA foi desenvolvido em 1912 pela companhia alemã Merck, um dos laboratórios farmacêuticos mais antigos do mundo, como subterfúgio para reduzir o apetite de soldados do exército alemão. Nos primeiros testes com cobaias humanas, no entanto, foram registrados efeitos colaterais imprevistos, e a fórmula acabou engavetada até ressurgir no mercado ilegal de drogas nos anos 1990. Sintetizada a partir do óleo de safrol, composto geralmente usado na produção de perfumes — e que pode ser extraído da semente de baunilha, da noz-moscada ou do açafrão, por exemplo —, o MDMA passou a ganhar fama na segunda metade daquela década, sob o nome ecstasy. Hoje, usar a palavra ecstasy para se referir a MDMA, ao menos entre os paulistanos ricos, é um erro. "O ecstasy aqui tem muito mais anfetamina", explicou um usuário que não quis se identificar. "O emedê é o *crème de la crème* do ecstasy."

No meio do expediente no escritório, Igor retira de baixo da mesa um pote largo, trinta centímetros de altura, como aqueles em que se guardam biscoitos, mas, em vez de biscoitos, está repleto de flores de skunk. Ele enfia a mão, apanha um pouco da erva e ajeita sobre o tampo do notebook o papel no qual pretende enrolar um cigarro gordo. Dias antes, em sua casa de frente para o mar do litoral norte de São Paulo, Igor, filho de um opulento proprietário de hotéis, bebe de uma pequena taça de cristal cheia até a boca de Jack Daniel's Tennessee Honey depois de ter jantado uma alta fatia de picanha grelhada, arroz e feijão. Em determinado momento, junto à mesa de madeira maciça e rústica, ao lado da piscina de azulejos iluminados por holofotes subaquáticos de luz neon, ele acaricia a tacinha e então passa a explicar a diferença entre o skunk e a maconha comum; ainda que alguns de seus ouvintes entendam tanto quanto ou mais que ele sobre a agricultura canábica.

O skunk é uma estirpe híbrida de *Cannabis indica* e *Cannabis sativa* que nada tem a ver com a maconha prensada das bocas de fumo, ele começa. Suas sementes são fruto de um cruzamento de espécies "milimetricamente" calculado, explica. O cheiro, muito parecido com o odor do líquido de defesa expelido pelas glândulas anais do gambá norte-americano, passível de ser sentido a metros de distância, inspirou seu nome — skunk significa "gambá" em inglês. A espécie ficou famosa depois de vencer a primeira Cannabis Cup, a copa da maconha, que elege as melhores variedades da planta anualmente, desde 1988, em Amsterdam, e ultimamente em algumas cidades dos Estados Unidos. E embora nem toda maconha em flores seja skunk, o fato é que seu nome se tornou tão popular que atualmente, ao menos em São Paulo, qualquer erva artesanal, mesmo que de outra espécie, é chamada de skunk.

Igor é um dos raros traficantes de skunk da cidade, e toda a massa de amigos próximos que o orbita sabe disso. É ele o sujeito para quem ligam alguns playboys interessados em comprar maconha de boa qualidade — e não "aqueles quadrados fedidos das biqueiras". Desde 2006 até hoje, ele conduz um negócio de narcotráfico no qual escolhe os próprios clientes. Dispõe de ao menos dois fornecedores, cujas identidades nem os mais íntimos conhecem. Entre os amigos, vigora uma espécie de lenda segundo a qual um dos fornecedores é um sujeito incógnito que cultiva mais de quatrocentos pés de skunk dentro da própria casa, num bairro da zona oeste de São Paulo; um jardineiro profissional em cuja cartela de clientes figuram atores da Globo e celebridades internacionais.

É sobre esse contato misterioso que Igor e Leonardo conversam neste momento, no escritório da Berrini. Estão descontentes com a recente escassez da mercadoria: "Pô, os caras pagam três vezes mais no kãnk e levam tudo, às vezes a gente passa lá e o cara fala: 'Pô, os caras já vieram e levaram tudo...'", diz Leonardo. O cigarro gordo aceso, eles relaxados nas poltronas reclináveis. São sete da noite, encerraram o expediente, faz calor, o vento quente entra pelas frestas da persiana e se espalha pela sala, resvala numa lousa branca preenchida com palavras em vermelho, anotações de rotina, como uma lista de compras e afazeres, perto de uma cômoda forrada de sacos plásticos e suvenires publicitários, chaveiros, brinquedos, brindes. Igor traga duas vezes, prende a fumaça, o que o faz falar numa voz aguda e meio agoniada: "Sim, sim, sim", diz, "É foda". Ainda assim, o fornecedor é muito bom no que faz, concluem, porque é low-profile, discreto, lidar com ele parece seguro. Apesar de faturar dezenas de milhares de reais por mês com suas plantas, o sujeito dirige um carro velho, despedaçado.

Em 2013, 4024605 plantas de *Cannabis* cultivadas ao ar livre, método conhecido como *outdoor*, foram arrancadas da terra por policiais nos Estados Unidos. O país figurava no topo do ranking mundial de destruição de pés de maconha, segundo o World Drug Report de 2015, o relatório anual elaborado pelo UNODC. Foi muito antes de o mercado canábico norte-americano movimentar 30 bilhões de dólares por ano. No cultivo *indoor* — ou seja, em ambientes fechados, no interior de um armário ou de uma tenda, que são os jeitos mais comuns —, o número de plantas destruídas chegou a 361 183 naquele país. No Brasil, 900 744 plantas de maconha de cultivo *outdoor* tinham sido erradicadas — mas o questionário enviado pelo governo brasileiro à ONU não incluiu sequer uma apreensão de maconha *indoor* em todo o território nacional. A ONU certamente não ficou sabendo dos pés de skunk que Alfredo*, o principal fornecedor de Igor e Leonardo, cultivava em casa havia quinze anos.

Alfredo é um sujeito de 37 anos, de olhos castanhos por trás de óculos de grau, as bochechas ovais e um jeito de professor; é dono de um carro vinte anos mais velho que o mais velho carro visto em qualquer área nobre da cidade. Dá para reparar nos remendos do para-choque no estacionamento da padaria. Sobre isso, ele diz: "Não chama a atenção, né? Dá uma aliviada grande". Os cabelos curtos e escuros, o boné desajeitado na cabeça, o sotaque caipira e as roupas amarfanhadas de Alfredo parecem fazer dele um cidadão bastante trivial — exceto pelo fato de que gasta 7 mil reais por mês para cultivar cerca de quatrocentos pés de skunk que lhe rendem um salário mensal de 30 mil. Parece muito, mas não é, reclama Alfredo. A receita bruta total é dividida igualmente com um sócio e, somadas todas as despesas, no fim sobram em média 8 mil reais líquidos a cada mês. Só a conta mensal da Eletropaulo dá 3 mil reais, esclarece ele, porque é preciso manter em constante funcionamento os ventiladores, os exaustores e as lâmpadas de LED que substituem a luz solar na plantação artificial. Ainda tem a fatura da água, a terra, o aluguel, a internet, os substratos, o Azamax, o óleo de Neem e os fertilizantes.

Alfredo também assume um ar de orgulho enquanto retira da mochila seis celulares, tenta me passar o número de um deles, mas nem mesmo ele sabe que número é esse. Compra chips de celular periodicamente — manobra afobada, cujo resultado, acredita, é permanecer livre de grampos telefônicos porventura empregados pela polícia. Entre os seis aparelhos, cinco são do mesmo modelo, um LG pequeno e antiquado. O sexto, o maior deles, um Samsung Galaxy S3. É nesse que Alfredo esfrega os dedos, fazendo rodar na tela um vídeo em que ele próprio passeia por sua casa; no chão da sala de jantar, uma tenda de nylon preta de pouco mais de um metro por 1,20 metro abriga ao menos trinta mudas de skunk. No corredor, mais quarenta vasos pequenos espalhados pelo chão, enfileirados, de onde brotam caules que se bronzeiam sob uma placa de LED pendurada a meio metro das folhas. Na sala de estar, nos quartos, na cozinha, na lavanderia, no lavabo, em qualquer cômodo que se olhe (e ele visita todos), não há espaço que não esteja preenchido por vasos, plantas, spots, ventiladores, exaustores, fios, timers e filtros de carvão. No segundo andar do sobrado, um quarto está reservado para as matrizes — cerca de oito plantas de 1,80 metro de altura das quais são retirados os clones, galhos plantados como mudas.

Dá trabalho, diz Alfredo. "O lixo que gera é muito pesado. Toda bosta que entra sai, e sai molhada, com folha, raiz, tudo. Depois da colheita, tudo vira lixo. É muito trabalho, tem noção, cara? Fora o barulho, olha o ronco da casa, é 24 horas assim", diz ele, apontando para o vídeo no celular, que foca o motor de um exaustor e seu zumbido de turbina. Alfredo calcula que sua produção renda, em média, seiscentos gramas de skunk por mês — cerca de 40 mil reais. "Tem mês que dá quinhentos, seiscentos, é bem sazonal. O máximo que deu foi setecentos gramas. Um quilo nunca, ainda", diz ele, pernas cruzadas, vestindo um moletom preto de capuz e zíper, uma bermuda de sarja grossa, tênis Nike de corrida e a aba quadrada, no estilo caubói, levemente inclinada sobre o rosto. O grama sai por sessenta reais, em média. "Às vezes bate em setenta, 75, o nacional é mais barato. As mais caras são as espécies da gringa", explica Alfredo agora, enquanto bebe café com Igor no escritório da Berrini. Ele balança na cadeira.

Os dois tratam o encontro como reunião de negócios. Alfredo, o fornecedor misterioso, veio trazer dez gramas de skunk num saquinho de papel pardo. "Já cheguei a vender por 25 reais o grama", ele diz. Igor e Leonardo se agitam. Clientes do traficante há dez anos, eles riem em coro: "Bons tempos, hein? Bons tempos". Alfredo relembra seu passado. O dia em que teve de enfrentar, sozinho, um pequeno incêndio na plantação. O bulbo de uma lâmpada entrara em curto e explodira. "Quase pegou fogo em tudo. Quando vi, estava saindo tanta fumaça que o vizinho já devia estar prestes a chamar os bombeiros. Imagine se eu não estivesse em casa?", diz. "Você não tem medo?", alguém pergunta. "Tenho, cara, imagina se pega fogo em tudo?" "Não, quero dizer, medo de ser preso?" E ele, com uma expressão repentinamente séria, faz uma pausa, até que responde: "Sim. É constante".

Alfredo vive há três anos e meio na mesma casa em que ficam as plantas, mora lá alguns dias por semana. "Faço papel de morador, três, quatro vezes por semana lá", diz ele, que tem outro apartamento onde reside com a mulher. "Cumprimento todo mundo, todo mundo me conhece, tenho um cachorro..." Um dos vizinhos é um moleque de dezesseis anos que consome a erva diariamente, mas não imagina que existam cômodos recheados com quatrocentos pés de maconha orgânica na casa ao lado. Alfredo está casado há quinze anos, mas só no ano anterior resolveu contar à esposa como ganha a vida. Ele pede um chocolate quente médio, que agora bebe na padaria. Reclama por nunca sobrar tempo para viagens longas. "É sempre um fim de semanazinho aqui, feriadinho de três dias ali, faz dez anos que não viajo com minha esposa." Em dez anos, só duas ou três viagens curtas. "Você não pode ter nenhuma pessoa para trabalhar para você, né, cara. É difícil. Não curte a vida...", e continua se lamentando até aparecer o garçom.

Alfredo pede outro chocolate quente. Volta a reclamar. Dessa vez sobre seus últimos sócios na empreitada criminosa. "Boa parte do pessoal que começa a lidar com isso só quer saber da parte boa", diz. "Ninguém quer pegar no pesado." Do primeiro sócio se separou amigavelmente, porque o rapaz não conseguia mais arcar com o custo mensal da plantação. Com o segundo, o problema foi maior: ele só queria saber de fumar e vender, mas não era capaz de carregar um saco de terra para ajudar na plantação, o que deixou Alfredo furioso a ponto de dar fim à sociedade. O terceiro sócio, de família rica, recebeu uma herança da mãe, entrou com a grana, porém se mostrou sem qualquer compromisso e absolutamente sem nenhuma disciplina. "Em três anos, não colocou uma água no vasinho", conta Alfredo. "As vendas bombando, um misto de clone com *seed*, e você marcava com ele às nove, ele chegava às duas da tarde, cheio de sono, lesadão. Fumava demais." Certa vez, enquanto alugava uma casa que lhe servia de base em um condomínio perto do pico do Jaraguá, apareceu um novo interessado no negócio. Chegou com dinheiro e disse que pagaria o aluguel. Três meses depois, pediu para sair. "Cu na mão", justifica Alfredo.

O traficante nasceu em 1978 em uma família de classe média alta. Seu pai, comerciante, revendia desde imóveis a remédios e comida congelada, além de alugar linhas telefônicas. Alfredo o enxergava como um homem de negócios que buscava um padrão de vida confortável para a família, algo que englobava um bom apartamento na avenida Angélica, em Higienópolis, além de títulos em dois clubes da cidade. A boa vida de Alfredo durou até os treze anos; até essa idade, ele pôde desfrutar das aulas em um colégio particular dirigido por freiras nos Campos Elíseos. Em 1992, contudo, depois do Plano Collor e do confisco das cadernetas de poupança, o pai de Alfredo, como tantos brasileiros, perdeu parte das economias, e o menino foi transferido para uma escola pública municipal — onde conheceria seu primeiro sócio na plantação de *Cannabis*. Seu pai, até então um sujeito rico e bem relacionado, bonito, viu suas empresas quebrarem e passou a beber com frequência exagerada. Quando restavam apenas duas lojas de alimentos congelados para gerir, teve uma crise de identidade e foi vencido pelo orgulho: "Não sou homem de ficar atrás de balcão", observa Alfredo, reproduzindo o que ouvia do pai. O velho vendeu tudo. "Hoje, o cara que comprou a loja do meu pai montou mais oito iguais."

Aos catorze anos, o traficante passou a testemunhar o declínio econômico da família. Os pais brigavam diariamente, a atmosfera pesada dentro de casa. O pai saía e não voltava. Muita cachaça, muita putaria, diz Alfredo. Com a falência dos negócios, não dava mais para pagar o aluguel, e o dono do imóvel acabou acionando a Justiça. Toda semana, um oficial batia à porta. Despejada, a família teve de se mudar mais de uma vez, descendo ladeira abaixo a avenida Angélica até alcançar os vãos penumbrosos do Minhocão. "A gente morou na Boca do Lixo", conta Alfredo. Aos dezesseis, ele arranjou um emprego de digitador em uma editora de livros. Depois de concluir a oitava série do Ensino Fundamental, abandonou o colégio. Mais tarde, aos dezenove, trocou de emprego, brigou com os pais e foi morar em um apartamento alugado no Paraíso.

Os pais se divorciaram. O pai abandonara o lar, fora morar em outro lugar e deixara de pagar as pensões devidas à mãe de Alfredo. Ela então telefonava ao filho para cobrar dele o dinheiro que não chegava. Todas as semanas enviava um advogado para pressionar Alfredo a quitar a dívida. Magoado, ele passou a evitar o contato com os próprios pais. Viveu dois anos em perfeita estabilidade, até que a proprietária do imóvel em que morava pediu o apartamento de volta, e ele teve de sair. O salário que ganhava diagramando embalagens de lasanha e santinhos políticos numa gráfica não era suficiente para bancar o aluguel de outro apartamento no mesmo bairro. Alfredo foi buscar moradia longe do centro, onde havia preços mais acessíveis. Encontrou uma casa na Freguesia do Ó. Era um sobrado construído num terreno inclinado, e a arquitetura se dava de tal forma que, no andar mais baixo, havia um porão quase secreto e bem espaçoso. Era o início de 2001. Nos oito anos subsequentes, ele usou o espaço para abrigar sua plantação de skunk.

Alfredo não tinha internet discada em casa, mas o colega da escola municipal, seu primeiro sócio, surgira com uma novidade trazida da rede mundial de computadores, ainda incipiente naqueles dias. Ele tinha descoberto um esquema de comércio de sementes de *Cannabis* pela internet. O e-mail de alguém que se identificava como Johnny, do Canadá. Você mandava os dólares num envelope pelo correio para lá e Johnny enviava as sementes, conta Alfredo. Johnny remetia dez, vinte, trinta sementes num saquinho de plástico, dentro de uma carta assinada à mão, caseira. Certo dia, o amigo da escola disse que ia comprar as sementes. "Dois meses depois, chegou lá a porra da cartinha do Johnny", diz Alfredo, rindo.

Ele rememorou os tempos de escola, quando plantava pezinhos de feijão. Comprou húmus. Pousou cada semente num algodãozinho molhado. Cobriu a luz. Usou esterco. As primeiras sementes renderam plantas exemplares. "Era água de torneira e cocô de boi. E húmus. Ah, o húmus é incrível", suspira o traficante. "Minha primeira planta já deu certo. Um puta *bud*, velho. Coloquei em lâmpada de sódio de poste, ligada 24 no começo, depois no esquema meio a meio, e enfiei quatro vasinhos dentro do armário. Depois, claro, fui atrás de dicas, descobri que era melhor deixar a luz por dezoito horas no vegetativo...", Alfredo vai contando, as palavras quase se emendando umas às outras, tamanho o entusiasmo. Até então, ele e o amigo queriam plantar para consumo próprio, fumar um bagulho melhor e parar de gastar dinheiro com os prensados das biqueiras, observa ele.

Plantou os primeiros quatro pés. A colheita foi um sucesso. Gostaram tanto do resultado, e o resultado fora tão surpreendente — porque nunca tinham provado das flores *in natura* —, que nem sequer cogitaram vendê-las. Quiseram degustá-las. Por três ou quatro vezes mais, encomendaram novas sementes ao "Johnny do Canadá". Depois vieram as lojas on-line, o seeds-direct.to, os bancos de sementes, Sensi Seeds, Nirvana, Dutch Passion, os pioneiros. Mais tarde, vários apareceram. Alfredo ia buscando mais informações nos fóruns da internet. Como aplicar fertilizantes. Quantas vezes regar. O tempo ideal de exposição à luz. Como extirpar as pragas. Encarava a pequena plantação como um hobby. Fazia o turno da noite na gráfica e, pela manhã, quando voltava do trabalho, não ia dormir sem antes dar uma olhada nas plantas. Até que, certo dia, numa dessas averiguadas passageiras, levou um susto. "Fiz uma cagada", diz ele, na padaria, interrompendo o discurso e soltando o ar dos pulmões. E então dá um gole no chocolate quente e mergulha numa pausa cheia de suspense.

Na botânica da *Cannabis*, só as plantas fêmeas produzem flores pontilhadas de tricomas psicoativos — ou seja, a maconha, efetivamente. Plantas machos não dão flores. No último envelope remetido do exterior, nem todas as sementes eram feminizadas, de maneira que uma das plantas nascera macho. Alfredo não reparou. "Fiz a cagada clássica de deixar um macho no mesmo ambiente das fêmeas", diz. "Polinizou todas! E o que acontece se polinizar todas?", ele abre os abraços, se espreguiça, deita as costas na cadeira e explica: "Nascem sementes novas". A polinização destruiu todas as flores que até então existiam em cerca de dez vasos. Contudo, produziu pouco mais de quinhentas sementes — e só esse fato foi suficiente para catapultar Alfredo à condição de traficante. "Começou assim", observa. "Esse foi o *start*."

De início, Alfredo ficou incrédulo e melancólico. Foi para a cama triste e dormiu. No mesmo dia, chamou o sócio.

Tinham perdido tudo o que havia para se fumar. Não sobrara um só *bud*. Mas não demorou para que percebessem a oportunidade. "Era tipo: 'Uau, eu preciso fazer alguma coisa com isso aqui!'", conta Alfredo. Eles então decidiram que plantariam cada uma das sementes. Foram a uma loja de jardinagem e adquiriram os apetrechos necessários. Um investimento. Assim, os quatro vasos que em 2001 se apertavam no interior de um armário no fundo do salão secreto deram lugar a um mar de folhas, flores e caules que, três anos depois, ocupava toda a extensão do salão até a porta. Eles passaram a produzir as próprias sementes. Na segunda polinização, dessa vez proposital, foram mais de mil.

Alfredo começou a ser presenteado com sementes trazidas por amigos do exterior. Aprendeu a cultivar a partir de clones. Enquanto focava nas atividades braçais da produção, o sócio cuidava da parte comercial. Não foi difícil para o rapaz. Aluno de um dos mais populares cursinhos pré-vestibulares da avenida Paulista, em São Paulo, ele se aproveitou disso para encontrar clientes. Na época, era quase impossível achar skunk em São Paulo. Quem tinha, tinha pouco — o que levava o preço às alturas. Quando as primeiras colheitas vieram, Alfredo já tinha largado o emprego na gráfica. Trabalhava numa agência de propaganda, ocupação que o sugava o dia todo sem direito a hora extra. Certa manhã, parado no trânsito a caminho do trabalho, teve uma epifania. Decretou mentalmente que era melhor abandonar o emprego e dedicar-se por inteiro ao tráfico de skunk. Pegou o primeiro retorno e voltou para a Freguesia do Ó.

As imagens tremem na tela do celular. Numa vibração pixelada, num colorido quente. O asfalto do outro lado da vidraça se retrai em nove graus centígrados, úmido como fora o resto do inverno. Alfredo ergue a xícara para mais uma golada no chocolate. O vapor lhe embaça os óculos, e lentamente, conforme se desembaçam, as suas íris negras vão aparecendo de novo. Com o polegar, ele controla à distância e em tempo real uma das câmeras de vigilância instaladas na plantação, a quinze quilômetros dali. Chama o lugar de cafofo. Por meio de um aplicativo instalado no aparelho, consulta outras imagens. A tela agora mostra a fachada e o interior da casa antiga, o chão de mosaico laranja. Ele move as lentes com os polegares. Checa a entrada e a porta dos fundos. As laterais. Visualiza as plantações do primeiro, do segundo andar. "Vejo isso o tempo todo, eu durmo com esse negócio", afirma, com o logotipo de um fabricante de metralhadoras norte-americano estampado no boné.

Ele também se sente mais seguro porque aprecia não só a vigilância eletrônica, mas as armas. Tem um revólver 38 que imita o modelo Magnum 357 e frequenta clubes de tiro em dias de folga. Atirou com fuzil, 45 e calibre .12, conta orgulhoso. A arma escondida numa gaveta do quarto é para casos de "extremíssima emergência", diz, sem especificar quais, mas garantindo ser muito pacífico e pouco afeito a condutas violentas. Alfredo é sóbrio e quieto, e embora venha administrando com êxito centenas de pés ilegais de skunk por quinze anos, nunca topou com obstáculos jurídicos ou pendências com a lei. Tampouco interessou-se em parcerias com o crime organizado ou policiais corruptos. Buscou ser um comerciante isolado. Ele pensa nos riscos diários que a atividade lhe impõe. "Eu me arrisco, velho, eu me arrisco", diz, tentando conter o sorriso. "Às vezes dá um certo prazer, não vou mentir. A adrenalina alimenta muito isso."

Alfredo contabiliza cerca de cem clientes, nem todos sempre ativos. "Tem alguns que são fiéis, outros que vejo duas vezes por ano", declara. Ao menos três telefonam toda semana, pedindo grandes quantidades. Alfredo costuma mandar quinzenalmente, via Fedex, um punhado de skunk à Itália. Em troca, o cliente transfere o dinheiro pela internet. Ao mesmo tempo, vários outros compradores pipocam na agenda do traficante — a maior parte, gente de São Paulo. Cuidadoso, ele costuma seguir um parâmetro na hora de prospectar clientes. Procura captar pessoas "de confiança", o amigo do amigo do amigo. "A maioria é gente rica", fala. Já vendeu skunk para atrizes famosas e celebridades do cinema e da televisão. Compradores misteriosos que surgiam em carros insulfilmados a cada dois meses e levavam 10 mil reais em skunk. Um apresentador de TV que fazia festas nas quais era provável encontrar um cesto repleto de flores de maconha sobre a mesa, ao lado de bebidas e aperitivos.

O relógio marca perto das onze horas da noite. Alfredo já na terceira xícara de chocolate quente médio. Está preocupado, cheio de planos, numa encruzilhada que pode definir seu futuro. Alfredo agora dispõe de um novo sócio, aposta nele todas as fichas. Gosta do histórico do rapaz, currículo de trabalhador, um ex-mecânico que às seis da manhã já tinha as mãos sujas de graxa; que depois ficou rico, o pai abriu uma concessionária de carros usados, mas ele não estava mais aguentando trabalhar com o velho, e por isso decidira procurar Alfredo. Chegou com grana e propôs sociedade. O traficante mostrou seu espaço e ganhou um aliado, alguém que era ao mesmo tempo discreto e gostava do trabalho braçal. A dupla agora pensa em trocar de base, alugar uma casa maior, meter nela mais vasos, mais plantas, mais fertilizantes, inundar todos os cômodos com clones recém-plantados e fazer muito mais dinheiro, explica Alfredo. "Estamos programando montar uma megabase."

Alfredo a cada minuto mira o celular, esperando mensagem de texto do proprietário da nova casa que encontrou na internet; uma mansão com piscina num condomínio fechado de alto padrão no interior de São Paulo. Naquela semana, negociava o valor do aluguel do imóvel. Propusera o pagamento adiantado de três meses, mas o dono da casa até aquele instante não dera resposta. Tampouco imaginava o que iam fazer ali. "A casa tá velha, a gente vai reformar." Para evitar chamar a atenção das autoridades a partir de uma conta de luz altíssima, ele planeja fazer um gato na energia. No plantio de maconha, contudo, de nada adianta ter a melhor luz, a melhor terra, os melhores nutrientes e mil equipamentos se não tiver ar. O ar justifica a mudança de endereço. "Lá vou ter ar", diz Alfredo aliviado. "É uma casa sem vizinhos, vou deixar todas as janelas abertas." Ele vai instalar câmeras em cada canto. Comprar labradores e investir na decoração. Quer passar despercebido; transformar o local num ambiente familiar insuspeito. Prevê que o faturamento com a venda de skunk vai ultrapassar os 50 mil reais por mês. "Vender é o mais fácil, o mais difícil é fazer."

Mais que o silêncio do proprietário do imóvel, outra angústia o atormenta: como fazer a mudança de quatrocentos pés de maconha sem ninguém ver. "Se fecharmos negócio, vai ser ótimo, mas vou ter que manter as duas casas por algum tempo. O visual é o problema. Imagine você sair na rua com várias plantas para fazer a mudança, colocar tudo num caminhão?", indaga. "Vai ser complexo." De súbito, Alfredo então diz que precisa ir embora. Paga a conta e entra em seu velho carro, estacionado na frente da padaria; tenta fazer funcionar a ignição por duas ou três vezes e sai rangendo pelo asfalto até dobrar a esquina, absolutamente anônimo, com seis celulares na mochila e alguns gramas de skunk que pretende entregar pelo caminho.

11. Veleiro

O VOLUNTÁRIO DE BARUERI havia trazido 2,6 quilos de cocaína na última viagem. Faltava vender a metade. Cuidadosos diante do fornecedor desconhecido, os Hells Angels só quiseram mesmo pouco mais de um quilo. Os Bandidos continuavam abastecidos. Daniel entendeu que era preciso sondar os amigos brasileiros, a turma de Burleigh Heads, em busca de um novo comprador. O apartamento de Burleigh Heads estava alugado nos nomes de Vinicius G. e Renato A., dois brasileiros que tinham chegado ao país para passar alguns meses estudando inglês, mas acabaram ficando. Ambos integravam a gangue de Ramón, tinham a incumbência de buscar malas e levar mulas recrutados na Austrália para o embarque no aeroporto, rumo ao Brasil, ou buscá-los quando estivessem de volta com o pó.

Vez por outra Daniel pernoitava num dos quartos do imóvel, ponto de encontro da turma de surfistas, estudantes e traficantes que se misturavam dia e noite no lugar. Rafael M., o vizinho de Daniel, conhecia todos eles, mas aos poucos foi buscando se afastar, queria ser discreto e reservado para evitar intrigas ou o risco de ser vinculado criminalmente a algo ou alguém. Apesar de enfrentar episódios frequentes de paranoia, tentava escapar da pressão da profissão clandestina em uma vida dedicada ao surfe. Nos dias em que não bebia, e em alguns em que não estava ainda totalmente sóbrio, acordava cedo para ir até o mar. Quase nunca socializava demais. Embora parecesse tímido, Rafael cultivara vários contatos de compradores de cocaína na Austrália ao longo de sua curta carreira no crime; estava há quatro anos no tráfico. A agenda dele valia uma mina de ouro. Não só os Hells Angels figuravam entre os clientes.

Assim, quando Daniel pediu ajuda, mais uma vez Rafael M. o acudiu. Forneceu-lhe o telefone de um sujeito gordo e branco, com a franja do cabelo arqueada sobre a testa e aparência de quarentão. Um intermediário que vivia em Melbourne e que viera à Gold Coast em busca do pó que revenderia aos Rebels no Sul do continente. Forte na costa oeste, o grupo australiano de motoqueiros contava com membros que haviam sido presos com drogas, armas e crocodilos ilegais. Em sua bandeira, não por acaso, figura o "1%".

O homem parecia mesmo um empresário, na visão de Daniel. Era um sujeito simpático, encontrara-o na Melbas, um restaurante casa noturna em Surfers Paradise, ou teria sido no The Bedroom Lounge Bar, na Vanity, no Beer Garden, num pub da Cavill Avenue? Qualquer lugar escuro com música alta. A vida noturna de Daniel era badalada. Ele costumava pingar de bar em bar, mas preferia andar na companhia de poucos amigos, todos eles brasileiros, jamais de clientes, ou sozinho. Os Rebels eram rivais dos Hells Angels, de maneira que deveria manter seus segredos bem guardados. Tampouco desejava ser flagrado na companhia do rival de um cliente armado e perigoso para quem havia prometido exclusividade.

Com o sujeito de Melbourne, também se comunicava por e-mail. Mas usavam o campo reservado aos rascunhos de uma mesma conta, de maneira que as mensagens nunca eram efetivamente enviadas. Numa delas, combinaram o local do encontro no qual o pó, que Daniel já havia retirado da mala e estocado no interior de uma mochila, seria trocado — às seis horas da manhã seguinte — por uma bolsa com 200 mil dólares australianos. A transação aconteceria no mar.

Na tarde anterior, Daniel havia visitado um shopping para comprar a mochila na qual transportaria a cocaína. Comprou duas iguais, uma para ele mesmo, a outra, de presente para o intermediário misterioso. Nas três vezes em que se viram, não conversaram demais. Daniel evitou perguntas, acreditando que o interesse no comprador poderia deixá-lo desconfiado. Era fim de inverno. Na manhã de vento frio, Daniel seguiu, protegido pelos vidros do carro, até a zona portuária de Gold Coast. Um rapaz loiro e alto, com pele alaranjada e jeito de surfista, o recebeu diante de um jet ski. Ele explicou a Daniel para qual direção deveria seguir, entre a costa apinhada de mansões e o mar aberto, sobre as águas esverdeadas e claras da costa leste. Não havia nenhuma ilha por perto, disse o homem, era no meio de um grande nada, e lhe passou a chave do veículo.

Depois de o colocarem na água, Daniel montou sobre o jet ski — poucas vezes dirigira um. A mochila verde-escura amarrada no banco traseiro, recheada com 1,3 quilo de cocaína pura, foi tudo que se pôde ver ao longe, cortando as águas do Pacífico sob a neblina e o lusco-fusco da aurora, e sumindo em pouco tempo. Daniel vestia colete salva-vidas, suas bochechas coraram com o frio, as rajadas cortantes geradas pela velocidade, quando avistou o freguês a poucos metros, balançando sobre a linha do horizonte. Boiava em outro jet ski. Ele sentiu certa adrenalina, porque não sabia o que poderia acontecer, e depois disse ter gostado disso. Desconhecia se o cliente surgira de um barco, em cuja popa pudesse prender o jet ski, ou se viera da costa. Aproximaram-se em silêncio. Daniel passou-lhe a mochila. Logo em seguida, apanhou a mala com o dinheiro. "*Thanks, buddy*", foi tudo o que o homem disse antes de partir. E então Daniel acelerou de volta ao porto. Ninguém checou a encomenda. Daniel nem sequer teve medo de ser roubado no caminho, porque "no crime", ele diria, "tudo é na base da confiança". A última das oito malas que confeccionara no Brasil rendeu mais 200 mil dólares australianos. Acumuladas sobre o forro do teto, as notas somavam 1,7 milhão.

Em cada mala cabia 1,3 quilo do pó, em média. Às vezes, contudo, o limite era de 1,28 quilo, e vinte gramas acabavam sobrando. Às sobras, Daniel deu um destino peculiar: ainda no Brasil, cavou buraquinhos nos cabos de pincéis e preencheu-os com pó. Depois enviou-os à Austrália, pelo correio. Transportou cerca de oitocentos gramas de cocaína assim. A vida parecia boa. Havia deixado o porto naquela manhã e voltado ao apartamento luxuoso. A visão do mar. Depois dormiu mais um pouco, vestiu-se com roupas novas, deu uma olhada na tela do notebook novo — algo que variava entre games e sites de compras — e seguiu para o shopping com Natália. Almoçaram no melhor restaurante, escolheram a melhor sobremesa e na sequência voltaram à imensa varanda para fumar *Cannabis* num narguilé, à espera do pôr do sol de Surfers Paradise. Os traficantes que conhecia na

Austrália levavam cerca de um mês para vender perto de 2,6 quilos. Daniel demorava poucos dias. Começaram a chamá-lo de "mágico".

As reuniões dos brasileiros que dominavam o comércio de cocaína na costa leste australiana, entre os quais Daniel, aconteciam às quintas-feiras, de frente para o mar de Kirra, nos bancos de uma praça no alto de um pequeno morro, no canto da praia, entre goladas de cerveja e tragadas de maconha. Ou na balada. Na mesa de um restaurante com uma vista incrível para o mar nervoso de Burleigh Heads. Eram adultos jovens, tinham entre 25 e trinta anos, mas as peles lisas e o vestuário despojado podiam fazê-los passar por adolescentes. Eram todos brancos de roupas caras, nascidos em famílias abastadas, usavam bonés, piercings e colares. Pareciam inofensivos, mas controlavam — Ramón, principalmente — o fluxo de toda a cocaína que entrava na Oceania pelos aeroportos daquela parte do continente naqueles anos. Sydney. Brisbane. Gold Coast. Adelaide.

Mais além, lideravam um esquema frenético de recrutamento de mulas. Essa rede nunca foi identificada por órgãos de investigação brasileiros e australianos, não por completo, embora parte tenha acabado presa e/ou investigada formalmente pela Justiça da Austrália. Alguns de seus integrantes continuavam na ativa em 2020; muitos outros haviam enchido os bolsos com milhões de dólares australianos antes de abandonar a carreira no crime. Além de Ramón, o "Grandão", e Daniel, o novato que se dera bem em muito pouco tempo, integravam a "cúpula" — assim se chamavam — Vinicius G., Renato A., Rafael M., Diogo V., João C. (que só vendia maconha transgênica) e um ou outro "gringo" que costumava interagir com os brasileiros também nas sessões quase diárias de surfe. Eram o topo da hierarquia e gostavam de se encontrar para trocar impressões sobre os negócios, barganhar contatos de compradores ou trocar experiências.

Na maior parte do tempo reservado, Ramón era o único que pouco aparecia. Eles chamavam a cocaína de *flour* — farinha, em inglês. Às vezes *white* ("branca"), *powder* ("pó") e *paste* ("pasta"). Quando conversavam só entre brasileiros, volta e meia usavam códigos: a cocaína era chamada de "corintiano". A maconha, "palmeirense". Eram conversas de meninos. "Me passa um mano que compra um quilo de corintiano", alguém dizia. "Enrola um palmeirense pra nós."

No dia em que decidiu parar com a carreira no tráfico de cocaína, dez meses depois de ter começado, Daniel ainda dispunha de 1,3 milhão de dólares australianos sobre o forro de gesso — para além dos caríssimos objetos que havia comprado. Tinha dois carros esportivos na garagem, seis relógios de 25 mil dólares cada, havia torrado milhares de reais em noitadas suntuosas e estava prestes a embarcar para um luxuoso mochilão pela Europa. Fazia tempo a depressão fora superada. Decidira viajar sozinho, mas, como vinha fazendo desde que acumulara o primeiro milhão, deixou para Natália "algum dinheiro" — cerca de 100 mil dólares australianos, um bolo de notas que carregava no bolso. Mais de 200 mil reais. De vez em quando Daniel era generoso com a garota com quem convivia diariamente, inclusive na cama, mas continuava a rejeitar a ideia de chamá-la de namorada. Dizia a ela que podia sair com quem bem entendesse, que não se importava, embora vivessem sob o mesmo teto.

Certa vez, deu a ela 40 mil dólares. "Toma, vai. Vai lá no shopping, vai. Vai lá, vai lá", disse, em tom de menosprezo. Natália aceitou, já tinha gastado antes parte da fortuna com roupas e coisas, embora uma parcela ínfima perto do que Daniel desembolsara. Em novembro de 2013, o rapaz deixou-a tomando conta do imenso apartamento na orla australiana e partiu para Dubai, nos Emirados Árabes Unidos. Era obrigado a sair do país a cada três meses por causa das exigências consulares. Dessa vez tinha dinheiro suficiente para dar a volta ao mundo. Nos mercados de Dubai, comprou roupas, relógios e tudo o que quis, quase sempre coisas que compunham o seu vestuário. Seguiu para Moscou, onde dispensou o luxo de um cinco estrelas para ficar perto das "garotas louras" que habitavam os hostels, bem mais baratos. Num cartão de viagens, levou 30 mil dólares; tinha mais 10 mil euros em dinheiro; comprou 10 mil dólares em rublos, o que lhe inundou os bolsos de papel; em outro cartão, levou mais 40 mil dólares; e mais 20 mil dólares, um maço compacto, no bolso. Para conter o frio, comprou um chapéu de pele, um cachecol, mais roupas, bebidas e muitos presentes.

Uma semana depois, voou para Berlim. Foi a Amsterdam, Paris, Veneza, Milão, Pisa e Roma, onde se hospedou por mais de mil euros a diária. Convidou amigos que viviam na Europa para acompanhá-lo na viagem, pagaria todas as despesas de transporte, alimentação e hospedagem — e as pessoas subiram em trens para encontrá-lo. No resto do tempo, perambulou e bebeu sozinho, às voltas com novas amizades que fazia em albergues cheios de viajantes. Entre visitas a museus e restaurantes, lembrou-se das vezes em que havia alugado, ainda na Austrália, um casarão por 1,5 mil dólares por dia; escolhera a companhia de seis amigos e enchera o lugar de prostitutas. Contou como havia um cinema na sala, como tudo era divertido, e aquelas lembranças, afinal, só faziam emergir a frase tatuada no braço, segundo a qual a felicidade só existe se compartilhada.

Quando se cansou das aventuras profusas e da solidão, pagou 7 mil dólares para trocar o assento na classe econômica por outro na primeira classe e passou o tempo do voo entre Roma e São Paulo bebericando um copo de uísque. No avião, tanto quanto em outros instantes da viagem, Daniel estava certo de que havia conquistado muito mais do que sonhara, e de que não valia mais a pena arriscar-se no tráfico internacional de cocaína. Julgava-se isso, um conquistador. Atingira um ápice que jamais imaginara para si, havia dinheiro de sobra, joias, eletroeletrônicos, ouro, dois carros esportivos, um extenso guarda-roupa e mais de 1 milhão de dólares no esconderijo — o que, no Brasil, significaria quase 3 milhões de reais e uma vida de constante felicidade pela frente, imaginou. Não queria mais saber do pó. Depois de um tempo no Brasil, planejou, voltaria à Austrália para dar um jeito de mandar sua Ferrari e sua fortuna para Osasco.

Dias mais tarde, Natália acabou descobrindo, por meio das redes sociais, que o traficante tinha passado a noite com outra mulher. Daniel alugara um camarote numa casa noturna de São Paulo e bebera champanhe por preços robustos. Quis curtir o status de milionário e a autoimposta solteirice. Foi adiante ao encontrar uma velha amiga. Enciumada, Natália passou horas durante a madrugada vigiando no Instagram as contas de gente que estava com Daniel, à distância. A noite de bebedeira em São Paulo havia acabado por volta das seis horas. O telefone do traficante tocou às nove. Ele ainda estava com as roupas amarfanhadas, emanando uma mistura fétida de álcool e perfume, e com um ar sonolento.

Natália o aguardava numa videochamada. Queria saber por que Daniel aparecera no Instagram beijando na boca uma garota com quem muito provavelmente passara a noite. Em seguida, inverteu a direção da câmera do celular e apanhou um maço de dinheiro — quase 30 mil dólares, soube-se depois. A mão agarrando as notas com a força da raiva, a imagem trêmula na tela do aparelho, e Natália ameaçando queimar tudo ali mesmo. Não que fosse só o ciúme, tratava-se da soma de muitas coisas; a cena de Daniel exigindo que ficasse no quarto enquanto ele recebia visitas para tratar de negócios; a negação do compromisso de monogamia. "Olha!", disse ela. "Se liga no que eu vou fazer com essa merda!" E lançou as notas pela janela do quinquagésimo andar. Daniel viu na tela a imagem pixelada da nuvem de papel e a comparou mentalmente a um céu cheio de pássaros. Esboçou um riso nervoso, mas a imagem não lhe doeu tanto quanto o temor de perder o resto do dinheiro, o ocultado. Natália desconhecia o esconderijo. Ele conseguiu acalmá-la à distância, e depois pessoalmente.

De volta à Austrália, acomodou-se no sofá do apartamento com vista para o oceano. Moeu um pouco de maconha em um instrumento oval e depositou a erva sobre a brasa do narguilé. Gostava de fazer fumaça enquanto mirava o horizonte. E então planejou como seria a manhã seguinte, quando deixaria cedo o simpático bairro de Surfers Paradise para dirigir por 835 quilômetros até Sydney, onde deixaria a Ferrari para ser embarcada em um contêiner rumo ao Brasil.

O esquema fora todo indicado por Josh Downey, que estava acostumado aos trâmites alfandegários e conhecia todos os malandros que trabalhavam nas docas. Costumava importar peças de motocicleta e dispunha de contatos por todos os lados. A viagem era longa e exaustiva, mas acelerar a Ferrari na imensidão solitária do deserto tornava o martírio algo muito mais prazeroso.

Levou seis horas e poucos minutos, durante as quais atingiu até 240 quilômetros por hora, numa reta. Depois voltou a Gold Coast de avião. Lá, decidiu estudar vela oceânica, comprar um veleiro, meter todo o dinheiro e as joias dentro do convés e cruzar o Pacífico sozinho até o Chile. Era loucura deixar de contratar um marinheiro, mas a única maneira que vislumbrara para manter-se longe da lei. Comprou livros e passou a mergulhar em termos técnicos e na compreensão dos ventos. Ao longo dos dias, aprendeu onde fica a proa e o que é a popa; a função da escotilha, como guiar o leme; a angulação inversa e o zigue-zague contra o vento. Viu o que é bombordo e boreste, calculou o tamanho da carga de comidas desidratadas para o tempo de travessia e esmiuçou os trajetos das correntes oceânicas, os procedimentos de emergência e como se comunicar por rádio. Checou os significados dos verbos "orçar" e "arribar", e como deixar a vela rizada nos dias de muito vento. Estudou por menos de um mês, entre noites de festa e tardes de consumismo e marasmo. Conhecera uma loja de veleiros. Pretendia partir antes do Natal.

12. Indústria de flagrantes

"Se eles quiserem te matar, não vai ser com um tiro. Não vai chegar alguém na porta da sua casa e te dar um tiro. Eles vão dar um jeito de te atropelar, forjar um assalto, um acidente, ou sumir com você", diz o informante, segurando um baseado aceso entre os dedos e cochichando em pé na garagem escura. Ele cita as táticas costumeiramente utilizadas por membros da sua equipe — meia dúzia de policiais corruptos — na hora de tirar da frente um obstáculo, uma mosca que azucrina a refeição. Está virado para uma rua arborizada de um bairro nobre de São Paulo, o cigarro queimando, uma garoa fina molhando o asfalto. Atrás dele, uma mansão cujo design remete às colunas de pedra do Olimpo grego, ao Partenon, com cinco suítes, pé direito alto e janelas emolduradas com espessas bordas de concreto. Dispõe de sistema de climatização, piscina com cascata e persianas automatizadas, um colosso de três andares encravado em um terreno com vinte metros de fachada e perímetro eletrificado.

A rua é um longo tapete de asfalto, 648 metros de esquina a esquina, serpenteando por um bairro de vias tortas e quarteirões imperfeitos. É difícil encontrar um buraco no asfalto que dure mais de uma semana. Ali o serviço de reparo em vias públicas é efetuado sem demora, assim como a manutenção das redes de fornecimento de água e coleta de esgoto. Por toda a extensão das calçadas, estão 62 árvores de grande porte, uma a cada dez metros, podadas na época chuvosa, sem atraso, pela prefeitura. Há moitas multicoloridas irrigadas por governantas de uniforme, cujos salários se igualam às contas de água das mansões em que cumprem o expediente. Elas seguram mangueiras e molham as plantas enquanto papeiam com os vigilantes diurnos, todos os dias, durante as tardes ensolaradas. Seis guaritas, uma em cada esquina, e mais quatro posicionadas estrategicamente ao longo da rua protegem a vizinhança. Em cada uma delas, homens curvados e um tanto abatidos trabalham em turnos de doze horas. Entram às seis, saem às dezoito, e vice-versa. Quando não dormem ficam de olho nas 63 casas equipadas com quatrocentos metros de cercas eletrificadas. Um gato desastrado, um galho caído ou o vento exagerado costumam despertar os alarmes sonoros e provocar a reação dos funcionários das empresas de segurança, que monitoram mansões alheias remotamente, agrupados num escritório longínquo. Vez por outra, um cliente telefona e pede aos funcionários de plantão que deem uma espiada na garagem, na porta da frente e na dos fundos, e onde mais houver uma câmera. Querem sempre saber se há algo suspeito com o que se preocupar, diz um funcionário, porque estão sempre prestes a chegar em casa.

Para além das grades e arames farpados, quase dois terços dos imóveis na rua exibem em sua fachada ao menos um par de câmeras de monitoramento. Quarenta e oito olhos eletrônicos que vigiam o local 24 horas por dia, sete dias por semana. Os representantes comerciais de empresas de segurança que atuam no bairro estão acostumados a elaborar orçamentos de dezenas de milhares de reais. Uma das companhias que cuida da segurança dos vizinhos do informante é a mesma que vigia os corredores de dois grandes bancos nacionais e do consulado-geral da Rússia. Não à toa, uma mansão com uma placa de "Aluga-se" naquela rua oferece suítes com closets de sete metros de comprimento; três lareiras; uma piscina de 44 metros quadrados; lustres que imitam tochas medievais; uma adega climatizada e abastecida. O proprietário deixou ao novo inquilino as camas, mesas, cadeiras, poltronas e uma cristaleira onde se equilibram sessenta taças de cristal. Por 20 mil dólares mensais, qualquer um podia se tornar o mais novo vizinho de um informante da polícia em plena atividade, uma função descrita pelo jornalista Edson Flosi em reportagem de 1978.

> O último escândalo da Divisão de Entorpecentes aconteceu na Vila Olímpia, na zona sul da cidade, quando o investigador Egídio Seminati uniu-se ao traficante de drogas José da Silva, o Capiau, para extorquir dinheiro de duas famílias da classe média. José da Silva, de 24 anos, registrava pelo menos trinta passagens pela Divisão de Entorpecentes. [...] De tanto ser preso ele acabou se transformando em informante [...]. Passou a usar um par de algemas, que trazia pendurado na cinta, do lado esquerdo do corpo. O revólver, do lado direito, ele já usava há muito tempo. E passou também a andar em carros da Divisão de Entorpecentes, em companhia de delegados e investigadores. [...]
>
> A extorsão obedeceu a um plano que foi cuidadosamente executado. O primeiro passo: o policial e o traficante procuraram Paulo Sérgio Solera, de 22 anos, que morava na Vila Olímpia [...].

O plano era este: Paulo Sérgio Solera deveria atrair dois jovens de família de classe média da Vila Olímpia para envolvê-los em um caso de uso de drogas e, a partir desse envolvimento, a extorsão seria aplicada, rendendo vinte ou trinta mil [...]. Paulo Sérgio Solera, que conhecia os dois rapazes indicados pelo investigador Egídio Seminati e o traficante José da Silva, o Capiau, negou-se, no início, a participar do golpe, mas, ameaçado de prisão, logo mudou de ideia. [...] Paulo Sérgio Solera atraiu os dois jovens: A. F., de vinte anos, e M.V., de 24 anos. E numa quarta-feira do mês de julho, os três se encontraram, às dez horas da manhã, numa rua da Vila Olímpia. M.V. chegou com seu automóvel trazendo A. F. Paulo Sérgio Solera subiu no carro e os três passaram a conversar. Sem que ninguém percebesse, Paulo Sérgio Solera colocou um pequeno pacote de maconha embaixo do banco do automóvel, e depois começou a fumar um cigarro da droga. Ele fez isso explicando que precisava matar a saudade dos tempos de viciado. Convidou os outros dois a fumar também. O cigarro, então, começou a passar de boca em boca, uma tragada para cada um. O carro, parado, embaixo de uma árvore. De repente, apareceram dois homens armados de revólveres. E, de arma em punho, eles gritaram: "Desçam todos com as mãos para o alto. Depois coloquem as mãos na capota do automóvel e fiquem quietos. Somos policiais e vocês estão todos presos". Dos dois, um, realmente, era policial: Egídio Seminati. O outro, porém, era Capiau, o traficante de entorpecentes. A cena foi perfeita: o cigarro de maconha, que já estava na metade, foi embrulhado com um pedaço de flanela e, depois de revistarem o automóvel, o pequeno pacote da droga foi encontrado. [...] A. F. e M.V. ficaram assustados com as ameaças do investigador e do traficante: iam para o xadrez da Divisão de Entorpecentes, onde, certamente, seriam humilhados e ofendidos por outros presos. E Paulo Sérgio Solera, cumprindo o seu papel no golpe, também demonstrava estar assustado. Mas logo se chegou a um acordo: quinze mil cruzeiros — o preço da liberdade de cada um.[9]

O caso do informante Capiau ficou conhecido depois que seu corpo foi encontrado boiando no rio Pinheiros com dois tiros na cabeça. À época, os jornais investigaram uma rede de informantes e policiais corruptos que extorquiam rivais e usuários de drogas na cidade. Os jornalistas revelaram dados que buscavam sustentar a ideia de que a corrupção no departamento antidrogas gerava impactos negativos na produtividade policial. Criado em 1957, o Setor de Entorpecentes da Polícia Civil de São Paulo começou a funcionar no ano seguinte apenas com um delegado e cinco investigadores. No primeiro semestre de 1958, segundo reportou o jornalista Edson Flosi, a equipe de seis policiais prendera oitenta traficantes e apreendera quinhentos quilos de maconha, além de dez quilos de cocaína. Vinte anos depois, em 1978, o setor, promovido a divisão, contava com oito delegados e sessenta investigadores, mas tivera resultados piores: apenas vinte traficantes presos, cem quilos de maconha e dois quilos de cocaína interceptados.

Em algum momento entre 1957 e os anos 1970, os policiais paulistas haviam descoberto que era muito mais rentável extorquir traficantes do que combatê-los. Começaram também a ameaçar os usuários. Então sob o guarda-chuva do Departamento Estadual de Investigações Criminais, o Deic, o Setor de Entorpecentes foi transformado em Delegacia Especializada em 1969. Mais tarde, em 1975, tornou-se Divisão de Investigações sobre Entorpecentes. Doze anos depois, em 1987, foi criado o Departamento Estadual de Investigações sobre Narcóticos, o Denarc. Desgastado após um escândalo de corrupção, o departamento teve seu nome alterado em 2013 pelo então governador Geraldo Alckmin, e o Denarc hoje é o Departamento Estadual de Prevenção e Repressão ao Narcotráfico. O decreto assinado pelo governador reduziu o efetivo do departamento e restringiu a área de atuação dos policiais à capital.

Quando Capiau morreu, o Denarc ainda era uma divisão, mas padecia dos mesmos problemas. "A Divisão de Entorpecentes do Deic está passando pela maior crise desde que foi criada, há vinte anos", escreveu Flosi em 1978. "E a corrupção parece ser a maior responsável por esta crise [...]. A Divisão de Entorpecentes sempre foi o setor mais vulnerável e corrompido da polícia de São Paulo." Em 2015, o Denarc contava com um efetivo de mais de duzentos policiais, entre delegados e investigadores. No primeiro semestre daquele ano, segundo o site da Secretaria de Segurança Pública de São Paulo, os policiais do departamento efetuaram quatro apreensões e prenderam zero traficantes.

O INFORMANTE EM PÉ na garagem escura. Eles fazem isso há anos, ele diz. É sempre a mesma trama; quase sempre o mesmo script — há poucas variações. Na cidade de São Paulo, continua ele, os policiais corruptos se dividem para sugar todas as fontes possíveis de dinheiro. A taxa dos bordéis. A comissão pela vista grossa. Uma parte do lucro dos que clonam carros, dos contrabandistas, dos cafetões. Dos aliciadores e estelionatários. Dos coiotes e capatazes. Com o tempo, a criatividade dos corruptos levou-os a descobrir mais uma fonte de ouro: os playboys e patricinhas que usam drogas em São Paulo, e seus pais milionários. Grupos de jovens ricos e policiais corruptos começavam a se organizar, ali naquele bairro também, para extorquir outros jovens de famílias ricas, disse. "Eles gastam tempo do expediente para caçar um alvo." No jargão dos corruptos, "alvo" era qualquer rapaz ou moça de vinte e poucos anos que gostasse de usar drogas e cujos pais dispusessem de ao menos 1 milhão de reais na conta bancária, explicou. Localizado o alvo, os policiais e os playboys planejavam como prendê-lo para, em seguida, extorquir seus pais.

A prática se instalara como indústria no círculo de amigos do informante. Ele passou a ouvir com bastante frequência histórias sobre jovens milionários cujos pais tinham dado 300 mil reais para libertar os filhos das garras do Denarc. Meio milhão. Cento e cinquenta mil. Uma rede de arapucas institucionalizada. Em troca da liberdade do alvo, receberam propinas que chegavam a 800 mil reais. A polícia sequestra playboys semanalmente, diz o informante. É uma caça. Um jogo de gato e rato. Os investigadores pediram ajuda ao informante para rastrear jovens ricos com a exclusiva intenção de armar uma arapuca contra eles.

São Paulo tem 11 milhões de habitantes, observa o informante, mas apenas 500 mil ricos. "O Denarc foca nesses." Então, vários de seus amigos que, apesar de milionários, gostavam de ganhar algum dinheiro vendendo maconha ou LSD, porque isso dava a eles a aura charmosa dos fora da lei, deixaram de focar nas vendas. O narcotráfico tornara-se para eles um meio rústico de fazer fortuna. Era mais rentável e mais segura a atividade de informante policial. Os rapazes ficavam instigados. Bastava apontar aos policiais uma vítima ideal e pronto, ganhava-se 5% ou 10% da propina que viesse. Bastava vender cem gramas de erva a uma vítima ideal e, pronto: 30%.

Essa modalidade de extorsão passou a atrair a atenção e despertar o interesse de jovens ambiciosos, seus amigos, e uma nova turma de informantes, que não eram mais que traficantes mancomunados com policiais corruptos, começava a se formar, conta o informante. Diz que eram todos moradores de bairros nobres, uma maioria de pequenos traficantes que comercializavam seu produto para, logo em seguida, prender seus próprios clientes — "unindo inteligência e oportunidade", diz ele. Vários integrantes de uma mesma galera. Investigadores do Denarc os subornavam para que indicassem nomes de amigos, conhecidos, de qualquer jovem rico que usasse drogas e, portanto, estivesse apto a cair no golpe. Era fazer o que fazia um ganso, disse. No jargão policial, "ganso" quer dizer alcaguete, delator, aquele que deda alguém ou alguma situação.

O especialista em segurança pública Guaracy Mingardi, ao ministrar uma palestra para investigadores de polícia do Distrito Federal, havia dividido os gansos em três categorias: o primeiro é o cidadão preocupado, que avisa a polícia anonimamente, muitas vezes por meio do Disque Denúncia, a respeito de criminosos atuantes no bairro. O segundo é o informante que eventualmente convive com criminosos, "como prostitutas ou porteiros de boate", esclarece o especialista. E há o informante criminoso, que geralmente oferece informações para prejudicar o concorrente. O Denarc parecia ter inventado um novo tipo de ganso.

Cerca de novecentos universitários de classe média preenchiam o espaçoso pátio do prédio do curso de História da Universidade de São Paulo, no Butantã. Era noite de sexta-feira, a lua minguante, quase cheia, algo que gerava nos arredores uma tímida discussão sobre a real fase do calendário lunar. Havia uma pista de dança improvisada na frente da lanchonete, o som alto, cheiro de fumaça e gente esparramada pelas rampas que dão acesso às salas de aula. Pelos gramados que circundam o edifício, espalhavam-se maconheiros de barba e moças que apostavam quase sempre no estilo hippie-chique. Com um copo na mão, André* estava entre eles, bebendo entre amigos, curtindo a noite, a lua, a própria personalidade. André era como alguns de seus amigos no crime; por vezes e em geral, seres espertos e ambiciosos, realmente viciados em aventuras imprevisíveis; um tanto ansiosos por um encontro com a adrenalina e absolutamente inconsequentes. Eram inquietos, com frequência vaidosos e quase sempre cheios de si; na maioria homens brancos nascidos em famílias abastadas e que viveram sempre sob incontáveis privilégios, mas, no entanto, acabaram enveredando pelo ramo do narcotráfico.

André emudeceu por alguns segundos. Ele encolheu o sorriso e deu mais um gole na vodca ao avistar, ao longe, um desafeto antigo, um sujeito magro de jaqueta preta que fumava um baseado na companhia de oito amigos a trinta metros de distância; alguém que André jamais esperava reencontrar; naquele momento, alguém de quem guardava uma raiva incondicional. "É treta agora", avisou André a quem estava por perto. Ele mirou o rapaz com determinação, como uma onça à espreita de uma presa, enquanto seus amigos, com quem até então discutia amenidades, passaram a sugerir estratégias para efetivar o plano. "Calma, vamos esperar ele ir mijar e então a gente arrebenta ele", aconselhou um deles. "Demorou, vou pelo canto, vou ser o elemento surpresa", falou outro. "Deixa quieto, já faz três anos. Não vale a pena", comentou um terceiro. A discussão durou segundos.

Sem ouvir conselhos, André embrenhou-se a passos largos na multidão, inabalável, na direção do inimigo. Quando chegou mais perto, porém, passou a medir seus movimentos, escondendo-se por trás de ombros alheios, tentando não ser visto antes da hora. Observava seu inimigo no círculo de fumantes; o baseado seguindo seu percurso de mão em mão, e então chegou a vez do homem de jaqueta preta dar sua tragada. No instante em que levou o cigarro à boca, com os dois dedos esticados e a piteira quase beijando os lábios, o punho fechado de André lhe acertou a maçã do rosto com violência.

"Pou! Ele nem viu daonde veio", contou depois André. Na sequência, passou a utilizar os conhecimentos adquiridos durante os quatro anos em que treinou boxe em uma academia do Morumbi, cuja mensalidade ultrapassava um salário mínimo, para distribuir jabes e diretos aleatoriamente nos amigos do inimigo. Obteve algum sucesso nos primeiros segundos da briga, mas logo foi surpreendido: "Tomei uma puta de uma bomba na orelha. Olhei pra trás e vi um maluco gigante". Dos seis amigos que antes tramavam o ataque entre goles de vodca, só um apareceu — na hora certa — para derrubar o grandão com um cruzado no queixo. O rapaz logo foi agarrado por outro desconhecido. André apressou-se para socorrê-lo, mas no meio da balbúrdia algo atravancou sua passagem. Era um amigo de infância. Não deu tempo de reparar. No reflexo, André acertou o próprio camarada com um soco na bochecha e, sem se desculpar, saiu em defesa do outro colega que agonizava preso num mata-leão rasteiro. Martelou a testa do rival com pancadas sequenciais. Uma, duas, três. Antes da quarta, no entanto, "uma voadora" lhe atingiu as costas, e André rolou pelo gramado íngreme, cerca de seis metros até atingir o nível plano.

Ao se levantar, notou o "boladão" de antes em pé, guarda alta, na sua frente, pronto para um mano a mano épico. Uma plateia de gente perplexa se formou. "O cara me pegou na baiana e comecei a tomar chute na cara de outros mano", conta André, esbaforido, dois anos depois, como se revivesse a briga em pensamento, ensaiando chutes no ar, em pé, com um Marlboro apagado entre os dedos, "mas aí, do nada, ele, que tava em cima de mim, disse: 'Para! Para!'. Pensei: 'Como para? Eu que tô tomando aqui, brô'. Depois vi que um parceiro dele tava levando muito chute na cara também, do meu lado", diz, subitamente mais relaxado, acendendo o cigarro.

Os pedidos de clemência foram a senha para se desvencilhar do oponente, aliviado, e sair correndo dali. No caminho, trombou com uma amiga: "Calma, André, esse sangue não é seu. Esse sangue não é seu!", disse a garota aos prantos, ao notar o rosto do rapaz ensopado de sangue alheio. A agressão inicial desencadeara uma pancadaria generalizada. Outras rodas de sujeitos em guerra braçal ainda pipocavam pelo pátio, mas, de maneira geral, naquele instante os ânimos arrefeceram. Parecia ser o fim de uma batalha. Os bem-sucedidos davam-se por satisfeitos, alguns feridos se recuperavam sentados numa mureta, bebendo garrafas de água trazidas por moças de saia longa e sandálias de couro. André se refugiara na copa de uma árvore. Vestia uma camiseta vermelha, e notara antes alguém afirmando que tinha sido "o vermelhinho", que tudo fora culpa do "vermelhinho", o sujeito de camiseta vermelha que começara toda aquela confusão.

Em seguida, viu uma multidão de jovens coléricos galopando em sua direção, como uma manada de touros enfurecidos atraídos pela camiseta vermelha. Por isso, sozinho sobre um galho, resolveu se despir e por ali ficar por longos minutos. Quando ouviu as vozes dos seus amigos, desembarcou dos galhos em busca de um táxi. "Caralho, mano!", disse. "Arregacei a festa, todo mundo se quebrando, e eu que comecei o bagulho", continuou, em tom de arrependimento. "Mas valeu a pena."

A BRIGA FORA O DESFECHO de uma história de vingança. O rapaz agredido por André era um ganso. Filho de um delegado da Polícia Civil, ele havia delatado André para investigadores corruptos do Denarc. Em agosto de 2012, o jovem traficante tinha começado a vender skunk. Era o primeiro ano na faculdade particular, e ele perambulava pelos corredores, o boné de aba reta ligeiramente inclinado para o lado, o relógio pesado, a corrente de ouro no pescoço, caindo sobre o osso esterno no peito. Aos dezenove anos, André dirigia um Volkswagen Golf preto blindado (presente do pai), morava sozinho em um apartamento em Moema (cujo aluguel era pago pelo pai), tinha os estudos quitados mensalmente pelo pai e, sem trabalhar, ganhava exatamente 1800 reais por mês — naturalmente, uma mesada dada pelo pai. Engenheiro bem-sucedido, o homem não se importava em bancar o filho nem exigia a presença diária dele em casa. Jantares em família às oito não integravam a rotina de André. Costumava viver mais entre amigos. Nesse horário, era mais provável que estivesse no sofá do apartamento, acendendo um baseado e assistindo ao futebol, com certeza à espera de algum convite para beber ou de olho nas mensagens das garotas no Orkut.

André conta sua história enquanto beberica gim-tônica. Ele terminou de fumar seu Marlboro. Agora retira um pino de cocaína do bolso da calça jeans e estica um rastro de pó sobre uma carteira de couro preto apoiada na mesa de vidro da varanda. Há uma garrafa de gim, outra de vodca Smirnoff, outra de guaraná, um isqueiro, três celulares, quatro copos, um cinzeiro e duas flores de skunk dispostas no interior de uma caixa metálica de pastilhas de canela Altoids sobre a mesa. A escuridão dos bosques e algumas janelinhas incandescentes preenchem a vista do apartamento no Panamby, bairro nobre paulistano onde André mora com a namorada. Com uma das mãos segura a nota no nariz e cheira toda uma fileira de pó, depois ergue o olhar, enche os pulmões, esvazia os pulmões, volta a apoiar a cédula na mesma narina e, sem dizer nada, traga a segunda carreira.

André ficara espantado com a qualidade da maconha no primeiro ano da faculdade. Soubera de um aluno que vendia flores orgânicas, um skunk poderoso, e achou boa ideia se aproximar dele. Era um jovem estudante do curso de publicidade da Universidade Presbiteriana Mackenzie. Vivia num apartamento de luxo numa travessa da avenida Rebouças, área nobre de São Paulo, onde costumava servir os revendedores interessados em distribuir sua mercadoria. Segundo André, o skunk era cultivado e empacotado numa fazenda no interior paulista antes de chegar à capital. Extrovertido, André logo conseguiu se enturmar. Na primeira vez em que pisou no apartamento, viu uma enorme quantidade de maconha sobre a mesa, no sofá, no lavabo, no balcão da cozinha. Havia flores de 35 centímetros de comprimento, algo que jamais tinha visto; eram imensas para os padrões normais da planta, e a maneira como tudo estava embalado o faria, por vezes no futuro, descrever aquele instante com a ajuda de uma contundente diversidade de gírias: "Vi dez quilão na mesa, do mais sinistro, em *bag* tipo da gringa, separadinho, bonitinho, zip zip, da *motherfucker*, grandona! Aí não deu outra: Plum! Do dia pra noite, virei meio quilo".

André pagou quinze reais por grama, 7,5 mil reais ao todo, que transferiu pela internet. Revendeu o grama por quarenta reais — em três dias, para três compradores, todos colegas de universidade. Eles repassaram a mesma quantidade por setenta reais. Em 72 horas, a transação rendera a André um lucro de 12,5 mil reais, e aos revendedores 5 mil reais para cada, de maneira que a rentabilidade do negócio o deixou impressionado e ele voltou ao menos oito vezes ao apartamento que ficava numa travessa da Rebouças. Comprava pacotes de maconha que mais pareciam almofadas. Meio quilo. Oitocentos gramas. Trezentos gramas. Conseguia lucrar, em média, 15 mil reais por semana — 60 mil reais por mês. Em dois meses, ele e os três colegas de sala tinham ficado mais ricos do que já eram.

No terceiro mês, contudo, André quis dar um intervalo nas vendas, porque era dezembro, férias da faculdade, e ele tinha vendido skunk suficiente para decidir que o melhor era partir com a namorada para uma praia em Camamu, na Bahia, onde passaria o ano-novo. Estava tudo acertado, mas seu fornecedor não parava de enviar mensagens, alertando para a qualidade da última colheita, o estoque cheio, oportunidade de dinheiro fácil. De início, André agradeceu a oferta, mas estava mesmo de partida para a Bahia. Ao arrumar as malas, outra mensagem voltou a apitar no celular. Era um dos seus três clientes, amigo da faculdade, querendo comprar erva. André acabou convencendo-se então de que não seria má ideia efetuar um último negócio antes da folga. Não esperava, no entanto, que o freguês que havia insistido em obter mais skunk fosse justamente o ganso, o homem de jaqueta que levaria o soco na USP, o filho do delegado que acabaria entregando André aos investigadores corruptos do Denarc.

MATHEUS* ESTÁ ENCOSTADO numa pilastra, debaixo de uma porta de enrolar de um boteco perto da rua da Consolação, região central de São Paulo. Ele rela o ombro no trilho fixado à parede, sujo de graxa. "Merda", diz para si mesmo. "Minha camiseta nova." O bar está apinhado de gente, mas ninguém ouve. Matheus carrega uma mochila com cem gramas de maconha e uma balança digital de precisão. Da calçada para lá, o som é ensurdecedor, porque uma turba de calouros bebe e gargalha. Metem tinta no rosto e vão pedir esmolas pelos semáforos. Uma bateria composta por dez integrantes anima a festa.

Matheus gruda um ouvido contra o concreto, o outro ele tapa com o telefone celular. Espreme o aparelho contra a orelha. "Estou vendo, ele vai estacionar. Tô vendo o apoio também. Ele já me viu. Vou lá." Matheus caminha com o pescoço esticado e o queixo erguido, desviando dos troncos bêbados que se esbarram e se aglomeram no centro da rua. Ele alcança um carro preto, um automóvel de luxo, que parece blindado, a cerca de vinte metros da multidão, onde um rapaz de camisa polo listrada descansa na companhia de um amigo. Matheus bate na janela, o homem desce e abre o porta-malas. Matheus entrega a mochila e pega o dinheiro. O rapaz abre o zíper dentro do porta-malas e vê a balança, encaixada junto aos gramas embrulhados em plástico transparente. "Para você pesar e ver que está certinho", diz Matheus. "Fica com ela, depois você me devolve." O lugar era escolhido a dedo. O barulho produzido pela turba de estudantes e a movimentação exacerbada ajudavam a impedir a chance de aparecer uma viatura da Polícia Militar e estragar tudo. Já acontecera. A interferência dos "papa mike" certa vez melara um golpe. O playboy de camisa listrada então larga a bolsa no porta-malas, bate a porta, entra no carro, aciona as travas elétricas e pisa no acelerador. Matheus pega o telefone, liga: "Ele está de camisa listrada", fala. À distância, Matheus vê um motoqueiro baixar a viseira do capacete e partir atrás do carro preto. Era o "apoio", sempre acavalado numa motocicleta, uma função dentro do esquema, responsável por comunicar o que via da esquina, por observar e reportar todos os passos do alvo.

Nas conversas por telefone, do outro lado da linha, está uma dupla de investigadores do Denarc. A viatura estacionada na rua por onde certamente o alvo vai passar, à espera. O apoio tem um rádio acoplado no peito, para avisar que o carro preto está a caminho. Perto da avenida Paulista, numa travessa, uma sirene aguda. Os policiais apontam suas armas, os distintivos grudados à cintura. Checam o porta-malas, a droga na mochila. A balança. Em seguida, levam os playboys, algemados, à sede do Denarc. De início, o procedimento foi corriqueiro, um escrivão colheu os depoimentos. Ele estava ciente da emboscada, contou Matheus. Digitou um boletim de ocorrência padrão, enquanto os investigadores corruptos pressionavam os rapazes para que telefonassem logo a seus pais, a um amigo, alguém, que pedissem socorro.

Logo um advogado entrou pela porta da frente e subiu pelo elevador. Engravatado, experiente, ele conhecia os esquemas da polícia, todos eles conhecem, segundo Matheus. Conhecem a extorsão. Geralmente, o advogado é responsável por fazer a ponte entre a família e os corruptos. Colhe e entrega a propina, disse Matheus. Daquela vez, o procedimento durou poucas horas. O advogado foi direto ao ponto: não haveria alguma forma de garantir a liberdade dos meninos? Matheus, que nunca foi policial, usava um distintivo pendurado ao pescoço, como se fosse uma medalha, que lhe fora entregue por um dos investigadores, e participava da negociação. Estavam numa sala iluminada por lâmpadas florescentes, a porta fechada.

Era assim que os ricos resolviam as coisas, contou Matheus. Eles enviavam um profissional cujos honorários custam os olhos da cara e ofereciam uma quantia para resolver a situação de uma maneira discreta, da maneira mais discreta possível. Um policial então agarrou uma caneta sobre a mesa lisa, puxou uma folha de sulfite e ordenou: "Escreve aí o valor". O advogado rabiscou a cifra de 50 mil reais. O investigador apanhou a folha novamente, deitou-a sobre a mesa com delicadeza e rasurou o número. Escreveu: "Quinhentos". Alguns minutos depois, uma lista de garranchos rasurados tomava metade da folha, mas só um número continuava intacto: o número do acordo, 200 mil reais.

MATHEUS JÁ PASSOU pela fase *lumbersexual*, mas agora assume uma aparência de homem de negócios. Está sempre de óculos escuros, trabalha em uma produtora de festas de música eletrônica para jovens ricos e possui um topete impecável para trás, com o cabelo raspado dos lados. As tatuagens despontam pela manga da camisa, sob o peso do relógio quadrado e colossal. Mostram formas geométricas aparentemente sem qualquer significado além do estético, mas ele explica que foram inspiradas na arte maori da Nova Zelândia. Os desenhos tomam um braço. O outro conta com traços esparsos, todos em tinta preta, um sol no ombro esquerdo, triângulos na costela, quatro símbolos da cabala judaica no cotovelo.

Recostado no sofá, na sala do apartamento que divide com um amigo nos Jardins, ele conta detalhes da sua breve carreira de informante policial; como se sente Robin Hood quando tira dinheiro de gente rica; é isso, como se fosse um Robin Hood da modernidade, diz ele.

Com o golpe da rua da Consolação, Matheus embolsara 40 mil reais, cachê por ter arranjado o cliente e consumado a venda. O jovem soube quanto levara cada um no esquema — 40% costumavam ficar com os policiais que efetuavam a abordagem. O contato direto do informante, o policial mais próximo de Matheus (o que o aliciara como informante durante uma longínqua rave no interior de Goiás), esse levou mais. Os que só acompanharam a diligência, um tanto a menos. Outros 40% seriam encaminhados ao delegado de plantão e distribuídos a todos os setores do departamento, esclarece Matheus. "É que nem no xadrez. O rei fica lá atrás, os peão na frente", explica o informante, que ficou com 20% da propina.

O dinheiro era sempre pago em espécie, trazido em sacolas pelos advogados. Vez por outra, em caixas de vinho. O rei, segundo Matheus, era um homem gordo que morava na zona sul e lavava dinheiro com a venda de terrenos no interior. Em geral é o cabeça, corrupto invisível da Polícia Civil, o rei. Costumava levar 6% dos 40% destinados aos setores, sempre, de cada achaque promovido pelo departamento.

Uma parte do que recebeu, contudo, Matheus teve de dar a um amigo, o sujeito que o havia encaixado no esquema. Esse era o filho de um policial civil, mais um filho de policial metido nas tramoias dos corruptos, como tantos, misturados entre os estudantes nas universidades particulares. Era um parceiro de noitadas, e mesmo que não tivesse contribuído em nada com o golpe, deveria receber sua parte, porque fora ele a apresentar Matheus a um policial corrupto pela primeira vez, na longínqua rave. Apenas dois moleques de classe média. Depois do golpe da rua da Consolação cada um deles passou a estocar em suas gavetas milhares de reais, maços de cédulas, da noite para o dia. Notas amarradas com elástico. O advogado do playboy, antes de levar o dinheiro, encarara Matheus e mostrara-se espantado com aquele agente de tez rosada e barba falhada. "Você é novinho, não?"

Matheus tinha 22 anos, mas parecia maduro para a idade; talvez fosse a expressão carrancuda; tivera uma vida familiar conturbada. Filho único, não se dava com o pai e tampouco com a mãe. E, ainda que fosse muito novo, ele diria, qual o problema? Era isso mesmo que os corruptos queriam, um moleque novo que pudesse se infiltrar entre os playboyzinhos drogados da elite, mas não disse nada. Tudo começara em Pirenópolis, Goiás.

Matheus curtia uma rave ao lado do seu amigo que era filho de policial. E então esse amigo lhe apontou um homem forte que dançava ao longe, ao som da música eletrônica. "Aquele é o Fontes", disse, a fala seguida de um gesto discreto, o dedo esticado por um segundo. "Ele é um dos que mais ganham dinheiro no Denarc". Embaixo de um sol escaldante, sem camisa, suado e um pouco bêbado, Matheus caminhou até o homem e o cumprimentou. Fontes tinha uma especialidade na polícia, só atuava em porta de universidade. Àquela altura, Matheus era um rapaz de classe média que tinha lá alguns contatos de traficantes e bandidos no bairro, mas ainda terminava a faculdade. Jamais apertara a mão de um corrupto. Fontes pediu a ele que encontrasse alvos ideais. Fontes tinha também o hábito de pedir que arranjasse as drogas para os flagrantes, meio quilo de maconha, uns tubos de lança-perfume, um saco de ecstasy, porque nem sempre as drogas duravam no estoque do Denarc. O policial mesmo dava o dinheiro para que comprasse. Embora fosse membro de uma família abastada, Matheus não podia contar sempre com a ajuda financeira dos pais, e desejava juntar grana para viajar. Não havia melhor maneira de atingir o objetivo do que manter a amizade com Fontes.

Confiava no policial porque sabia que sua única intenção era fazer fortuna.

Fontes vivia num apartamento dúplex na avenida Faria Lima avaliado em 1 milhão de dólares. O imóvel fora adquirido com dinheiro de propinas, diz Matheus. Fontes montara lojas de roupas e perfumes para lavar o dinheiro da corrupção, mexia com contrabando, tivera uma casa lotérica, produzia festas de música eletrônica e vendia eletroeletrônicos pela internet. Estava rico, mas continuava a encher seu cofre com o lucro das extorsões. Era um policial ganancioso que compartilhava no WhatsApp vídeos de adolescentes pobres e pretos flagrados com drogas sofrendo na mão de policiais; sendo obrigados a lixar a própria perna até sangrar com uma lixa de parede; um investigador ameaçando dar um tiro no tornozelo de um deles; o medo nos rostos. Fontes ria daquilo. Costumava ser um sujeito pragmático, observa Matheus. Criara uma norma interna para os achaques. De preferência, que fossem realizados à noite, quando havia poucos funcionários no departamento, as salas estavam escuras. Os corredores, vazios. "A chance de dar merda é menor", dizia o policial, porque havia grupos concorrentes dentro da própria polícia, e não dava para confiar na Corregedoria. Era melhor evitar alarde.

Matheus ouvira as histórias de um informante que havia deixado um dos investigadores milionário; ele indicava alvos ideais toda semana; os achaques rendiam entre 80 mil e 150 mil reais, eram dois por semana, em média, às vezes mais. Atuaram por seis meses. Em seis meses, tornaram-se milionários. Abriram empreendimentos, e, depois, o informante se mudara para a Austrália, onde dera início a uma nova vida. Matheus sonhava com aquilo.

Ao meio-dia, André e um amigo de infância que não via há tempos acordaram no nono andar do apartamento na avenida Macuco, em Moema, bairro nobre de São Paulo, onde o jovem morava antes de se mudar para o Panamby. Era um dia de sol sem nuvens, e havia ainda quatrocentos gramas de skunk na primeira gaveta do móvel. O resto, André entregara a seu cliente, o ganso. Ele viera buscar pessoalmente, com a chave do carro na mão, entrara pela porta dos fundos, que André deixava sempre aberta; estava com um pouco de pressa. Era um bom amigo, conhecia a irmã de André, ria com ela, fazia piadas, um cara divertido que conhecera na primeira semana de aula na faculdade, seis meses antes.

"Minha mãe gostava dele", diz André. "Ele beijava minha mãe no rosto." No térreo, a piscina do condomínio brilhava num azul estonteante; convidava a um mergulho. A dupla decidiu descer pelo elevador. Levaram uma garrafa de vodca Absolut no gelo e meia dúzia de latas de energético em uma bolsa térmica, além de dois baseados prontos. Por volta das quatro da tarde, depois de gastarem o tempo entre goles e mergulhos, voltaram ao apartamento. Comeram o que havia na geladeira. André confeccionou um espesso cigarro de skunk e sentou-se para assistir à televisão no quarto. Estava prestes a cochilar. Com o fone de ouvido que cobria as duas orelhas, alheio ao resto do mundo, seu amigo de infância se acomodou na sala, diante de um notebook, encarando os cenários de guerra e os tiroteios de um jogo de computador. Por estar especialmente atento às armas virtuais, não notou quando a porta dos fundos do apartamento se abriu lentamente na área de serviço e o cano de uma pistola austríaca Glock despontou.

Esparramado na cama, com o cigarro de skunk ainda aceso entre os dedos e assistindo ao Cartoon Network, André viu quando o mesmo cano atravessou o vão da porta do quarto. "Era uma Glock, tenho certeza, era Glock, igualzinha à do Counter-Strike", conta ele. Em seguida, pensou que fosse um amigo brincando com uma das pistolas de brinquedo que tinha em casa; réplicas perfeitas que alegravam seus colegas maconheiros; não à toa havia bolinhas coloridas espalhadas por todo o chão e embaixo dos tapetes. Mas não era um amigo.

"André? Você é o André?", indagou o invasor, pistola em punho. Era um homem baixo e forte, trinta e poucos anos, cabelos pretos, óculos escuros, à paisana. Parecia mais velho, porém tinha jeito de jovem; usava chinelo e bermuda, tinha um cabelão louro e era bronzeado como um surfista. André já o tinha visto nos arredores da faculdade. Antes que pudesse responder, foi atingido por um soco no maxilar. Desnorteado, o traficante ouviu: "Olha pela janela, dá uma olhada lá embaixo!". Por trás das cortinas, enxergou duas viaturas da Polícia Civil. André soube então que o agressor era na verdade um policial, que lhe apontou a arma e passou a analisar os cantos do quarto, correu o olhar sobre as coisas e os móveis, até que parou e foi à gaveta onde estava o skunk. Eram quatro gavetas, ele abriu justamente aquela onde repousavam as oito *bags*, cinquenta gramas de flores em cada, além de uma balança, relembra André. Um parceiro do policial logo chegou.

Revistaram o apartamento, roubaram as armas de Airsoft que André tinha importado do Paraguai e mais 15 mil reais em dinheiro que guardava num armário. "Caralho", disseram, "traficante mais pobre que já peguei." E então um dos policiais falou: "Eu sei que você tem um carro blindado. Cadê a chave?". O ganso havia sussurrado todos os detalhes. Nono andar, porta dos fundos, primeira gaveta. Basta pressionar o porteiro. Meteram aquelas coisas nas viaturas e seguiram para a sede do Denarc, no Bom Retiro. No caminho, conta André, o policial que dirigia seu carro fazia graça, acelerava para em seguida frear bruscamente, girava o volante e batia a lataria do veículo contra o que pudesse, de propósito, como um aloprado.

André e seu amigo de infância iam algemados no banco traseiro, as caminhonetes do departamento logo atrás, com as sirenes desligadas. O amigo de infância era um jovem da igreja, criado numa família católica do interior do estado, e André tentava dizer aos policiais que ele nada tinha a ver com seus esquemas. Esse aí é a testemunha, retrucaram. André se calou. Pensou no zelador do prédio, um sujeito agradável, que fora rendido pelos investigadores antes de conduzi-los ao apartamento. No momento da batida policial, André notara nele os olhos brilhando, a expressão que parecia suplicar perdão. E então um policial se virou e disse: "Mano, você quer saber mesmo qual a ideia? O mano que te caguetou está na viatura ali atrás". E foi assim que André ficou sabendo quem era o ganso, porque um policial quis fazer intriga. Então, quando chegaram ao departamento, André viu que o ganso era mesmo o seu camarada. Ele tinha o rosto cheio de hematomas, dizia ter sido pressionado, mas André não sabia até que ponto aquilo era teatro, não sabia mais em quem confiar, estava irritado com o fato de os policiais conhecerem os detalhes, a porta dos fundos aberta, a gaveta do móvel. Como sabiam tanto?

No Denarc, os jovens foram algemados a um cano de ferro fixado no chão de uma sala. A perna de André alcançava o ganso, de maneira que ele tentava, vez por outra, mesmo sentado, atingir o rapaz com chutes no rosto. "Cagueta filho da puta", dizia ele. Os policiais riam. O delegado mandara um dos investigadores enrolar um cigarro com um pouco de todo aquele skunk, e em seguida os policiais começaram a fumá-lo dentro do departamento. Sobre a mesa, havia algumas pizzas e um saco em forma de travesseiro que carregava centenas de pinos de cocaína.

Os policiais se sentavam em roda, comiam e fumavam, dando risadas. Nos corredores, não havia mais nada além de salas vazias. Um deles jogou uma caixa de pizza para os rapazes algemados no chão, de atum, esclareceu, comam aí se quiserem. Nas horas subsequentes, André, seu amigo de infância e o ganso permaneceram presos àquela barra de ferro, sentados no chão frio, levando tapas no rosto, principalmente André. "De quem é o skunk?", perguntaram. "Não vou falar porra nenhuma", retrucou André. "Ih, esse moleque é folgado", disseram os policiais, e então André recebeu mais socos na orelha, nas costelas, na boca do estômago. Um policial chamou-o, mostrou o site de um banco aberto na tela de um notebook. Havia 18 mil reais na conta de André. "Transfere agora", ordenou o policial, e André transferiu o dinheiro para a conta que o policial lhe deu. "Só tem um jeito de você sair daqui", continuou o investigador, "vende esse carro até amanhã."

O pai do amigo de infância dera outros 30 mil reais aos corruptos; e, depois de virar a noite preso, André deixou a sede do Denarc no Bom Retiro na manhã seguinte, com a promessa de que venderia o carro e pagaria logo o resto do dinheiro, como de fato aconteceu. "Sabemos onde você mora", ameaçaram os policiais, na saída. "A gente vai voltar lá." Uma semana depois, o interfone tocou no apartamento de André, era o porteiro dizendo que havia um senhor que desejava falar com ele, se poderia descer e encontrá-lo no térreo. E assim fez André. Ao chegar, se deparou com um homenzinho curvado, com mais de setenta anos, certamente. Ele se identificou como investigador do Denarc. "Olha", disse, "95% dos caras lá são corruptos, tenho vinte anos de Denarc e só vejo pilantragem nessa porra. Some daqui, senão eles vão voltar para aplicar o repique", continuou o velho, garantindo, com o termo "repique", que os policiais voltariam para repetir a extorsão. André acreditou nele, mas lamentou: "Daqui eu não saio, infelizmente não tenho pra onde ir". A conversa durou poucos minutos, e logo o homem foi embora.

André subiu de volta pelo elevador. Não sentia medo porque não havia mais nada que pudesse ser roubado pelos corruptos. Navegando pelo Facebook, encontrou o ganso on-line. "E aí, irmão, como você teve coragem?", digitou e enviou. "André, quer saber, vai tomar no cu! Não vou gelar para nenhum playboy de Moema, não", respondeu o ganso. "Vai se foder, fdp", teclou André. E assim foi o último diálogo entre eles antes da pancadaria na USP, que viria a ocorrer alguns meses depois.

André tinha sido preso e extorquido, e desde então parara de fumar maconha — se o fizer, justifica, pode entrar imediatamente numa crise de pânico, sequela daqueles dias. Arranjou um emprego em um bar frequentado pela elite paulistana; nos dias muito duros, lembra-se da bonança produzida pelo skunk, 15 mil reais por semana, ao menos 100 mil em dois meses, e suspira. Perdera tudo. Apenas a lembrança da extorsão tinha ficado, conta ele, aquele chão gelado, os tapas na cara, a pizza revirada; uma lousa branca que havia flagrado na parede do departamento, com traços riscados a caneta, como se montassem uma tabela. Em cada linha um dia da semana. Para cada dia um nome. E para cada nome um tipo de droga. "Segunda-feira, Thiago, 16 tubos de lança-perfume. Terça-feira, Murilo, 30 ecstasy. Quarta-feira, André, 400 g de skunk."

Às QUATRO HORAS DA TARDE, o restaurante estava entregue às moscas. Era o momento em que os garçons se recolhiam para o break da tarde, não havia clientes e o salão permanecia quase totalmente vazio, exceto pelos quatro homens sentados a uma mesa ao fundo, num canto discreto. Matheus estava entre eles. Com um mapa estendido sobre a toalha branca, na companhia de três policiais, o informante bebia Coca-Cola e olhava o cardápio. A reunião fora convocada porque ele havia encontrado um novo nome, uma nova vítima para a emboscada. Tratava-se de um estudante de odontologia que dirigia um carro caro, o pai era dono de uma rede de lanchonetes, passava as férias sempre fora, na Europa, na Islândia, no Caribe. Eles estavam em todos os lugares e deveriam mesmo ser muito ricos, argumentou Matheus. Sessenta tubos de lança-perfume, era o que desejava comprar o rapaz, porque ia dar uma festa e queria se exibir para os amigos, contou.

Os policiais afirmaram que podiam ajudar com a mercadoria. Estavam ali também para decidir quem preencheria quais funções no golpe; o delegado seria informado; quem seria o apoio? Era preciso dar algum dinheiro ao ganso que havia indicado o cliente a Matheus. Depois, falaram de outros alvos em potencial. Aquele, que mora num condomínio de luxo. Aquela, cujo pai é vice-presidente de um banco. Aquele, que dirige um Porsche. Aquele, que mora nos Jardins. Iam definindo cada alvo, em busca de cada jovem supostamente rico que pudesse ser extorquido.

Por fim, ainda enquanto almoçavam, iniciaram uma breve discussão sobre qual o melhor ponto do mapa para o instante da próxima abordagem policial, programada para o dia seguinte, onde o estudante seria rendido, algemado e conduzido à delegacia. Apontavam com o dedo as ruas que logo descartavam, porque concentravam grande fluxo de veículos, e eles queriam ser discretos; ou porque eram contramão. Outras levavam para uma direção indesejada. Até que elegeram o lugar ideal, no Real Parque, bairro nobre da cidade. Um deles, com uma caneta, assinalou o ponto no mapa. Matheus não entendia por que os policiais gostavam de mapas de papel, talvez fosse uma questão geracional, porque um deles parecia mais velho, tinha uma parte da barba branca e precisava de óculos para ler. Depois de apanhar as drogas ali, o alvo teria um só caminho a seguir, o mesmo que cruzaria com a viatura dos corruptos.

Na tarde seguinte, enquanto o sol afundava no horizonte, Matheus dirigiu até o McDonald's da avenida Henrique Schaumann, um dos mais movimentados da cidade. Marcara de encontrar o alvo ali e riu em pensamento quando o rapaz apareceu; era a própria concepção de playboy, nas palavras do informante. O cabelo hidratado, as calças apertadas, um par de sapatênis, um carrão turbinado. Matheus foi até ele e se apresentou com um nome falso, disse que estudava numa faculdade inventada, que tinha uma namorada que não existia. Tudo nele era uma farsa, segundo diz, por precaução. Em seguida, explicou ao alvo que os tubos de lança-perfume estavam embrulhados em jornal, dentro de uma mochila; mas que gostaria de entregá-los num local seguro. Avisou que conhecia uma rua, no Real Parque, perto de onde morava, embora residisse em outro lugar. Pediu ao estudante que o seguisse, que lá consumariam a transação, e o rapaz aquiesceu.

No local, Matheus observou o carro do alvo pelo retrovisor, em marcha lenta. Estacionaram no mesmo lado da rua. "Aqui estão os tubos", disse Matheus, e o estudante os colocou com cuidado no porta-malas. Depois pagou em dinheiro. Matheus agradeceu. "Pode ficar com a mochila", acrescentou o informante. O bairro era um labirinto de ladeiras sinuosas, de modo que Matheus se ofereceu para mostrar a saída; bastava segui-lo, e assim fez o jovem estudante de odontologia. O informante entrou no carro e partiu lentamente; o carro do alvo logo atrás. A poucos metros, quando a rua afunilava e ficava mais escura, Matheus sentiu a visão ofuscada por um farolete. Logo ouviu os gritos: "Vai, passa! Passa!". Aquilo também tinha sido combinado. Matheus acelerou e passou entre duas viaturas do Denarc que estreitavam a passagem. O carro do alvo, que vinha em seguida, foi bloqueado, o estudante ficou imóvel. Com lanternas em punho, as pistolas em riste, os policiais correram até o veículo e o arrancaram do banco do motorista. Ele estava petrificado. Abriram o porta-malas, flagraram a droga. Meteram-no algemado no banco traseiro da viatura e seguiram para o departamento policial.

A família do rapaz foi contatada. Mandaram um advogado. No fim, a arapuca rendeu meio milhão de reais, 50 mil para Matheus. E, a partir de então, ele passou a oferecer dinheiro a amigos que indicassem um jovem rico qualquer interessado em comprar drogas que pudesse cair no golpe, e alguns desses amigos ganharam 10 mil reais apenas por ter citado nomes.

O ASFALTO DA RUA MARTINICO PRADO, no centro da capital, ardia, 31 graus. Em pé na calçada, o boné cobrindo os olhos, os fones acoplados aos ouvidos, Matheus conversava com Fontes. O informante sentia-se um agente secreto, um espião de Hollywood, um Leonardo DiCaprio no filme *Os infiltrados*, vestia os mesmos trajes, como um Jason Bourne paulistano. Fora designado para ser o apoio, estava lá para reportar os passos do alvo e o que mais pudesse — placa do carro, cor, velocidade, posição. Ele o observava à distância. Dessa vez, tratava-se de um estudante do curso de publicidade da Universidade Anhembi Morumbi; estava sozinho, estacionado a poucos metros da esquina. Matheus conseguia ver seu braço para fora da janela do veículo. Fumava um cigarro. Nessas horas, o alcaguete costumava manter um telefonema ininterrupto com Fontes, que esperava o instante do bote dentro da viatura, em algum lugar pré-combinado. Matheus transmitiu as informações em voz baixa. Minutos depois, viu um policial franzino descer a rua movimentada a duras penas, por causa do calor; conhecia-o do Denarc; estava à paisana e era parte do golpe. Sua função era entregar as drogas ao alvo, consumar a venda.

Matheus assistia ao homem andar, mochila nas costas, até trombar com o alvo dentro do carro. A droga para o flagrante fora fornecida pelos próprios investigadores e seria recuperada em breve. O estudante largara o pacote com trezentos gramas de maconha no banco traseiro do veículo, avisou Matheus por telefone. Em seguida, saíra devagar pela caótica rua central, ficara preso no trânsito por poucos minutos e dobrara à direita no sentido de Higienópolis. Os policiais o seguiram. A abordagem foi rápida, como devia. Algemado, o estudante chegou à sede do departamento e telefonou à família, que logo correu para ver o filho, não sem antes convocar um advogado. Depois de atuar como apoio, Matheus foi para o departamento. Colocou em volta do pescoço seu distintivo fake e entrou no saguão para pegar o elevador. Na recepção, avistou a família do alvo diante de um balcão, ansiosa para ver o filho, mas tratou logo de virar o rosto, porque conhecia de outras circunstâncias a irmã do estudante. Alguns andares acima, cumprimentou Fontes e outros dois policiais. Eles tinham acabado de receber 20 mil reais em espécie do advogado, um sinal. O restante do dinheiro, 130 mil, por questões burocráticas, seria entregue no dia seguinte, e, por isso, já era hora de liberar o alvo, que, são e salvo, dormiria sob o teto do luxuoso apartamento em que vivia com seus pais.

No dia seguinte, no entanto, Matheus encontrou os policiais menos sorridentes; estavam irritados, preocupados, esbaforidos, diante do computador. As pesquisas na internet pipocavam na tela; o advogado era um golpista de ficha extensa. Havia fugido com o dinheiro. Fontes esbravejou, xingou, depois riu. "Filho da puta", disse ele. "Pilantra safado." Depois, chamou Matheus para uma reunião a sós numa das salas. Informou que uma ideia brilhante circulava pela banda corrupta da polícia; na verdade, não se tratava de nenhuma novidade, nada de inédito, mas algo que os policiais vinham fazendo há décadas. Fontes propôs pagar ao informante todas as mensalidades de um curso de graduação em qualquer faculdade cara da capital. Em troca, Matheus deveria frequentar cada aula, todas as festas, qualquer palestra, contanto que captasse alvos em potencial, estudantes que curtissem drogas, filhinhos de papai, patricinhas, milionários. Passaria um semestre infiltrado, depois poderia ser só mais um estudante, concluir o curso, pegar o diploma. A ideia, disse Fontes, era que indicasse algum playboy para a emboscada ao menos uma ou duas vezes a cada quinze dias. Melhor ainda seria se conseguisse traficar grandes quantidades para um flagrante posterior. Além das mensalidades pagas, levaria, naturalmente, as gordas porcentagens de cada extorsão.

Jovens informantes haviam aceitado tal proposta. Transitavam pelos corredores das mais conceituadas universidades de São Paulo. Os policiais corruptos mantinham espiões em praticamente todas as faculdades particulares da cidade, esclareceu Fontes. Matheus refletiu. Teria de ser um curso repleto de drogados ricos. Cinema, talvez publicidade. Fazia frio dentro do departamento. "Se quiser, é só abraçar", disse o policial.

13. Do céu ao chão

CUSTOU 15 MIL DÓLARES, o aluguel do contêiner. Cruzaria os oceanos Índico e Atlântico para levar a Ferrari de Sydney até o porto de Santos, no Brasil. Três meses de viagem. Daniel estaria no litoral paulista para receber o carro. Até lá, no entanto, eram três meses para rolar. Três meses de doideira, diria ele, e, depois, a boa vida que o aguardava no Brasil. Antes de partir para a longa jornada na qual guiaria a Ferrari por quase mil quilômetros até a capital de New South Wales, Daniel aproveitou para dar uma volta com um amigo em Broadbeach. Ostentou, como de hábito, na frente de uma balada de hip-hop. Despediu-se do carro, o símbolo máximo do sucesso em seu delírio ególatra, porque seria um tanto desconfortável usá-lo no Brasil. Imagine ir ao drive-thru do McDonald's com o volante na direita? — perguntou-se Daniel, ao se referir aos carros feitos para a mão inglesa. A ideia, contudo, era vender a Ferrari em São Paulo, onde o automóvel era mais caro. Escolheu embarcá-lo a 835 quilômetros de Gold Coast porque acreditou que assim correria menos risco de chamar atenção, e partiu sozinho no carrão vermelho.

No meio do caminho, no vento da estrada, lhe ocorreu a ideia de atravessar o Pacífico também sozinho no veleiro. Carregaria consigo quase 2 milhões de dólares em espécie; e em forma de relógios, ouro e joias. Entrara uma vez num catamarã. Sabia que aquele veleiro amplo e estável, com duas bananas de ar que deslizam como foguetes pelas cristas do oceano, custava 70 mil dólares australianos. Daniel planejava partir durante a madrugada, com o convés atulhado de comidas enlatadas e desidratadas; e muitas garrafas d'água. Antes do amanhecer, alcançaria águas internacionais, depois faria uma parada em Fiji, para conhecer o arquipélago. Seguiria até o Chile, de ilha em ilha, tinha anotado as que existiam pelo caminho e checado a direção dos ventos. Ilhas Cook. Tonga. Polinésia Francesa. Ilhas Pitcairn. No Chile, tentaria vender o barco ou iria abandoná-lo. Compraria um carro, até já escolhera o modelo: um Chevrolet Camaro. Armazenaria mais enlatados no porta-malas, além de um fogareiro para cozinhar arroz. Viajaria por um, dois meses, talvez mais, como um turista comum, mas com a bagagem repleta de dólares australianos, rumo a São Paulo. Era o único jeito de sair da Oceania com a fortuna que acumulara, acreditava.

Não dava para colocar meio milhão numa mala, meio milhão em outra, o resto no bolso, e pegar um voo para o Brasil. Poderia transferir 10 mil dólares por dia, todo dia — mais que isso acenderia o alerta nos órgãos de controle —, mas temia ser rastreado. Cogitou então entrar várias vezes no avião com 50 mil dólares no bolso, como já fizera, mas concluiu que seria perigo desnecessário. Melhor era navegar. No mês seguinte, compraria o catamarã para treinar um pouco. Atravessaria o Pacífico, um cara que nunca tinha navegado, pensava, mas a quem, de alguma forma, naquele momento, nada parecia impossível. Daniel estava satisfeito com seu sucesso repentino na venda de pó. Carregar a fortuna até o Brasil coroava sua trajetória de coragem e ousadia, imaginava. Com aqueles milhões de dólares numa valise de mão e a depressão curada, não havia mais nenhuma necessidade de contrabandear cocaína. Estava mesmo decidido a deixar a vida de traficante, mas até lá viveria os prazeres que o dinheiro podia comprar da varanda do Mantra Circle on Cavill, dos bares com bandas ao vivo e garotas bronzeadas, enquanto aprendia a velejar. Numa das noitadas na costa dourada, no entanto, voltou a confabular sobre assuntos ilegais.

Uma amiga lhe contou algo que mais parecia uma oportunidade derradeira para se vingar de Ramón, o traficante que custara a lhe pagar o combinado; que quitara a dívida de 25 mil dólares com aquelas onças de pó. Daniel se interessou pela conversa. Guardava ainda certa mágoa pelo mal-entendido, por ter sido maltratado pelo "Grandão". A música no bar era alta, de modo que a moça teve de se grudar ao ouvido de Daniel para contar o segredo. Ramón era também desafeto de mais gente, Daniel ouviu, uma trupe de mulas com quem não cumprira o combinado. A moça, credora desamparada, uma estudante com menos de 25 anos que tinha transportado malas com cocaína sem receber o cachê completo, que num futuro próximo teria de cumprir quatro anos de prisão na Austrália por narcotráfico, soube que um dos *couriers* que trabalhavam para Ramón chegaria em breve do Brasil. Ao menos entre aqueles brasileiros, *courier* era a palavra do momento na Gold Coast, era como chamavam os estudantes que serviam de mulas. O próximo chegaria em cinco dias. Traria consigo duas malas. Aterrissaria em Sydney com a bagagem repleta de meio milhão de dólares em forma de pó. "Sabe a data?", perguntou Daniel. Ela sabia. "Sabe o horário?" "Sim." "O número do voo?"

Era noite quando Daniel pegou o telefone e ligou para Chris, seu contato nos Hells Angels. Tinha uma proposta a fazer. Não demorou uma hora inteira, os motoqueiros chegaram ao apartamento em Broadbeach. Deu para ouvir o ronco das motocicletas lá do quinquagésimo andar. Na sala espaçosa, Chris e Poli se acomodaram no sofá. Um deles enrolou e acendeu um cigarro de tabaco. Daniel ofereceu cerveja e se ajeitou numa cadeira, sentado, os olhos na altura dos olhos da dupla. "Uma pessoa está vindo do Brasil com meio milhão em pó", disse. "Quero pegar essas malas." A proposta do brasileiro deixou Chris e Poli mais despertos, com olhos curiosos. Um deles se inclinou, pedindo mais detalhes. Daniel contou que havia descoberto o número do voo e o horário em que um brasileiro chegaria a Sydney com duas malas de cocaína, dali a cinco dias. Por causa da descendência asiática, era chamado de "Coreano". Daniel costumava cumprimentá-lo durante as baladas do fim de semana em lugares com nomes como Vanity, SinCity, Platinum, Beer Garden. As baladas que havia ali. As que todo mundo frequentava. Bastava capturá-lo no aeroporto, tomar as malas e sumir. Daniel ficaria com uma. Os Hells Angels com a outra.

Chris e Poli sorriram. Em vez de pagar 250 mil dólares australianos por uma carga de mais de um quilo de cocaína, os motoqueiros a teriam de graça. Fariam aquilo com o pé nas costas, disse Daniel. Chris telefonou ao presidente dos Hells Angels para comunicar a novidade. Em seguida, da sala espaçosa do arranha-céu de frente para o mar, tramaram em conjunto o sequestro do *courier*.

Havia um contingente de homens filiados ao motoclube à disposição em Sydney. Daniel pegaria um avião em Gold

Coast e os encontraria lá. Chris e Poli dariam seu jeito de também aparecer. Checaram o local exato do aeroporto e avaliaram o melhor momento para abordar Coreano. Daniel acompanharia a abordagem de longe, à espreita — por trás do vidro preto de um carro estrategicamente estacionado na frente do desembarque. Não queria arriscar ser reconhecido. Aos motoqueiros, sugeriu que se identificassem como funcionários de Ramón. Depois de várias cervejas e alguns baseados, por fim traçaram o caminho de volta com as duas malas — quase mil quilômetros de carro até Gold Coast.

No dia do bote, dois carros avançaram lentamente pela entrada do aeroporto de Sydney, um dos quais daquela marca que só existe na Austrália, segundo Daniel, um carro caro de vidros escuros. Ele estava no banco do copiloto. Coreano ia sair por aquele saguão às dez da noite carregando as duas malas num carrinho. Balançando com as malas pelo saguão, nervoso. Com medo. Dias antes, o *courier* havia planejado a chegada passo a passo, a partir das instruções fornecidas por seus chefes imediatos, Vinicius G. e Renato A., os comparsas de Ramón.

Vinicius G., um baixinho parrudo e mal-encarado. Renato A., faixa preta de jiu-jítsu, um tigre tatuado nas costas, ex-ladrão de carros no Brasil. Eram os encarregados de levar e buscar mulas e malas nos aeroportos da costa dourada. Seis meses antes, haviam transportado também Daniel, eram os mesmos moleques soturnos que dirigiam quando o traficante de Alphaville experimentara sua primeira empreitada criminosa. Não à toa, o conhecimento de Daniel sobre os métodos da gangue indicava que, uma vez liberado pelos guardas da imigração, já com as duas malas, Coreano deveria procurar um táxi. Acomodado no banco traseiro, enviaria uma mensagem de texto avisando que tudo estava bem, que passara pela vigilância do aeroporto sem empecilhos. A partir daí, pediria ao taxista que seguisse rumo ao canto da praia de Bondi, em Sydney, onde encontraria os comparsas brasileiros, passaria a eles as malas e apanharia seu cachê de 50 mil dólares australianos.

Daniel sabia de tudo isso por já ter passado pela mesma coisa, mas também porque podia acompanhar no seu próprio telefone, em tempo real, os diálogos virtuais entre Coreano e Renato A. Como Vinicius, Renato também gostava de pedir emprestados celulares alheios, tentando evitar grampos imaginários. Certa vez, numa boate, pediu o celular de Daniel para entrar no Facebook. Fez login no navegador Safari, mas nunca fez logout. Permaneceu conectado no celular alheio. Daniel, que usava outro navegador, viu aquilo e pensou: "Ah, vou deixar aí para ver as merdas que ele fala". Não imaginou que o acesso às conversas de Renato lhe seria tão útil no futuro.

Naquela noite, estacionado do lado de fora do aeroporto, às vésperas da chegada do *courier*, Daniel podia ler o que conversavam o Coreano e Renato A. no Messenger. Eles só usavam o Facebook para se comunicar. "Pousei", disse Coreano. "Ok", respondeu Renato A. Pouco depois das dez, Coreano surgiu no saguão. Quatro membros dos Hells Angels, com suas jaquetas de couro e torsos tatuados, olhos agressivos por trás de óculos escuros, se aproximaram. "Vamos lá", falou um deles. "Quem são vocês?", indagou Coreano, assustado. "Somos os caras do Ramón", responderam. "Mas esse não foi o combinado", protestou o mula. "Mudou, mudou", esclareceram os homens. Eles conduziram Coreano até o banco traseiro de um dos carros, o carro em que não estava Daniel.

O *courier* obedeceu aos comandos, tangido como uma galinha. Permanecia quieto, imóvel entre os ombros de dois brutamontes. Eles lhe tomaram o telefone celular. Teclaram no diálogo virtual com os traficantes de Ramón: "Estou no táxi", "Está tudo bem". Frases que Daniel havia escrito previamente num pedaço de papel e transcrito para os australianos. Os carros avançaram em fila pela escuridão da estrada, a 160 quilômetros por hora. Pararam minutos depois, no meio do trajeto, num posto de gasolina, para comprar água. Coreano ainda mudo. Dava medo, aquele lugar inóspito e absolutamente vazio — exceto pelo imigrante atrás do caixa na lojinha calorenta. Poucos quilômetros depois, o carro estacionou de novo, mas num lugar ermo e escuro, no meio do nada. Coreano levou um, dois socos no rosto. O topo do nariz cortado, sangrando. Foi expulso do banco traseiro, abandonado no acostamento, sem bagagem nem telefone celular, a pé e desorientado. Os motoqueiros quebraram o aparelho com as botas. Zarparam em seguida, nos dois carros, sentido Gold Coast. Os porta-malas carregando cocaína.

Mais tarde, Daniel vendeu sua mala aos Hells Angels por 250 mil dólares — outro bolo de notas a meter numa mochila. De volta a Broadbeach, tentou relaxar, mas um telefonema o incomodou. Era Ramón. "Onde você está?", ele perguntou.

"Vamos nos encontrar." Daniel mentiu, dizendo que não estava em casa, que estava na casa de um amigo em outro lugar. Vamos nos encontrar, insistiu o Grandão. Daniel rebateu duramente: "Não", disse, "não tenho que te encontrar, cara. Não tenho mais nada contigo". Ramón então revelou seus motivos. Disse que sabia ter sido Daniel o responsável pelo roubo das malas. Talvez estivesse blefando, naturalmente desconfiado de seu mais recente inimigo. "Não sei do que você está falando, velho", disse Daniel. "Não tenho a menor ideia do que você está falando."

Alguns dias se passaram, Daniel decidiu visitar o Brasil antes da sua volta triunfal a bordo de um veleiro, depois dirigindo um Camaro, cheio de dólares no bolso e com uma Ferrari na garagem. Tinha dinheiro para a passagem na primeira classe, os chocolates e os relógios do Duty Free. Devia mesmo deixar o território australiano a cada três meses, por causa das obrigações do visto. Uma vez em São Paulo, saiu para encontrar amigos, bebendo champanhe em camarotes de boates e comprando coisas para sua família. Certa tarde, Daniel foi procurado novamente pela turma de Ramón. Eles telefonaram por meio do Skype. Renato A., Vinicius G. e Ramón, do outro lado do globo, estavam desconfiados um do outro, deu para perceber. Na chamada em grupo, no entanto, acusaram Daniel mais uma vez. Sabiam que tinha sido ele, disseram, embora não tivessem testemunha nem como comprovar. Desconfiavam mesmo um do outro. No fim, ficou por isso mesmo, disse depois o traficante de Alphaville. Ninguém descobriu. Ninguém soube. "Foi muito bem organizado, cara."

Numa das noitadas em São Paulo, Daniel encontrou Felipe Cruz, o Kim, um amigo de infância com quem costumava gastar madrugadas inteiras jogando Counter-Strike. Contou a ele sobre a peripécia com Coreano, a vingança de Ramón, a adrenalina, o dinheiro abundante, seu crescimento patrimonial. Dois milhões de dólares em menos de um ano. Quatro milhões de reais. Depois dançaram e riram, beberam e flertaram. No fim da noite, Kim quis saber mais sobre aquilo tudo.

"Quero ir também", disse a Daniel.

"Ir aonde?", rebateu o traficante.

"Pra Austrália, levar as malas. Quero ficar rico igual você."

"Não", exclamou Daniel, "não faço mais isso."

E ficou quieto, pensativo. Em seguida, argumentou que era perigoso, que ele não ia querer passar por isso, pelo risco de ser preso, que existia, e afinal aquilo não era para ele. Kim queria fazer pela adrenalina. Só pela adrenalina, repetiu. Daniel levou as mãos à cabeça. Era para já ter largado o narcotráfico. Coreano fora até então sua última investida no ramo. Deveria mesmo se concentrar no estudo da vela oceânica para cruzar o Pacífico rumo ao Chile, e não se preocupar com novos carregamentos, porém Kim insistiu. "Vamos, vamos, sim", ele dizia. "Só pela adrenalina." E Daniel acabou topando.

Na manhã seguinte, telefonou ao amigo paranoico Rafael M., seu vizinho em Gold Coast, que morava com a mulher e um filho pequeno num apartamento de frente para o Mantra Circle on Cavill, e perguntou a ele se tinha interesse em adquirir um pouco de pó. Ficou combinado que, pela indicação do *courier* e pelo transporte da droga, Daniel receberia 40 mil dólares australianos. Uma parte da cocaína guardaria para si, outra passaria a Rafael. Estava tudo ajeitado. Aos dezenove anos, Kim — a quem caberia o cachê de 50 mil dólares — acreditou que ficaria rico antes mesmo de aprender a dirigir, de maneira que Daniel teve de guiar o carro por nove horas até Florianópolis, de onde o amigo de infância, transformado em mula, partiria sem chamar atenção. De Floripa a Dubai. De Dubai a Brisbane. Como Ramón e sua gangue, Daniel preferia organizar as partidas do litoral catarinense porque a segurança no aeroporto de lá era precária. Não havia tantos scanners nem vigilância reforçada.

O preparo das malas dessa vez tinha ficado por conta do contato de Daniel em Florianópolis, aquele surfista de pele de bronze. Enquanto a encomenda era confeccionada, o traficante de Alphaville pediu à namorada que comprasse as passagens de Kim. A primeira viagem internacional do rapaz. Daniel lhe deu as instruções mais básicas ("Abra uma comida dentro da mochila, para desviar o cachorro"; "Fique calmo, absolutamente calmo"; e "Diga que veio a turismo, que está visitando um amigo") e logo se mandou para a Austrália. Poucos dias depois, foi a vez de Kim. Ele sobrevoava o Índico enquanto Daniel dava tiros virtuais no videogame em Broadbeach. Era madrugada em Gold Coast. Ansioso com a chegada do amigo de infância, que ocorreria pela manhã, não conseguiu dormir e passou o tempo jogando, fumando, checando o status do voo de Kim por meio daquele site em que é possível acompanhar os voos do mundo. O aviãozinho piscando na tela, o ponto no mapa em tempo real, sobre o oceano Atlântico feito de pixels.

De manhã, sem ter dormido, Daniel consultou o trajeto on-line novamente. Kim estava perto de aterrissar. Daniel vestiu o jeans e guiou o carro até Brisbane, a uma hora de sua casa. Preocupava-o o fato de o amigo não falar inglês. O energético que estava no console potencializava sua ansiedade, mas chegou lá como de costume nas suas incursões à paisana, low-profile, diria ele, de boné e óculos escuros. Os olhos mirando os guardas com metralhadoras. O voo de Kim havia pousado, os passageiros tinham desembarcado, mas uma hora se passara sem que uma alma surgisse no desembarque. Incomodado com a demora, Daniel observou de novo os policiais; não havia qualquer agito. Então se aproximou de um senhor. Perguntou-lhe se sabia de algo. O homem esperava por um passageiro do mesmo voo, o que acalmou Daniel, que foi a uma lanchonete, comeu um croissant enquanto filmava com os olhos o portão a vários metros de distância. Depois subiu as escadas até um mezanino, sempre de olho nos passageiros que desembarcavam, tentando ver e não ser visto.

Conforme o combinado, Kim deveria sair pela porta automática, normalmente, e seguir para a rua. Daniel ia vê-lo. Ele não veria Daniel, que só abordaria o *courier* quando estivesse certo de que seria seguro, de que a polícia não havia armado nenhum flagrante do lado de fora do saguão. Em algum momento, Kim seria cutucado no ombro. Daniel não era de encontrar mulas em aeroportos; nunca o fizera antes. Com Kim foi a primeira vez, porque era um amigo. Do mezanino, viu o mula desembarcar, caminhando entre os passageiros, meio perdido, sem saber direito aonde ir. "Vá na direção dos táxis que no caminho te encontro", tinha dito a ele. Mirou de novo os policiais ao redor; nenhum parecia alarmado. E então foi até Kim. Eles se abraçaram. Foram logo para o elevador, Daniel havia estacionado no subsolo. O amigo vestia camiseta branca, calça branca, cinto branco, sapatos brancos. Parecia um santo, segundo Daniel. "Sou doutor, pô", retrucou Kim. Ele achou que, de branco, passaria por médico e, por isso, soaria menos suspeito. Daniel riu. Em seguida, subiram no Nissan esportivo do traficante e saíram em marcha lenta do estacionamento.

Assim que ganhou a rodovia, Daniel acelerou a duzentos quilômetros por hora, com a intenção de despistar um eventual perseguidor. Depois desacelerou. Deu três voltas pela mesma rotatória, duas voltas no mesmo quarteirão. Peregrinaram de hotel em hotel à procura de um quarto para Kim, mas estavam no período de Schoolies, quando milhares de adolescentes do país inteiro se reúnem na costa dourada para comemorar suas formaturas, e não havia uma só cama vaga. Cansado pela noite em claro, Daniel não demorou a desistir da busca (e da medida de precaução que era manter longe a carga criminosa). "Foda-se", disse, "bora lá pra casa." Os faróis do carro esportivo pareciam o sol escaldante que pairava no céu ao se refletir no portão da garagem. Daniel desceu até o quarto subsolo. Ele e Kim gargalharam de alívio, suas risadas ecoaram pelo amplo estacionamento. No hall de entrada, à espera do elevador, Daniel abraçou as malas. Havia 1,3 quilo de cocaína em cada uma, 2,6 quilos no total.

Subiram ao quinquagésimo andar. Daniel colocou uma das malas de Kim sobre o balcão de granito e passou a retirar de dentro as roupas do amigo. Depois, com a ajuda de um martelo, uma chave de fenda e uma faca de cozinha, alcançou o compartimento onde estava o pó. Rasgou-o e despejou a cocaína sobre o brilho da pedra. Kim assistia à cena, ajudando a separar as sacolinhas de plástico. A ideia era embalar o pó em versões de quinhentos gramas, cem gramas e 28 gramas (uma onça). As embalagens Daniel havia comprado na internet, junto com a balança digital e a máquina de selagem a vácuo. A tecnologia ajudava a segurar o cheiro da droga, além de evitar que o pó caísse do saquinho. Fez uma pausa e telefonou a Rafael M., para pedir que descesse pelo elevador e atravessasse a rua. "Fala, monstro", Daniel o chamava assim porque de vez em quando o outro o chamava desse jeito. Além de tudo, achava-o feio. Rafael usava a palavra para se referir aos braços malhados e fortes que Daniel conquistara à custa de anabolizantes, mas referia-se ao traficante também por outros nomes. "Fala, mágico", respondeu Rafael do outro lado da linha, uma referência à capacidade de Daniel de sumir com a cocaína em tempo recorde; o vendedor de pó mais rápido da costa leste.

Daniel pediu para Kim esperar na sala e saiu para encontrar Rafael na calçada. "Pois é, não vai mais rolar o carregamento lá, o moleque deu para trás...", disse, sacaneando o comparsa. "Melhor assim, melhor mesmo, eu estava sentindo...", respondeu o amigo. Daniel tinha dito a ele que Kim chegaria dali a uma semana, mas Kim já estava lá, na sala, cinquenta andares acima de suas cabeças, manipulando as sacolinhas. Daniel inventara a data fictícia porque sabia quão paranoico e ansioso era Rafael, estranhando até mesmo os helicópteros no céu. "É mentira, maluco!", disse enfim Daniel, de supetão. "O moleque está aí já, estamos embalando", completou, convidando o vizinho a subir ao apartamento. "Porra, caralho, mano, não sabia", falou Rafael, ao avisar que iria em breve, que antes precisava buscar algo.

Poucos minutos depois, apareceu no apartamento com um pequeno balde de bicarbonato de sódio, que misturou a uma parte da cocaína, fazendo a carga crescer em até trezentos gramas. Depois, ajudou Kim e Daniel a pesar e embalar todo aquele pó. Rafael levaria setecentos gramas divididos em 25 onças — ele vendia onça por onça porque assim ganhava mais, contou Daniel, que guardou outros seiscentos gramas no cofre que ficava na sala. A carga que estava na outra mala permaneceu ali, guardada, à espera do próximo comprador, que Rafael ainda não tinha arrumado. Daniel e Kim bocejaram, despediram-se de Rafael e foram dormir com a janela aberta, a brisa do Pacífico soprando fria, debaixo do edredom king size.

No dia seguinte, viria uma visita, o primeiro comprador de Rafael. Um sujeito esquisito de Brisbane, que sustentava um cabelão black power apesar de ser branco como a neve. Dizia trabalhar no Departamento de Imigração do governo australiano. Ele subiu pelo elevador. Cumprimentou os dois e quis experimentar o pó. Com o nariz ainda melado, elogiou a qualidade da droga e informou que levaria dez onças. E que pretendia voltar a cada duas semanas para pegar a mesma quantidade. Deixou o dinheiro sobre a mesa. Duzentos e oitenta gramas por 100 mil dólares australianos. Daniel e Kim riram mentalmente, porque minutos antes tinham presenciado Rafael misturando bicarbonato à mercadoria. O gringo logo se foi, e Daniel convidou Kim para dar uma volta na cidade, conhecer o território.

Comeram num restaurante sem olhar os preços no cardápio, passearam pela praia e fumaram maconha dentro do carro de luxo, depois estacionaram e saíram para comprar roupas e coisas. Daniel dera a Kim o cachê de 50 mil dólares australianos. O dinheiro tinha sido repassado por Rafael, mas Kim pediu que o amigo que guardasse as notas consigo, que lhe desse depois. Exausto pela troca de fuso horário, tinha medo de perder a quantia, e sugeriu que voltassem ao apartamento, à varanda de frente pro mar, para fazer um churrasquinho. Depois do jantar, os amigos combinaram acordar cedo na manhã seguinte, para dar início a uma penosa rotina de musculação na equipada academia do prédio. Daniel acordou primeiro, pouco depois das oito horas da manhã. Foi logo preparando seu shake proteico, com bananas picadas e suplementos recém-comprados. Antes de trocar de roupa, deixou o copo numa mesinha, sentou-se no sofá e puxou o notebook para o colo. Passou a escolher, numa lista, qual música tocaria na caixa de som para acordar Kim. Ao percorrer os olhos sobre as várias possibilidades, antes de dar o play, ouviu um estrondo atrás de si. Alguém arrombara a porta. Daniel se assustou, mirou para adiante, o olhar congelado, sem se mexer. Viu o azul infinito do Pacífico emoldurado pela porta da varanda. Daniel se lembra de ter fitado o horizonte antes de ouvir: "*Police! Police!*".

VINTE POLICIAIS INVADIRAM o apartamento como uma manada de cavalos, aos galopes. Vestiam armaduras de carbono, capacetes, coletes à prova de balas e cotoveleiras. Carregavam fuzis, metralhadoras e granadas, além de bombas de fumaça, algemas e pistolas automáticas na cintura. Ao virar-se para ver o que estava acontecendo, Daniel viu oito seguirem na direção dos quartos. Foram checar se havia mais gente além da dupla de brasileiros rendida na sala. Reviraram as gavetas e esvaziaram os armários. Levaram um cachorro para farejar os cômodos. Enquanto terminavam de vasculhar o imóvel, deixaram Daniel e Kim trancados na varanda, a imensa varanda do Mantra Circle on Cavill. Estava um dia lindo, Daniel recordou-se depois, um azul "surreal" no céu.

Ele e Kim permaneceram quietos por um tempo, tentando enxergar o que estava acontecendo por trás do vidro da porta. Mas logo Daniel rompeu o silêncio, encarou o amigo e disse: "Fodeu". Às duas da tarde, ainda na varanda, viram a equipe da perícia chegar, com aquelas roupas esquisitas, como se estivessem prestes a visitar um extraterrestre. Daniel pediu para mijar e, no caminho, observou os policiais contando dinheiro, fuçando os móveis, mexendo na papelada. Haviam encontrado a balança digital, o cofre na sala e os anabolizantes na geladeira, além de um saco de lixo com os restos plásticos da mala despedaçada na noite anterior, com resquícios de cocaína. Daniel já deveria ter levado dali aquele lixo, mas, preguiçoso após fumar um baseado, postergara o momento para aquela manhã, depois do shake.

Mais tarde, os policiais chamaram o traficante brasileiro, quiseram filmá-lo enquanto contavam o dinheiro, gravaram-no confessando, "Sim", disse Daniel, "o dinheiro é meu" — mas tinham localizado só 11 mil dólares, que ele carregava na carteira. Uma valise de mão com outro 1,2 milhão de dólares australianos descansava no esconderijo, sobre o forro do teto. Quando perguntaram se havia mais, Daniel omitiu a existência da mala, é só isso mesmo, confirmou. Quando perguntaram se havia mais drogas no apartamento, declarou a maconha sobre a mesa e a cocaína no cofre. Nada falou sobre a bagagem de Kim. O pastor-alemão havia farejado a segunda mala, com 1,3 quilo de cocaína, que ainda guardava roupas e apetrechos. O cachorro nada identificara, de maneira que, no fim do dia, quando os policiais encerraram o expediente, apagaram as luzes e conduziram Daniel e Kim à delegacia, deixaram o imóvel com apenas 936 gramas do pó branco — dos quais 731 gramas eram de cocaína pura. Outros 1318 gramas — 1037 dos quais cocaína pura —, além de 1,2 milhão de dólares, acabaram esquecidos no imenso apartamento. Os policiais encontrariam tanto a droga quanto o dinheiro alguns dias depois.

Antes de ir à delegacia, um detetive entregou o mandado de busca e apreensão para que Daniel assinasse. Constava no documento que a investigação mirava a apreensão de cocaína e ouro. Imediatamente, o rapaz rememorou uma cena pela qual passara cinco dias antes; ele e Joe, dos Bandidos, conversando num estacionamento. Atrás de Joe, um carro em marcha lenta. O motorista encarara Daniel, que logo pensara "Quem será?", e imaginou se tratar da polícia, mas reprimiu a intuição, tentando se distanciar da ideia de ficar paranoico como Rafael M., seu vizinho. Suas suspeitas, contudo, parecem mais reais ao ouvir do policial no apartamento, um sujeito incrivelmente gentil, que haviam chegado a seu endereço a partir da placa do carro. Daniel se lembra das vezes em que Joe quis pagar os gramas de pó com pedaços de ouro. E que nos últimos dias tinha pedido ele próprio a Joe que arrumasse uns gramas de ouro, porque desejava comprar. Fazia algum tempo, vinha tentando se desfazer do dinheiro vivo, porque era mais fácil carregar joias e uma barrinha de ouro; e, se fosse parado numa blitz marítima, a bordo de seu mais novo veleiro, seria mais fácil esconder relógios e diamantes que malas de dinheiro. O policial gentil então contou que a polícia investigava Joe há algum tempo, e que durante uma abordagem achara cocaína no carro dele. Sabiam que o motoqueiro trazia ouro ilegal da Turquia e que comprava pó, e passaram a rastrear a origem da droga até alcançarem Daniel.

No fim daquela semana, o traficante de Alphaville perderia quase 3 milhões de dólares em dinheiro e itens apreendidos pela polícia de Gold Coast. Um milhão e duzentos mil dólares australianos em cédulas. Mais alguns milhares em vários relógios Rolex. Um cordão de diamantes. Ouro. Carros. No dia em que foi preso, a polícia descobriu também a existência do contêiner. O envio da Ferrari estava travado havia cerca de quarenta dias por causa de burocracias corriqueiras, e os agentes conseguiram apreender o carro antes que o navio deixasse o porto de Sydney. Por volta das oito da noite, Daniel e Kim foram levados à delegacia. Instalados em salas diferentes, receberam pressão dos investigadores. A gente não é idiota, disse um deles a Daniel, a gente sabe quem você é. Não dava para ter a mínima ideia se sabiam o que diziam saber.

Antes da meia-noite, Daniel e Kim foram então transferidos para uma casa que chamavam de Watch House, onde os presos aguardavam as definições judiciais sobre seus destinos. Não era bem uma prisão, porque os quartos tinham portas em vez de grades. Mas uma casa supervigiada, com paredes amareladas, portas verdes de aço, vidros blindados, um portão que abria e fechava produzindo um barulho ensurdecedor, aço batendo contra aço o dia todo, um eco poderoso. Daniel não esqueceu o incômodo. Ele ficou oito dias nesse lugar. Oito dias sem escovar os dentes. Oito dias sem ver a luz do sol, inamovível, sem saber o que ia acontecer. Depois de oito dias, ele e Kim foram transferidos para um presídio na periferia de Brisbane, o Arthur Gorrie Correctional Centre.

Em pouco tempo, o caso de Daniel e Kim foi veiculado na televisão. Eles eram o assunto do momento na pacata costa leste. Vários canais contavam a mesma história. A polícia tinha conseguido as imagens das câmeras de segurança do Mantra Circle on Cavill, que vazaram para a imprensa. Daniel no quarto subsolo da garagem, abraçando as malas. Na capa do diário local, a manchete: "*No cossies, just coke*", "Sem sungas, só coca" — o que não era bem verdade, uma vez que Kim levara, além do pó, ao menos duas sungas na bagagem. Ao lado, a foto que dominava a primeira página do jornal: Daniel e Kim ao lado das malas. Os diagramadores haviam recortado o frame do vídeo em que ambos esperavam o elevador. A cena se repetia nos sites e nas redes sociais, mas sobretudo na TV. Daniel abraçando as malas.

Zoaram na prisão. "Por que é que você está abraçando essas malas?", perguntaram alguns presos, "*Why?*", e riram copiosamente. Apesar da atmosfera descontraída, não foi difícil perceber que pairava certa tensão no ar, e que, na cadeia, parecia que as coisas podiam mudar de calmaria a tempestade em segundos. Asiáticos só andavam com asiáticos. Nazistas com nazistas. Motoqueiros com motoqueiros. Os aborígenes, que também eram os pretos, com aborígenes e pretos. Faziam alianças, eram todos eles contra os aborígenes, mais numerosos. Daniel teve de se juntar a um dos lados. Se não escolhesse um nem outro, os outros viriam contra você, ele sabia. Foi conversar com os motoqueiros, e um deles, dizendo-se representante dos Hells Angels, lhe ofereceu proteção. Afinal, sabia quem era Daniel, fora informado, era um *citizen*. Não tivesse sido preso, ia fazer a tatuagem do 1%, já estava agendada.

Os policiais de capacete chegaram antes. Na prisão, os grupos de motoqueiros eram unidos. Bandidos, Rebels, Hells Angels ajudavam uns aos outros a organizar a vida na cadeia, a fazer frente aos aborígenes, seus piores inimigos. Os membros das gangues de aborígenes eram metidos com Ice — metanfetamina em forma de cristais tragáveis. Os *bikers*, por sua vez, controlavam os ramos da cocaína e das armas. Os dias foram passando, e Daniel foi aprendendo como se desenrolava o cotidiano no cárcere. Se trabalhasse, poderia ter dinheiro para comprar comidas e doces que não estavam incluídos no cardápio diário, e para isso deveria preencher um papelzinho marcando em caixas, como no gabarito de uma prova, os itens que queria semanalmente, como chocolates e batatas chips.

Certa manhã, ainda no primeiro mês, recebeu a visita de um advogado. Era um "advogado de porta de cadeia", como Daniel dizia no Brasil, que ofereceu pleitear na Justiça a possibilidade de o rapaz responder em liberdade. O traficante brasileiro aceitou pagar 100 mil dólares australianos pelo serviço. Caso fosse solto, estava convencido, fugiria. Àquela altura, gastava longo tempo matutando um plano de fuga eficiente na hipótese da liberdade, mas, durante a audiência no tribunal, a juíza não só não deixou que fosse solto como mandou que ficasse preso até o julgamento. Liderados pela jovem acusadora Aimee Louise, uma loira de olhos azuis por quem Daniel poderia facilmente se apaixonar — não fosse aquela situação, imaginou —, os promotores australianos imputavam ao brasileiro os crimes de tráfico internacional, importação ilícita, lavagem de dinheiro, posse de maconha, anabolizantes, ouro e dinheiro ilegais e sonegação fiscal. O DNA de Daniel foi localizado nas notas de dinheiro sujo e nas sacolinhas de cocaína, cada uma com 28 gramas. Suas digitais estavam marcadas no plástico e nos restos da mala desmanchada, encontrados no lixo. Os promotores diziam a ele que pegaria uma pena de quinze anos. Daniel tinha perdido toda a fortuna que acumulara no forro do teto, o grosso do seu patrimônio recém-construído no ramo do crime. Era evidente que, a partir dali, precisaria cada vez mais de dinheiro, porque teria de pagar os advogados.

Soubera por meio de sua advogada, Katherine Hanson, entretanto, que os policiais não tinham apreendido todos os seus bens, nem todos os Rolex, nem todas as joias, nem todos os eletroeletrônicos e as coisas caras que gostava de comprar. Se vendesse tudo, talvez levantasse uns 300 mil dólares. Também soubera que o contrato de aluguel no quinquagésimo andar vigorava ao menos até o fim do mês. Havia dois telefones no pavilhão, dois aparelhos para sessenta presos. Daniel telefonou a um amigo, Guilherme, pediu que fosse ao apartamento em Broadbeach buscar aqueles itens, que levasse a ele na prisão, porque daria tudo para a advogada vender, ou então que o próprio amigo vendesse, por favor, e depois transferisse o dinheiro, era uma situação de vida ou morte. Daniel achou que podia confiar em Guilherme porque havia meses pagava o aluguel do estudante e lhe dava dinheiro para as cervejas.

No dia de visita, Guilherme foi com uma caixa até o presídio. Daniel agradeceu. Mais tarde, no entanto, notou que faltavam relógios caros, um cordão de diamantes, outras joias. Voltou a fazer fila para usar o telefone. Ligou ao amigo e o questionou sobre os itens ausentes. "Olha, mano", disse Guilherme, "fiz o corre para você e peguei o que quis para mim." Depois desligou o telefone e parou de atender. Daniel sabia onde ele morava. Comentou o caso com colegas na prisão, e logo alguém dos Hells Angels se ofereceu: "Quer que mate o cara?". "Não", respondeu Daniel, "não precisa matar." Houve uma pausa. "Mas quebra ele." O brasileiro disse aos *bikers* que podiam ficar com os Rolex e os diamantes roubados, não se importava. "Não precisa trazer minhas coisas de volta, talvez só um relógio para eu pagar o advogado. O resto fica para vocês." "Mas quebra ele", repetiu. E deu o endereço. Foram à casa de Guilherme. Dias depois, numa tarde trivial, Daniel soube: quebraram o cara, contou a Kim. Quebraram todos os dentes dele e pegaram as coisas.

Os meses se passaram. Daniel viu um homem ser espancado até a morte, outro tentou matá-lo. Chegou a ficar 32 dias na área de isolamento: quatro paredes sem janelas, sem rádio nem televisão, só uma cama, uma privada, uma pia, andar em círculos, duas mil flexões por dia. A portinhola de aço que produzia o mesmo barulho a cada refeição. O ar frio. Esticava os lençóis, deitava no escuro, ouvia os ruídos. Ouviu certa vez centenas de baratas escalarem as paredes da cela comum. Forravam o chão, ao redor da cama, as toalhas, se agarravam ao colchão. Os insetos brotavam de orifícios na estrutura do beliche; viviam dentro dos tubos de ferro. Daniel e Kim passaram a madrugada tentando tapar os buraquinhos com nacos de sabonete e papel higiênico molhado.

Daniel evitava sucumbir novamente à depressão. Buscava, dessa vez, refúgio nos livros e nas cartas que trocava com a família, a irmã, uma ex-namorada. Bruna, a ex-namorada. Ela nunca respondeu. Outras moças enviaram outras cartas, entretanto. Ele já não era mais aquele sujeito melancólico, contou. Muito vivera antes de se tornar o cara que agora recebia fotografias de garotas que posavam com vaidade no alto do Top of The Rock, em Nova York, pensava. Que mandavam beijos feitos de batom, o formato da boca no papel branco. A correspondência também incluía fotos dos pais em férias, de parentes idosos, de cachorros, cartões desejando Feliz Natal, imagens de Daniel criança, ele viajando com a família, desenhos feitos à mão, dicas de exercícios físicos, salmos e orações.

Quando os dias começaram a ficar mais tristes, Daniel passou a contar as horas. Quanto tempo até sair da prisão? No mesmo saco plástico em que ainda guarda as dezenas de cartas do período em que esteve preso, ele conserva uma folha de papel na qual desenhava as horas; marcava cada uma com um risquinho. Pauzinhos rasurados à medida que o tempo passava. Em uma folha de caderno branca com listras azuis, depois de ter recebido sua sentença, Daniel riscou hora a hora o que lhe faltava de pena para cumprir. Tinha começado a fazer isso na parede, mas toda segunda-feira era dia de inspeção, e um guarda flagrou a superfície rabiscada; Daniel levou uma bronca homérica. De início, dividira a cela com Kim. Depois, era só ele. Vieram as brigas e transferências, a solitária, a solidão.

No sétimo mês de cárcere, antes de ser julgado, Daniel passou a receber com mais frequência a visita de Aimee Louise e sua equipe de promotores e técnicos. Queriam saber quem era quem, como funcionavam as gangues por dentro, suas engrenagens, o papel de cada um na hierarquia, o que se passava afinal por trás das fachadas dos clubes de motoqueiros. Aimee, a "doutora Louise", desejava, sobretudo, que Daniel confessasse a rota das malas, de onde saíam, por onde passavam? Ela pressionou também pela receita daquele truque, queria entender os esconderijos, e por que diabos a cocaína passava despercebida pelas máquinas de raio X nos aeroportos?

Daniel levou dias refletindo sobre aquela proposta. "Pense bem", dizia a promotora, "sua pena vai diminuir consideravelmente." Três brasileiros tinham sido presos por tráfico na costa leste australiana antes de Daniel, segundo Aimee Louise. Dois rapazes, uma garota. Bastava olhar as sentenças para ter uma clara noção do futuro. Eles teriam de cumprir ao menos cinco anos de prisão, em média. No caso dele, com tanta cocaína e dinheiro sujo envolvidos, certamente podia esperar ao menos quinze anos de pena, repetia ela.

Essa era também a opinião da advogada do brasileiro, Katherine Hanson. Ela dizia a Daniel que era importante ajudar os promotores, que só iriam fazer umas perguntas, nada demais, e que, do contrário, se ele insistisse em se manter calado, poderia mesmo pegar os quinze anos de pena; não ia querer passar tanto tempo naquele presídio. No dia em que havia sido preso, ainda na delegacia, Daniel tinha sido interrogado. Inventara uma versão fantasiosa para cada pergunta. Dissera que a cocaína pertencia a um suposto chefe, um terceiro que inexistia, e que ele só a armazenava; inventou que tivera companhia ao dar carona para Kim no aeroporto, que os verdadeiros donos do pó tinham subido ao apartamento. Uma porção de histórias fictícias.

Com facilidade, os policiais descobriram que Daniel estava mentindo ao checarem as câmeras de segurança. "Eles têm interesse em escutar o seu depoimento verdadeiro", dizia a doutora Hanson. Os promotores propuseram a Daniel que delatasse antigos comparsas numa colaboração premiada, e assim sua pena diminuiria drasticamente, repetiram, mas ele rejeitou a ideia. Jamais faria isso. E pensou que o caminho seria encontrar Rafael M., onde ele estava afinal? Por que ainda não aparecera? Daniel se questionava. Rafael M. devia 70 mil dólares a ele. Era pegar esse dinheiro, quitar os advogados e torcer para sair logo dali. Mas os dias foram passando e Rafael nunca apareceu. Daniel guardava certa mágoa de todos aqueles que haviam sumido, além do vizinho. Onde estavam seus amigos? Muitos sabiam que tinha sido preso, tinham visto na TV. Não mandaram uma carta, não enviaram dinheiro, não deram as caras. Nenhuma palavra, absolutamente nada, sequer um "Conte comigo", ou "Estou aqui, caso precise de algo". A doutora Hanson fez mais uma visita. "Você vai acabar pegando quinze anos", ela disse.

No dia seguinte, Daniel quis falar ao telefone sobre a oportunidade de ajudar a Justiça australiana a prender alguns vilões, mas não pôde. Se algum prisioneiro escutasse, bem,

"Esses caras te matam", contou ele mais tarde. Então, em vez de discutir com familiares ou amigos aquele assunto espinhoso, disse a si próprio que entregaria aqueles de quem guardava mágoa, como Rafael M., que sumira com seu dinheiro. Os promotores quiseram saber por que havia digitais do vizinho em três das dez sacolinhas de cocaína apreendidas. No dia do depoimento, que acontecia num tribunal, Daniel estava deixando a prisão quando seus companheiros de cárcere, já desconfiados, logo perguntaram aonde ele estava indo. "Ao tribunal", respondeu. "O que vai ter lá?" "Não sei."

Ao chegar, Daniel se acomodou numa sala, na companhia da sua advogada. Sentaram-se à mesa o superintendente da polícia de Gold Coast — um sujeito que fora escalado para ser o porta-voz do caso nas matérias de televisão, e, por isso, tinha um rosto conhecido —, um delegado e um investigador. Havia uma escrivã que datilografava as palavras de Daniel. Dois agentes o filmavam e captavam o que dizia com um microfone. Por quase três horas, Daniel contou que Rafael M. era o verdadeiro dono daquela carga, que arranjara Kim para trazer a droga do Brasil, que iam vender aos Hells Angels. Ele não mentiu, mas omitiu seletivamente os nomes de alguns amigos que participavam vez por outra do esquema. Entregou o cliente de Brisbane, um cabeludo local, disse ele sobre a figura que aparecia nas imagens cedidas pelo Mantra Circle on Cavill. E nada mais falou, porque nada mais sabia sobre o homem.

Entregou também Ramón e sua trupe. Vinicius G., Renato A. Revelou segredos dos Hells Angels, os meandros do tráfico de cocaína feito por clubes de motoqueiros na Austrália. Contou como os *bikers* vendiam, como eram os ares daquelas festas, mencionou nomes, endereços e o que sabia. Detalhou a rota originada em São Paulo, chegando a Florianópolis, passando por Dubai, aterrissando em solo australiano. Explicou como enfiar a cocaína nos furinhos da placa emborrachada interna daquele modelo específico de mala; como despistar os focinhos dos cães farejadores. Quem atraía os mulas. Repetiu o que foi preciso, por conta do inglês de estrangeiro, enquanto seu depoimento ajudava a desmantelar uma rede de comércio de drogas e lavagem de dinheiro com alcance em toda a costa leste da Oceania. E que operava há anos na clandestinidade. Com base na delação de Daniel, outros brasileiros e alguns integrantes de clubes de motoqueiros australianos foram presos. "Caíram vários depois", observa ele agora. Ainda na sala de audiências, recebeu de uma funcionária a delação impressa, com seus dados. Tratou logo de picar os papéis e jogá-los no lixo, porque era perigoso ter aquilo na prisão.

Em dezembro de 2014, depois de colaborar com a Justiça, Daniel foi sentenciado. Os promotores montaram um teatro durante o julgamento. Como a delação premiada era sigilosa, e Daniel corria o risco de ser assassinado caso ela viesse à tona, Aimee Louise quis parecer feroz e implacável diante do público, de maneira que jamais suspeitassem de que o réu e a promotoria estavam mais próximos do que parecia. Enquanto a juíza pensava em aplicar uma pena de nove anos de prisão, sendo cinco anos em regime fechado, Louise pedia dez anos. Pintou Daniel como um monstro, para o júri composto de cidadãos australianos. Exagerou nos adjetivos. O julgamento, que era público, acabou com a condenação a uma pena de nove anos, mas esse fora o desfecho do espetáculo.

Quando a plateia foi embora, a juíza chamou Daniel para uma reunião particular, onde só estavam ela e os promotores, além da doutora Hanson. Aquilo não seria discutido enquanto houvesse espectadores, disse a juíza. Daniel então recebeu sua pena real, diminuída pela colaboração premiada: sete anos de prisão, dos quais três em regime fechado. Os promotores retiraram as acusações de tráfico de drogas e lavagem de dinheiro; permaneceram os crimes de posse de maconha, anabolizantes, ouro ilegal e a importação ilícita. Sua advogada já ouvira nos corredores que seria difícil sustentar no tribunal o crime de tráfico contra Daniel, uma briga jurídica geraria custos tanto para o réu quanto para a própria Justiça. Os promotores estavam contentes. Daniel leu uma carta declarando-se culpado daqueles crimes. Passaria 1093 dias preso — 26 232 horas. Àquela altura, após receber sua sentença, faltava cumprir metade da pena. Daniel perderia dezesseis quilos na cadeia, seu inglês daria um salto de qualidade. Seria proibido de pisar na Austrália por três anos. Naquela noite, contudo, ao deixar o tribunal e voltar ao presídio, sentiu bater no rosto o vento quente da noite australiana. E teve prazer nisso.

Em 24 de novembro de 2016, dia em que foi solto, Daniel não dormiu. As portas da prisão se abririam para ele às onze e meia da manhã. Virou a madrugada andando na cela, ansioso. Às quatro horas, começou a se preparar para ir embora. Tomou banho. Guardou suas cartas. Embrulhou no lençol todos os seus pertences, que incluíam um rádio, livros e itens de higiene. Tudo aquilo ele deixaria ali mesmo, no presídio, para seus companheiros de cárcere. Em sinal de respeito, havia esse costume de deixar as coisas para trás, observou ele. Sua vontade era voltar logo ao Brasil, ver a família e os amigos, mas a polícia australiana pediu que ficasse mais duas semanas no país, para algumas audiências sobre sua colaboração premiada. Assim, Daniel saiu da prisão e foi para um hotel pago pelo governo. Seis policiais se revezavam na sua segurança, de modo que, quando queria ir às compras, por exemplo, havia seis homens fortes de jaqueta, armados, ao seu redor. Eram da equipe de proteção a testemunhas.

Não demorou e Daniel partiu para o Brasil do jeito que chegara, arrastando duas malas de roupas, com alguns trocados no bolso, sem tantos sorrisos, mas satisfeito. Em fevereiro de 2020, durante a pandemia, trabalhava empacotando produtos da Amazon no interior da Inglaterra, onde passava a vida no anonimato. Como ele, Kim voltou para o Brasil, onde buscou arrumar um emprego. Depois que Daniel foi preso, Ramón desapareceu, provavelmente foi gerir sua profícua rede de estabelecimentos na Tailândia, como alguém comentara. Vinicius G. teria ido para a Europa. De Renato A., ninguém sabe. Alguém fora deportado. Chris e Poli também submergiram. Em fevereiro de 2016, graças à colaboração de Daniel, Josh Downey, líder dos Bandidos, foi condenado a quatro anos de prisão por narcotráfico. Segundo a Justiça australiana, ele administrava um esquema de fornecimento de drogas para todas as boates de Surfers Paradise. Os mesmos lugares que Daniel costumava frequentar.

Da fortuna que havia levantado como traficante de cocaína, pouco sobrou. Um notebook. Dois ou três relógios, algumas roupas e uns tênis. Um fone de ouvido. Uma mochila verde, idêntica àquela usada na transação em alto-mar com o jet ski. Um carro esportivo que ainda não tinha sido transferido para seu nome, esquecido na garagem do prédio. Daniel gostava de dizer que o Nissan GT-R ficou para sempre no subsolo. Como não estava em seu nome, ele diz, a polícia não o levou. O celular que ele ainda usa é o mesmo que carrega as fotos da época de bonança, vídeos de Daniel acelerando a Ferrari, imagens de maços de dinheiro. O mesmo aparelho que passou pela perícia.

No curto rol de pertences, havia também um anel despojado, que ostentava uma pequena pedra, o anel dos Hells Angels. Os membros do grupo usavam o mesmo anel, um código para que se reconhecessem por aí. Quem o possuísse tinha privilégios, como, por exemplo, entrada franca nas boates controladas pelo clube de motoqueiros. Eram lembranças. De passagem pelo Brasil após ser solto, Daniel rememorou seu passado em flashbacks esporádicos. Contou aos amigos como era a cadeia. Disse à mãe que a amava. Perguntou ao pai onde é que estava, afinal, aquele Rolex, modelo Continental, de 25 mil dólares que lhe trouxera de presente numa das visitas ao Brasil. E o homem, um senhor muito honesto e trabalhador, disse que, revoltado com a origem criminosa do objeto, dera o relógio a um mendigo.

Notas

1. Marcelo da Silveira Campos, *Pela metade: As principais implicações da nova lei de drogas no sistema de justiça criminal de São Paulo*. São Paulo: FFLCH-USP, Departamento de Sociologia, 2015. Tese de doutorado. Segundo o autor da pesquisa,"a variável raça foi solicitada [às delegacias], mas não disponibilizada".
2. Disponível em: <https://www.camara.leg.br/Internet/comissao/index/cpi/relfimnarco.pdf>, p. 947.
3. Disponível em: <https://www.youtube.com/watch?v=VHS76xxftj8>.
4. Eduardo Lucas de Vasconcelos Cruz, "O combate ao narcotráfico e as relações Brasil-EUA no campo policial: O desafio de obter os benefícios da cooperação sem correr o risco de infiltração". *Unilus Ensino e Pesquisa*, v. 14, n. 36, 2017. Santos: Centro Universitário Lusíada. Disponível em: <http://revista.unilus.edu.br/index.php/ruep/article/view/886/u2017v14n36e886>. Todas as citações desta parte do livro vêm deste trabalho.
5. Disponível em: <https://g1.globo.com/mg/minas-gerais/noticia/2021/03/26/integrante-de-faccao-criminosa-ligado-a-cartel-colombiano-e-mafias-europeias-e-preso-pela-policia-civil-em-bh.ghtml>.
6. Disponível em: <https://noticias.uol.com.br/politica/ultimas-noticias/2013/11/25/pf-apreende-450-kg-de-cocaina-em-helicoptero-da-familia-perrella.htm>.
7. Investidor anjo é uma pessoa que investe capital próprio em empresas novas, em troca de uma participação minoritária no negócio. Além de dinheiro, o investidor anjo também oferece suporte e conhecimentos para ajudar a empresa a crescer.
8. Disponível em: <https://www1.folha.uol.com.br/fsp/cotidian/ff110501.htm>.
9. Trechos de reportagem "Divisão de Entorpecentes enfrenta sua maior crise", publicada em 26 de setembro de 1978 no jornal *Folha de S.Paulo*, assinada pelo jornalista Edson Flosi.

ESTA OBRA FOI COMPOSTA POR MARI TABOADA EM DANTE PRO E IMPRESSA EM OFSETE PELA LIS GRÁFICA SOBRE PAPEL PÓLEN NATURAL DA SUZANO S.A. PARA A EDITORA SCHWARCZ EM AGOSTO DE 2025